U0577678

个人理财

（第 2 版）

主　审　赵居礼

主　编　陈　冬　景海萍

副主编　邓　婕　张　静

参　编　路　涛　韩梦娟　杜逸冬
　　　　李一欢　李博伟

北京理工大学出版社

BEIJING INSTITUTE OF TECHNOLOGY PRESS

版权专有 侵权必究

图书在版编目（ＣＩＰ）数据

个人理财／陈冬，景海萍主编 ． －－2 版 ． －－北京：
北京理工大学出版社，2024.7
ISBN 978 － 7 － 5763 － 3253 － 7

Ⅰ. ①个… Ⅱ. ①陈…②景… Ⅲ. ①私人投资－高
等学校－教材 Ⅳ. ①F830.59

中国国家版本馆 CIP 数据核字（2024）第 002471 号

责任编辑： 高 芳 　　**文案编辑：** 胡 莹
责任校对： 刘亚男 　　**责任印制：** 施胜娟

出版发行 ／ 北京理工大学出版社有限责任公司
社 　　址 ／ 北京市丰台区四合庄路 6 号
邮 　　编 ／ 100070
电 　　话 ／（010）68914026（教材售后服务热线）
　　　　　　　（010）68944437（课件资源服务热线）
网 　　址 ／ http：//www.bitpress.com.cn

版 印 次 ／ 2024 年 7 月第 2 版第 1 次印刷
印 　　刷 ／ 三河市天利华印刷装订有限公司
开 　　本 ／ 787 mm × 1092 mm　1/16
印 　　张 ／ 17
字 　　数 ／ 407 千字
定 　　价 ／ 85.00 元

图书出现印装质量问题，请拨打售后服务热线，负责调换古人云"贫富之道，莫之夺予，而巧者有余，拙者不足"。理财从古至今都是人们生活中不可缺少的一部分。随着我国经济的飞速发展，人们的收入不断增长，对资金增值的要求和投资理财的理念逐步走向成熟，党的二十大报告中指出："我们提出并贯彻新发展理念，着力推进高质量发展，推动构建新发展格局，实施供给侧结构性改革，制定一系列具有全局性意义的区域重大战略，我国经济实力实现历史性跃升。国内生产总值从五十四万亿元增长到一百一十四万亿元，我国经济总量占世界经济的比重达百分之十八点五，提高七点二个百分点，稳居世界第二位；人均国内生产总值从三万九千八百元增加到八万一千元。"股票、债券、基金、保险、储蓄、黄金等投资工具所涵盖的生活范围日益扩大，投资者对于财富管理的需求也日益旺盛。在此背景下，开设个人理财课程有助于投资者树立正确的理财观，掌握理财技巧，实现财富的合理分配。

本教材适应经济发展对个人理财人才的需求，面向商业银行、证券公司、保险公司和理财服务咨询公司等金融机构的理财经理岗位，借鉴全国银行业专业人员职业资格考试、《金融从业规范·财富管理》(JR/T 0238.3－2021)、《金融理财师职业道德准则》等内容，融入了相关岗位的知识、技能和道德要求，旨在帮助读者了解个人理财岗位的基本工作内容；掌握建立客户关系的有效方法；熟悉银行理财、保险理财、证券理财、实物理财和专项理财的基本内容和技能；能够帮助客户制订综合理财规划方案，并能指导客户实施等。

本教材的特点：一是体例新颖，体现高校特色。教材采用"项目导向，任务驱动"的形式，体现高校教育特色。每一项目中设计了学习目标、学习导航；每一任务中设计了动动脑、动动手、做一做、课堂讨论、案例等适应技能培养的小板块。同时，结合理财经理岗位职业道德，融入二十大报告中"依法规范和引导资本健康发展""我们深入贯彻以人民为中心的发展思想，在幼有所育、学有所教、劳有所得、病有所医、老有所养、住有所居、弱有所扶上持续用力，人民生活全方位改善"等，形成"学思育政"，提升育人效果。二是内容实用，体现"理实一体化"。教材内容来源于对个人理财岗位工作任务的分析，并兼顾了相应的职业资格，即将职业资格考试内容融入教材中。同时，结合生活实际，以案例解析与实训题相结合，实现知识与技能的有机融合，突出知识运用的可操作性，符合高校"理实一体化"教材的要求。三是资源多样，体现信息化改革。本次修订增加了视频、微课、动画、图片等资源，并以二维码的形式呈现，为读者提供了更丰富的资源。四是环节完善，体现学评融合。每一项目设置了知识巩固、能力提升和项目评价的环节，帮助读者检验知识的理解程度、技能的掌握程度，并作出评价参考。五是团队尽职，体现校企合作。本教材编写团队由相关院校的骨干教师和相关金融企业的理财从业人员构成，在充分吸收其他院校丰富教学经验的同时，还增加了现实中的理财案例，使教材更加紧密结合实际工作，增强了实用性。

　　本书的编写工作由以下人员完成：陕西财经职业技术学院的陈冬负责项目一的编写，陕西财经职业技术学院的邓婕负责项目二和项目五任务一、任务二、任务三的编写，陕西财经职业技术学院的杜逸冬负责项目四的编写，陕西财经职业技术学院的路涛负责项目三、项目九的编写，西安思源学院的张静负责项目五任务四的编写，陕西财经职业技术学院的韩梦娟负责项目六、项目七的编写，陕西财经职业技术学院的李一欢负责项目八的编写。西安航空职业技术学院的赵居礼教授担任主审，对全书编写体例和内容提供指导。陈冬、景海萍任本书主编，并对全书进行设计、修改和总纂。上海东方财富金融数据服务有限公司李博伟为全书提供企业案例、内容指导等。

　　由于编写时间紧迫，加之编者水平有限，书中难免有疏漏之处，欢迎各院校师生和广大读者不吝赐教。

　　本书编写过程中，编者参阅了相关资料和论著，并吸收了其中一些研究成果。在此，谨向所有文献的作者致谢。

编　者

目　　录

项目一　开启个人理财的大门

学习目标

知识目标

1. 了解个人理财的概念；
2. 熟悉个人理财规划的流程和内容；
3. 理解个人理财业务的基础理论。

能力目标

1. 能判断个人理财业务岗位；
2. 能确定个人理财业务的内容；
3. 会运用个人理财业务的基本流程；
4. 能掌握个人理财的计算方法；
5. 会判断生命周期的理财重点。

素质目标

1. 树立正确的个人理财观；
2. 正确认识个人理财岗位职业道德。

学习导航

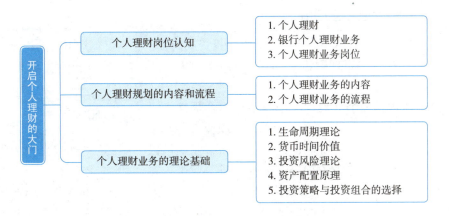

开启个人理财的大门
- 个人理财岗位认知
  1. 个人理财
  2. 银行个人理财业务
  3. 个人理财业务岗位
- 个人理财规划的内容和流程
  1. 个人理财业务的内容
  2. 个人理财业务的流程
- 个人理财业务的理论基础
  1. 生命周期理论
  2. 货币时间价值
  3. 投资风险理论
  4. 资产配置原理
  5. 投资策略与投资组合的选择

案例导入：不同的理财观念让两人财富相差甚远

曲先生和邹先生10年前是大学的同班同学，毕业后都从事财务工作，收入及消费水平相当。5年前，两人均对积累下来的30万元进行购置。曲先生在当地购买了一套房，邹先生购买了一辆名牌小汽车。5年后的今天，曲先生的房子，市值60万元；邹先生的汽车，市值只有5万元。两位大学同学，同样的学历、同样的社会经验，为何财富不一样？

任务一　个人理财岗位认知

❂ 任务描述

个人理财岗位认知主要是了解个人理财相关基础概念，是基础学习。要求熟悉个人理财和银行个人理财的概念，掌握银行个人理财业务的种类，以及个人理财从业人员的基本条件。

步骤一　了解什么是个人理财

一、个人理财的定义

简单而言，个人理财就是处理好自己的钱财，又称个人财务规划。按照国际金融理财标准委员会的定义，个人理财是一项综合性服务，是指理财专业人士通过收集客户家庭状况、财务状况和生涯目标等资料，明确客户的理财目标和风险属性，分析评价客户的财务状况，为客户量身制定合适的理财方案并及时执行、监控和调整，最终满足客户人生不同阶段的财务需求的综合性金融服务。其内涵可以从以下方面理解：

（1）个人理财是综合性服务，而不是理财产品的推销；

（2）个人理财是专业人士提供的理财服务，而不是客户自己理财；

（3）个人理财是针对客户一生的长期规划，而不是客户的某个生命阶段；

（4）个人理财是一个过程，而不是一个产品。

个人理财概念

二、个人理财的业务范围

现代意义的个人理财不同于单纯的储蓄、投资或消费，它不仅包括财富的积累，还包括财富的保障和安排。按照理财需求的层次，个人理财可以进一步细分为生活理财和投资理财。

生活理财是指帮助个人设计一个将整个生命周期考虑在内的终身生活及理财规划，将个人未来的职业选择、子女及教育、购房、保险、医疗和养老、遗产和事业继承以及生活中个人所面对的方方面面进行妥善安排，使个人在

动动脑

理财和投资是什么关系？

不断提高生活品质的同时，即使到了年老体弱以及收入锐减的时候，也能保持自己所设定的生活水平，最终实现终身的财务安全、自主、自由和自在。生活理财的核心在于根据个人的

消费性资源状况和消费偏好来实现个人的人生目标。党的二十大报告中指出：我们深入贯彻以人民为中心的发展思想，在幼有所育、学有所教、劳有所得、病有所医、老有所养、住有所居、弱有所扶上持续用力，人民生活全方位改善，进一步显示了人民在生活理财方面获得了巨大的成就。

投资理财是指在个人基本生活目标得到满足的基础上，利用各种投资工具，在保证安全性和流动性的前提下，追求投资的最优回报，加速个人或家庭资产的成长，提高生活水平和质量。投资理财的核心在于根据个人的投资性资产状况和风险偏好来实现个人的人生目标。

个人理财以提高个人生活质量、规避个人财务风险、保障终身的生活为目标，在进行风险收益权衡时，安全性一般优先考虑。个人理财关注的时间一直到其生命终结，理财的主要内容包括现金规划、储蓄规划、投资规划、保险规划、税收规划、退休规划及遗产规划等内容。

> **✓ 动动手**
>
> 查阅个人理财与公司理财有何不同？

理财与投资

> **课堂讨论 请你选择下列一种方案，说说理由**
>
> 随着我国经济持续、健康、快速的发展，人们在满足了衣食住行等一系列基本需求之后，有了多余的钱。如果把这些多余的钱比作你拥有的一个鸡蛋，你会选择哪种方案？
>
> 1. 吃了它，及时行乐，满足自己的欲望。这就相当于把钱花了，当然会有一些效用，但往往仅限于一时或者一次性的消费。
>
> 2. 将鸡蛋搁置起来，以备以后需要的时候再用，但鸡蛋一段时间后会坏掉。这就相当于将钱放在家里或者存在银行，由于通货膨胀的存在，钱很可能会随着时间的推移而逐渐贬值。
>
> 3. 将鸡蛋孵化为小鸡，然后再生蛋，再孵小鸡，将来会得到很可观的收益。这就相当于将钱拿去投资，用来购买股票、债券、房产等，然后在适当的时候再卖掉，使钱能够不断增值。

步骤二 了解什么是商业银行个人理财业务

一、商业银行个人理财业务

个人理财是以个人为主体的复杂的经济活动，需要有专业的知识和手段来支撑。在实现理财目标的过程中，个人在专业知识和手段方面往往具有局限性。因此，作为金融服务的重要提供者，商业银行已经逐步形成了专业化和规范化的金融服务体系，个人理财业务已经成为现代商业银行重要的业务组成部分。

国际上成熟的理财服务，是指银行利用掌握的客户信息与金融产品，分析客户自身财务状况，通过了解和发掘

> **✓ 动动手**
>
> 阅读《商业银行个人理财业务监督管理办法》。

客户需求，制定客户财务管理目标和计划，并帮助选择金融产品以实现客户理财目标的一系列服务过程。根据我国《商业银行个人理财业务监督管理暂行办法》，个人理财业务是指商业银行接受投资者委托，按照与投资者事先约定的投资策略、风险承担和收益分配方式，对受托的投资者财产进行投资和管理的金融服务。

二、商业银行个人理财的相关主体

商业银行个人理财业务相关主体包括个人客户、商业银行、非银行金融机构以及监管机构。这些主体在个人理财业务活动中具有不同地位。

（一）个人客户

个人客户是个人理财业务的需求方，也是商业银行个人理财业务的服务对象。在具体的服务过程中，商业银行一般会按照一定的标准，如客户资产规模、风险承受能力等，将客户进行分类，通过调查不同类型客户的需求，提供个人理财服务。

（二）商业银行

商业银行是个人理财业务的供给方，是个人理财服务的提供商之一。商业银行制定具体的业务标准、业务流程、业务管理办法，一般利用自身的渠道向个人客户提供理财服务。

（三）非银行金融机构

除商业银行外，证券公司、基金信托公司以及投资公司等其他金融机构也为个人客户提供理财服务。非银行金融机构除了通过自身渠道外，还可利用商业银行渠道，向客户提供个人理财服务。

（四）监管机构

监管机构负责制定理财业务的行业规范，对业务主体以及业务活动进行监管，以促进个人理财业务健康有序发展。个人理财业务相关的监管机构包括国家金融监督管理总局、中国证券监督管理委员会（以下简称"证监会"）、国家外汇管理局（以下简称"外汇局"）等。

三、商业银行个人理财业务的相关市场

个人理财业务涉及的市场较为广泛，包括货币市场、资本市场、外汇市场、房地产市场、保险市场、黄金市场、房地产市场、理财产品市场等。这些市场具有不同的运行特征，可以满足不同客户的理财需求。

四、商业银行个人理财业务产品的类型

商业银行个人理财产品是指商业银行按照约定条件和实际投资收益情况向投资者支付收益、不保证本金支付和收益水平的非保本理财产品，商业银行个人理财产品有以下三种分类方式。

（一）募集方式

商业银行应当根据募集方式的不同，将个人理财产品分为公募理财产品和私募理财产品。公募理财产品是指商业银行面向不特定社会公众公开发行的理财产品。公开发行的认定标准按照《中华人民共和国证券法》执行。私募理财产品是指商业银行面向合格投资者非公开发行的理财产品。其中，合格投资者是指具备相应风险识别能力和风险承受能力，投资

于单个理财产品不低于一定金额且符合下列条件的自然人、法人或者依法成立的其他组织：①具有 2 年以上投资经验且满足家庭金融净资产不低于 300 万元人民币，或者家庭金融净资产不低于 500 万元人民币，或者近 3 年本人年均收入不低于 40 万元人民币；②最近 1 年年末净资产不低于 1 000 万元人民币的法人或者依法成立的其他组织；③国务院银行业监督管理机构规定的其他情形。

（二）投资性质

商业银行应当根据投资性质的不同，将个人理财产品分为固定收益类理财产品、权益类理财产品、商品及金融衍生品类理财产品和混合类理财产品。固定收益类理财产品投资于存款、债券等债权类资产的比例不低于 80%；权益类理财产品投资于权益类资产的比例不低于 80%；商品及金融衍生品类理财产品投资于商品及金融衍生品的比例不低于 80%；混合类理财产品投资于债权类资产、权益类资产、商品及金融衍生品类资产且任一资产的投资比例未达到前三类理财产品标准。

（三）运作方式

商业银行应当根据运作方式的不同，将个人理财产品分为封闭式理财产品和开放式理财产品。封闭式理财产品是指有确定到期日，且自产品成立日起至终止日止，投资者不得进行认购或者赎回的理财产品。开放式理财产品是指自产品成立日至终止日期间，理财产品份额总额不固定，投资者可以按照协议约定，在开放日和相应场所进行认购或者赎回的理财产品。

动动脑

商业银行理财业务的风险由谁来承担？

知识补充 1-1　私人银行业务简介

私人银行业务就是银行等金融机构利用自身在金融咨询、投资理财、服务网络等方面的专业优势，由理财专家根据客户的资产状况和风险承受能力，帮助客户合理而科学地将资产投到股票、债券、保险、基金、储蓄等金融产品中，从而满足客户对投资回报与规避风险的不同需求，以实现个人资产的保值与增值，银行等金融机构则可从中收取服务费。私人银行业务具有准入门槛高、综合化服务、重视客户关系等特征。

步骤三　熟悉个人理财业务岗位

一、认识个人理财业务岗位

从事个人理财服务的专业人士主要包括客户经理、理财经理等。

客户经理直接接触客户并集中银行内部各种可用资源，从事金融理财产品推广和提供优质理财服务，需要掌握全面的金融理财知识与技能，能够在相对较高层次运用专业能力满足客户需要。客户经理既是银行与客户关系的代表，

动动脑

理财经理主要职责是什么。

又是银行对外业务的代表。其职责是全面了解客户需求并向其推销产品、争揽业务，同时协调和组织全行各有关专业部门及机构为客户提供全方位的金融服务，在主动防范金融风险的前提下，建立和保持与客户长期密切的联系。

理财经理是指具备相应任职资格和能力，从事银行个人客户关系管理、营销方案策划与实施，为个人客户提供各种财务分析、规划或投资建议、销售理财计划及投资性产品的专业人士，主要从事代销基金、国债、保险、本外币理财产品、第三方存管等产品的销售工作。其职责是业务精通、技能娴熟，且有良好的沟通能力，负责为客户进行合理的理财，并且做好客户的日常维护工作，为银行建立发展的桥梁。

二、个人理财业务岗位主要工作内容

个人理财业务岗位主要工作内容包括以下四个方面。

1. 开拓新市场，发展新客户

理财经理或客户经理应负责维护好客户与理财机构的关系，应负责定期回访客户，收集客户的动态信息，对客户价值做出动态判断。

2. 当好客户的财务参谋

理财经理或客户经理应根据客户的具体情况，有针对性地制定适合客户的理财方案，为客户提供全方位的专业理财建议和筹划，帮助客户的资产组合达到最优，在满足客户需求的同时，提高个人金融服务收益。

3. 善于将客户的金融需求与银行理财产品的营销相结合

理财经理或客户经理应善于研究客户金融需求，能将客户的金融需求和银行理财产品相结合，有针对性地向客户建议和推荐银行的理财产品。

4. 注意收集客户信息并做好后续服务

理财经理或客户经理在为客户服务过程中，必须留意收集客户与业务相关的信息，认真听取客户的理财意见。如定期让客户填写理财需求和产品意见书，并及时反馈给决策部门。同时不断提高自己的服务质量，为客户提供国家经济、金融有关法律、法规、政策的咨询服务，并以此为基础与客户保持长期紧密的业务关系。

知识补充 1-2 某商业银行理财经理岗位职责

商业银行理财经理的岗位职责有：

（1）负责关注客户资产变动情况，掌握网点重要客户资产变动情况，制定和执行维护措施。

（2）掌握银行产品资讯和有关产品要求，并将产品内容要求及时通知到所有柜员。对于本行发行新产品、发生重大金融事件或重要财经信息公布时，应该及时通知客户。

（3）及时收集并维护所管理客户的信息，完善客户档案。

（4）负责在深入了解客户资料的基础上，针对客户的家庭资产、金融需求和风险偏好特征进行产品推荐，并进行客户金融需求的深度挖掘。

（5）开展重点客户营销维护工作。利用手机短信、电话、约见等方式定期为重点客户提供产品的信息服务，争取销售机会。

（6）负责网点内高端客户的深度服务与维护，履行增加高端客户数量、调整网点客户与资产结构、提升服务档次的职责。

三、个人理财从业人员应当具备的基本条件

商业银行个人理财从业人员，是指那些能够为客户提供上述专业化业务的人员，以及其他与个人理财业务销售和管理活动紧密相关的专业人员。商业银行个人理财业务人员，应包括为客户提供财务分析、规划或投资建议的业务人员，销售理财计划或投资性产品的业务人员，以及其他与个人理财业务销售和管理活动紧密相关的专业人员。

作为一项高知识含量的业务，商业银行个人理财业务必须有一支专业素质与职业操守兼备的执业队伍作支撑。按照中国银行从业人员资格认证制度（CCBP）的要求，结合《商业银行个人理财业务管理暂行办法》的规定，在充分借鉴国际市场各种认证标准并兼顾国内金融发展实际的基础上，商业银行个人理财业务从业人员应当具备的基本条件有以下几点：

（1）对个人理财业务活动相关法律法规、行政规章和监管要求等有充分的了解和认识。这是依法合规为客户提供个人理财服务的基本保障，也有助于从业人员在从业活动中保护自己的职业生涯。

（2）遵守监管部门和商业银行制定的个人理财业务人员职业道德标准、行为守则。这有助于提高从业人员的整体素质和职业道德水平，建立健康的商业银行企业文化和信用文化，维护商业银行的良好信誉，促进商业银行健康发展。

（3）掌握所推介产品或向客户提供咨询顾问意见所涉及产品的特性，并对有关产品市场有所认识和理解。

（4）具备相应的学历水平和工作经验。从事个人理财业务必须具备一定的市场营销学、客户心理学、财务分析学、统计学、金融学等方面的知识，全面掌握各种银行产品及其渠道的专业知识和营销要点。一定学历水平和工作经验则是从业人员达到胜任职业要求的基本前提。

（5）具备相关监管部门要求的行业资格。根据有关监管机构的规定，商业银行的某些岗位只有具备相应的资格才能就任，个人理财业务中涉及的相关监管部门要求具备行业资格的从业人员应当具备相应的资格，例如 CCBP 资格等。

（6）具备国家金融监督管理总局要求的其他资格条件。如从事代客境外理财的从业人员应当具备境外投资管理的能力和经验，从事代客理财业务托管资格的专职人员应当熟悉托管业务。

任务二 熟悉个人理财规划的内容和流程

❂ 任务描述

学生在了解了个人理财基本概念的基础上，通过完成本任务，可以了解个人理财业务的内容，熟悉个人理财业务的流程。

步骤一　了解个人理财业务的内容

个人理财包括现金规划、储蓄规划、消费信贷规划、金融投资规划、房地产规划、保险规划、税收筹划、子女教育规划、退休养老规划和遗产规划等内容。这些理财规划贯穿着我们一辈子的生活，学好理财规划可以帮助我们规划好自己的一生。

一、现金规划

现金在所有理财工具中流动性最强，人们日常生活时刻离不开它。持有足够的现金虽然方便，但是持有现金的收益率低。因此，人们需要在现金支付方便性和由此损失的收益之间进行权衡，找到持有现金的最佳数量，使之既能满足人们的日常支付需要，又能在人们发生紧急情况时提供及时的帮助，因此，现金规划就显得尤为重要。

现金规划

二、储蓄规划

储蓄是最传统的投资理财方式，也是所有理财手段的基础。储蓄作为一项流动性高、收益固定、低风险的投资，不但能缓冲财务危机，还能为实现未来的财务目标积累资金。因此，对于现金管理而言，储蓄规划不仅要满足开支需要，而且要建立一套有效的储蓄计划。

> **动动脑**
>
> 家庭储蓄存款越多越好吗？

三、消费信贷规划

消费规划是基于一定的财务资源，对家庭的消费水平和消费结构进行规划，以达到适度消费、稳步提高生活质量的目标。有效利用信贷能够帮助人们拥有更多的商品，得到更多的享受，而滥用信贷则导致欠款、破产或信用丧失。因此，消费信贷规划能够帮助人们在决策之前认清自己的还贷能力，选择适合自己的信贷方式，充分享受信贷给生活带来的方便。

> **动动脑**
>
> 举例说说什么是消费信贷。

四、金融投资规划

投资是个人获取财富的主要手段，不同金融投资工具有不同的特征，包括股票、债券、基金等。人们清楚，单一品种的投资工具很难满足其对资产流动性、回报率以及风险等方面的特定要求，而且人们往往也不具备从事金融投资的专业知识和信息优势。金融投资规划要求个人在充分了解自身风险偏好与投资回报率需求的基础上，通过合理的资产分配，使投资组合既能满足流动性要求与风险承受能力，同时又能获得充足的回报。

> **动动脑**
>
> 你能说出几种金融投资工具？

五、房地产规划

"衣食住行"是人生最基本的四大需求，"住"为其中时间最长、所需资金最多的一项。在个人理财中与"住"相对应的是房产投资规划。投资者购买房产主要出于四种考虑：自己居住、对外出租、投资获利和减免税收。而针对不同的投资目的，投资者在选择具体房地产品种时会有不同的考虑。在房地产投资规划中，要重视两方面的问题：一方面，应当对房地产法律法规（包括交易规则、税收优惠等）和影响房地产价格的各种因素有比较深的了解；另一方面，由于房地产单位价值高且多是终身投资，所以进行房地产投资需要十分谨慎，人们在做出投资决策之前，必须详细了解自己的支付能力，以确定合理的房地产购置计划。

六、保险规划

人的一生很可能会面对一些不期而至的风险，比如意外的人身伤害、疾病、火灾等。为了规避这些风险，在现实生活中人们通过购买保险来满足自身的安全需要。保险除了具有转移风险、减小损失的基本功能之外，它还具有融资、投资功能。在个人理财中，经常用到的保险产品包括人寿保险、意外伤害保险、健康保险、财产保险、责任保险等。保险因其品种多、条款复杂，对于普通投资者来说，他们在选择时往往会感到力不从心。保险规划的目的即在于通过对个人经济状况和保险需求的深入分析，选择适合自己的保险产品，并确定合理的期限和金额。

七、税收筹划

依法纳税是每个公民应尽的法定义务，国家通过制定各种法律法规来规范税收的征缴，任何违反税收法律法规的行为都将受到法律的制裁。然而，纳税人出于对自身利益的考虑，往往希望将自己的税负合理地减到最小。因此，如何在合法的前提下尽量减少税负就成为每一个纳税人十

> **动动手**
>
> 调查家长是否作了税收筹划。

分关注的问题。税收筹划在充分了解国家税收制度的前提下，通过运用各种税收筹划策略，合法地减少税负。在税收筹划中比较常用的基本策略包括收入分解转移、收入延期、资本利得、注意资产销售时机、杠杆投资、充分利用税负抵减等。与前面所述的几种规划相比，税收筹划要面对更多的风险，尤其是法律风险，这些风险包括反避税条款、法律法规变动风险及经济风险等。

八、子女教育规划

教育投资是一种智力投资，它不仅可以提高人的文化水平与生活品位，还可以使受教育者增加人力资本。对子女的教育投资可以分为基础教育投资和高等教育投资，其中高等教育投资通常是所有教育投资项目中花费最高的一项，但父母出于对子女未来的殷切期望，往往会在子女的高等教育投资上不惜血本。进行子女教育规划时，首先要对子女的基本情况（例如子女的年龄、预期的受教育程度等）进行分析，以确定当前和未来的教育投资资金需求；其次要分析个人的收入状况（当前的和未来预期的），并确定子女教育投资资金的来源（例如教育资助、奖学金、贷款、勤工俭学收入等）；最后要分析教育投资资金来源与需求之间的差距，并在此基础上通过运用各种投资工具（包括常用的投资工具和教育投资特有的投资工具）来算出二者之间的差额。应当特别注意的是，由于教育投资本身的特殊性，它与其他投资相比更加注重投资的安全性，因此在选择具体投资工具时要特别谨慎。

九、退休养老规划

退休规划是指为保证将来的退休生活，从现在开始制定实施关于如何筹措和管理退休以后的生活资金，以及如何安排退休后收支的一系列财务活动方案的过程。如何在退休后保持一定的生活水平是每个人都要面对的现实问题，

动动脑

为什么要作退休规划？

现实生活中普遍存在的通货膨胀也在不断地侵蚀个人的财富，如不趁早计划必然会导致退休后生活水平的急剧下降。退休规划是一个长期的过程，不是简单地通过在退休前存一笔钱就能解决，个人在退休前的几十年就要开始确定目标，并进行详细的规划，为将来退休做准备。在当前，一对独生子女夫妻将来要照顾四个老人，其负担可想而知。所以，提早做好退休规划不仅可以使自己的退休生活更有保障，同时也可以减轻子女的负担。

十、遗产规划

遗产继承是人生需要妥善安排的最后一个重要事项。遗产规划的目标是高效地管理遗产，并将遗产顺利地转移到受益人的手中。这里的高效包括两方面的内容：一方面，遗产安排要花费一定的时间，应该在最短的时间内完成遗产规划；另一方面，处理遗产需要花费一定的成本，如很多国家都开征了遗产税，遗产规划可以帮助个人减少遗产处理过程中的各种税费。

遗产税

步骤二　熟悉个人理财业务的流程

人们每天都会做出若干个决定，大多数决定简单且无必然逻辑联系，但在进行理财规划时必须经过仔细和缜密的思考、分析和计算。个人理财规划流程可以分解成以下六个步骤，个人理财业务的基本流程如图 1-1 所示。

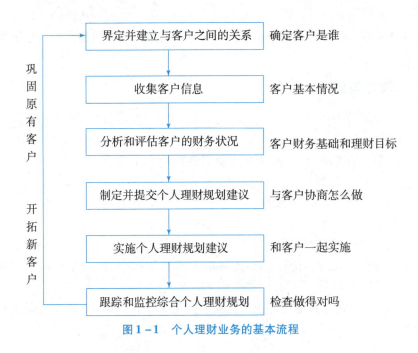

图 1-1　个人理财业务的基本流程

一、界定并建立与客户之间的关系

　　个人理财规划作为金融服务业的一个子行业，十分重视与客户的交流和沟通，因为个人理财规划要求以客户的利益为导向，从客户的角度出发，帮助客户做出合理的财务决策。作为个人理财规划流程的第一步，与客户关系界定得是否清晰、建立客户关系表现得好坏，直接决定了以后各项工作的质量与效率。在提供个人理财规划服务之前，为了提高实现客户预期的可能性，理财经理和客户双方应确定服务的范围，包括一项或多项个人理财规划，这样就能为个人理财规划流程提供一个工作框架，使双方共同关注明确的共同任务。同时个人理财经理应对其服务报酬和给付方式向客户明确说明，双方应就合作期限及决策方式达成一致。

理财业务流程

二、收集客户信息

　　仅仅通过口头的方式来收集客户信息远远不能满足个人理财规划的需要，通常还需要采用数据调查表来协助数据的收集。在客户填写该表之前，必须使客户了解只有可靠、完整和准确的财务信息，才能保证财务建议的有效性。

动动脑

收集客户哪些信息？

同时对需要客户填写的有关项目进行解释。在充分收集了客户的相关数据之后，理财经理需要与客户进行进一步的交流和沟通，确定客户的目标与期望。然后对目标进行分类，并将分类标准介绍给客户。针对客户已经提出的目标，理财经理应当利用其专业技能和经验，分析目标中存在的缺陷，评估目标的可行性，并给出有针对性的专业意见。

三、分析和评估客户的财务状况

　　客户当前的财务状况是否达到未来理财目标的基础，理财经理在提出具体的综合个人理财计划之前，必须客观地分析客户当前的财务状况。可以采取的方法是类似企业财务报表的一系列个人财务报表，将零散的信息归集到各类报表中。主要包括客户个人或家庭资产负债表分析、客户个人或家庭现金流量表分析以及财务比率诊断等。分析客户当前财务状况的最后一步，是在上述财务分析的基础上，结合理财经理在前一步骤利用数据调查表所获得的信息，准备客户的现金预算表。

四、制定并提交个人理财规划建议

　　综合个人理财规划的形成还需要遵循一定的步骤。首先，理财经理要确保已经掌握了所有的相关信息；其次，必须采取一定的措施来保护客户当前的财务安全；再次，应当进一步确定客户的目标与要求；最后，提出个人理财规划策略以满足客户未来财务目标。理财经理要帮助客户

动动脑

综合个人理财规划的步骤？

形成合理的投资决策：确定一个将投资分散到各个资产类型上的合适比率，针对每一种资产类型确定投资方式，为客户挑选具体的投资品种。为了保护自身利益，理财经理还应当取得客户声明以及客户对执行综合个人理财规划的授权。

五、实施个人理财规划建议

为了确保个人理财规划的执行效果，理财经理应遵循准确性、有效性、及时性的原则。在执行个人理财规划这一步中，理财经理还需要注意以下问题：一，不论是在规划制定的过程中，还是在完成之后，都应当积极主动地与客户进行沟通和交流，让客户亲自参与到规划的制定和修改的过程中来；二，执行综合个人理财规划必须首先获得客户的执行授权；三，妥善保管个人理财规划的执行记录。

六、跟踪和监控综合个人理财规划的实施

在综合个人理财规划的执行过程中，任何宏观或微观环境的变化都会对理财规划的执行效果造成影响。因此，理财经理必须定期对该规划的执行和实施情况进行监控和评估，并就实施结果及时地与客户进行沟通，必要时还可以对该规划进行适当的调整。作为理财经理，难免会因各种原因与客户起争端，但无论这种争端由何种原因引起，都应当主动与客户进行沟通，争取让问题公正、妥善地得到解决。一般来说，理财经理要尽可能地采用双方协商的方式解决争端。

情景模拟1-1　分组完成理财经理的角色训练

将班级学生进行分组，一位同学扮演理财经理，其他同学扮演客户。理财经理向客户介绍自己的职业和工作流程。

任务三　理解个人理财业务的理论基础

⚙ 任务描述

个人理财业务的理论基础包括生命周期理论、货币的时间价值和投资风险管理理论等。通过本任务的学习，要求学生理解家庭生命周期各阶段的特征及财务状况，掌握家庭生命周期各阶段的理财重点，会计算货币的时间价值和投资回报率。

步骤一　熟悉生命周期理论

一、生命周期的概念

人都会经历生老病死，从出生到死亡，是自然规律，也就是生命周期。生命周期理论对消费者的消费行为提供了全新的解释。该理论指出，个人是在相当长的时间内计划他的消费和储蓄行为的，在整个生命周期内实现消费和储蓄的最佳配置。也就是说，一个人将综合考虑其即期收

动动脑

家庭生命周期各阶段的特征是什么？

入、未来收入、可预期的开支、工作时间、退休时间等因素，使其消费水平在各阶段保持适当的水平，不至于出现消费水平的大幅波动。

家庭的生命周期是指家庭形成期（建立家庭并生养子女）、家庭成长期（子女长大上学）、家庭成熟期（子女独立和事业发展到巅峰）和家庭衰老期（退休到终老）的整个过程。这四个阶段的特征和财务状况如表 1 – 1 所示。

家庭的生命周期

表1 – 1　家庭生命周期各阶段特征及财务状况

项目	家庭形成期	家庭成长期	家庭成熟期	家庭衰老期（也称为空巢期）
特征	从结婚到子女出生，家庭成员数随子女出生而增加	从子女出生到完成学业，家庭成员数固定	从子女完成学业到夫妻均退休，家庭成员数随子女独立而减少	从夫妻均退休到夫妻一方过世，家庭成员只有夫妻一方
收入及支出	收入以薪酬为主，支出随家庭成员数增加而上升	收入以薪酬为主，支出随家庭成员固定而趋于稳定，子女上大学费用负担重	收入以薪酬为主，事业发展和收入达到巅峰。支出随家庭成员减少而降低	以理财收入及转移性收入为主，或变现资产维持生计。支出结构发生变化，医疗费用占比提高，其他费用占比降低
储蓄	随家庭成员数增加而下降，家庭支出负担大	收入增加而支出稳定，在子女上大学前储蓄逐步增加	收入达到巅峰，支出稳中有降，是募集退休金的黄金时期	大部分情况下支出大于收入，为耗用退休准备金阶段
居住	和父母同住或租住	和父母同住或自行购房	与老年父母同住或夫妻两人居住	夫妻居住或和子女同住
资产	资产有限，年轻可承受较高的投资风险	可积累的资产逐年增加，要适当控制投资风险	资产达到巅峰，要逐步降低投资风险，保障退休金的安全	逐年变现资产来应付退休后生活费开销，投资工具应以固定收益为主
负债	信用卡透支或消费贷款	若已购房，为交付房贷本息、降低负债余额的阶段	在退休前把所有的负债还清	无新增负债

二、生命周期在个人理财中的应用

（1）专业理财从业人员，如理财经理可根据客户家庭生命周期帮助其选择适合的银行理财产品、保险、信托、信贷等综合理财套餐。四个阶段理财重点如表 1 – 2 所示（其中核心资产配置中的银行理财产品选项可以作为对其他核心资产配置的替代工具）。表中的分析建议仅供参考。

表1-2　家庭生命周期各阶段的理财重点

项目	家庭形成期	家庭成长期	家庭成熟期	家庭衰老期
对应年龄	25～30岁	30～50岁	50～60岁	60岁以后
保险安排	提高寿险保额	以子女教育年金储备高等教育学费	以养老保险或递延年金储备退休金	投保长期看护险或将养老保险转即期年金
核心资产配置	股票70%、债券20%、货币10%	股票50%、债券40%、货币10%	股票20%、债券60%、货币20%	股票20%、债券60%、货币20%
	预期收益高、风险适度的理财产品	预期收益较高、风险适度的理财产品	风险较低、收益稳定的理财产品	风险低、收益稳定的理财产品
信贷运用	信用卡、小额信贷	房屋贷款、汽车贷款	还清贷款	无贷款或反按揭

（2）专业理财从业人员可根据客户家庭生命周期不同阶段对客户资产流动性、收益性和获利性的需求给予配置建议。例如，流动性需求在客户子女年龄很小和客户年龄很大时较大，在这些阶段，流动性较好的存款和货币基金的比重可以高一些；在家庭成长期和家庭成熟期，随客户年龄的增大，投资股票等风险资产的比重应逐步降低；家庭衰老期的收益性需求最大，因此投资组合中债券比重应该最高。

知识补充1-3　生命周期理论和个人理财规划

依据家庭生命周期理论，可以把个人生命周期分为六个阶段。各个阶段的特点和理财活动如表1-3所示。表中的分析建议仅供参考。

表1-3　个人生命周期各个阶段的特点和理财活动

项目	探索期	建立期	稳定期	维持期	高原期	退休期
对应年龄	15～24岁	25～34岁	35～44岁	45～54岁	55～60岁	60岁以后
家庭形态	以父母家庭为生活重心	择偶结婚、有学前子女	子女上小学、中学	子女进入高等教育阶段	子女独立	以夫妻两人为主
理财活动	求学深造、提高收入	贷款、购房	偿还房贷、筹教育金	收入增加、筹退休金	负担减轻、准备退休	享受生活、规划遗产
投资工具	活期、定期存款、基金定投	活期存款、股票、基金定投	自用房产投资、股票、基金	多元投资组合	降低投资组合风险	固定收益投资为主
保险计划	意外险、寿险	寿险、储蓄险	养老险、定期寿险	养老险、投资型保险	长期看护险、退休年金	领退休年金至终老

步骤二　会计算货币时间价值

一、货币时间价值的概念和影响因素

（一）货币时间价值

不同时间里的单位货币的价值是不相等的，也就是 1 年后的 100 元与现在的 100 元的价值是不相等的。货币时间价值，也称资金的时间价值，是指货币经历一定时间的投资和再投资所增加的价值。为什么货币有时间价值？因为在即期消费，和拿这笔钱去投资，两者之间是有差别的，也就是说货币可以满足当前消费或用于投资产生回报，资金占用有机会成本，同时，货币本身存在通货膨胀的可能性，造成货币的贬值。投资有风险，需要风险补偿。

> **动动脑**
>
> 年初存入银行的 10 000 元，在存款利率 5% 的情况下，到年终其价值为 10 500 元，请问，货币的时间价值是多少？

（二）货币时间价值的影响因素

1. 时间

时间越长，货币的时间价值越明显。

2. 收益率或通货膨胀率

收益率是决定货币在未来增值程度的关键因素，而通货膨胀率是使货币购买力减弱的反向因素。

3. 单利和复利

单利始终以最初的本金为基数计算收益，而复利则以本金和利息为基数计算收益，从而产生利上加利、息上添息的收益倍增效应。

二、货币时间价值的计算

货币的时间价值

（一）利率

利率是资金的使用价值，是因使用货币而支付（或挣到）的货币。利率常以百分率（%）、千分率（‰）或万分率（‱）表示，其计算公式为：

$$利率 = 利息/本金$$

影响利息的三个基本要素：本金、利率和时期。利息的多少与这三个要素呈正比例关系。本金越大，利率越高，存放期越长，则利息越多；反之，利息就越少。

（二）单利的计算

单利就是只计算本金在投资期限内的时间价值（利息），而不计算利息的利息。单利的计算公式：

$$S = P(1 + n_i)$$

其中：S 为单利终值；P 为本金；n 为利率获取时间的整数倍；i 为利率。

例如：王先生现在有一笔数额为 1 000 元的资金，如果进行银行的定期储蓄存款，期限为 3 年，年利率为 2.00%，那么，根据银行存款利息的计算规则，到期时王先生所得的本息和为：

$$1\ 000 + 1\ 000 \times 3 \times 2.00\% = 1\ 060（元）。$$

（三）复利的计算

知识补充1-4　神奇的复利

　　美国早期的总统富兰克林有一则逸事。1790年，富兰克林过世时，捐赠给波士顿和费城这两座他最喜爱的城市各5 000美元。这项捐赠规定了提领日，提领日是捐款后的100年和200年：100年后，两座城市分别可以提领50万美元，用于公共计划；200年后，可以提领余额。到了1991年，200年期满时，区区5 000美元给两座城市带来了将近2 000万美元的收益！富兰克林以这种与众不同的方式，向公众展现了自己的投资智慧，向我们展示了复利的神奇力量。

　　复利是指每经过一个计息期后，都要将所生利息加入本金，以计算下期的利息。这样，在每一个计息期，上一个计息期的利息都要成为生息的本金，即以利生利，也就是俗称的"利滚利"。

1. 复利终值的计算

　　复利终值的计算公式：

$$F = P(1 + i)^n$$

　　其中，F为复利终值；P为本金；n为计息期数；i为利率；$(1+i)^n$通常被称为复利终值系数，用符号$(F/P, i, n)$表示，代表1元本金的第n期期末的复利终值，在实际计算时，其数值可查复利终值系数表。

　　例如：王先生有一笔数额为1 000元的资金，银行的1年期定期储蓄存款利率为2.00%，王先生每年年初都将上一年的本金和利息提出，然后再一起作为本金存入1年期的定期存款，一共进行3年。那么他在第三年年末总共可以得到多少本金和利息呢？这项投资的利息计算方法就是复利。

　　在第一年年末，共有本息和为：

　　1 000 + 1 000 × 2.00% = 1 020（元）

　　随后，在第一年年末收到的本息和作为第二年年初的投资本金，即利息已被融入本金中。因此，在第二年年末，共有本息和为：

　　1 020 + 1 020 × 2.00% = 1 040.40（元）

> **动动手**
>
> 本金为50 000元，投资回报率3%，投资年限30年，到期复利利息收入是多少？

　　依此类推，在第三年年末，共有本息和为：

　　1 040.40 + 1 040.40 × 2.00% = 1 061.21（元）

　　这种方法的计算过程表面上太复杂，但事实并非如此，王先生资金本息和的计算过程实际上：

　　1 000 × (1 + 2.00%) × (1 + 2.00%) × (1 + 2.00%) = 1 000 × (1 + 2.00%)³ = 1 061.21（元）

　　按照公式：$F = 1\,000 \times (1 + 2.00\%)^3 = 1\,061.21$（元）

　　如果有一笔利率是3%的10 000元定期存款，一年计息一次，那么你知道每一年到期的单利与复利相差多少吗？单利、复利的比较如表1-4所示。

表1-4　单利、复利的比较

时间	单利	复利
1 年	300	300
2 年	600	609
3 年	900	927.27
⋮	⋮	⋮
50 年	15 000	33 839.06

知识补充 1-5　复利的 "72 法则" 和 "115 法则"

"72 法则" 是说如果年收益率为 $x\%$，那么本金翻番需要的时间就是 $72/x$。例如，收益率 5% 的投资工具，本金翻番需要 14.4 年（72/5）。如果利用 12% 的年报酬率投资工具，经过 6 年本金就可翻一番；如果投资工具收益率是 15%，那么 100 万元的本金经过 4.8 年就变成了 200 万。当然，这是在手中少了复利表时简单的计算方法。

"115 法则" 是说如果年收益为 $x\%$，那么用 115 除以 x 就是本金变成 3 倍的时间。例如，收益率 10% 的投资工具，100 万变成 300 万的时间就是 115/10=11.5 年。

需要注意的是，"72 法则" 是计算本金翻倍的时间，"115 法则" 是变成 3 倍的时间。但这两个法则都是估算，对于年增长率很大或很小的复利，误差就比较大了。

2. 复利现值的计算

复利现值是复利终值的逆运算，它是指未来一定量的货币按一定利率折算的现在价值。计算公式为：

$$P = F/(1+i)^n = F \times (1+i)^{-n}$$

式中，$(1+i)^{-n}$ 被称为复利现值系数，用符号 $(P/F, i, n)$ 表示，代表 1 元本金第 n 期的复利现值。在实际计算时，其数值可查复利现值系数表。

例如：某人拟在 5 年后获得本利和 10 000 元，假设年投资报酬率为 10%，他现在应投入多少元？

$$P = F/(1+i)^n = 10\,000/(1+10\%)^5 = 6\,209.21（元）$$

也就是说他现在应投入 6 209.21 元。

学思育政 1-1

孔子云："君子爱财，取之有道；君子爱财，更应治之有道。" 这里说的 "取" 就是赚钱，"治" 就是理财，"道"，就是投资理财的基本理念和原则。无论是理财专业人员，还是为自己理财，首要条件都是树立正确的理财观，这样才能保证理财规划方向的正确性，最终才会实现理财目标。

做一做

有人愿意给你一笔钱，但你必须从甲、乙两种方案中选择其中一种。假设年报酬率 10% 不变，你会选择哪一种？甲方案：10 年后的今天给你 10 000 元；乙方案：30 年后的今天给你 60 000 元。

（二）年金

年金在我们的生活中非常普遍，如支付房屋的租金、商品分期付款、分期偿还贷款等，都属于年金收付形式。年金是指一定时期内，等间隔期等额收到或付出的系列款项。年金按照收付时点和方式的不同分为普通年金、预付年金、递延年金以及永续年金。

1. 普通年金

普通年金是指一定时期内每期期末收付等额款项的年金，也称为后付年金。其收付形式如图 1–2 所示。PMT 代表每期的金额，F 代表年金的终值。

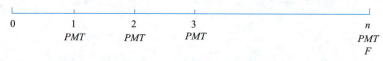

图 1–2　普通年金的收付形式

（1）普通年金终值的计算。

普通年金终值是指其最后一次支付的本利和，是每次支付的复利终值之和，计算公式为：

$$F = PMT \times (1+i)^{n-1} + \cdots + PMT \times (1+i) + PMT$$
$$= PMT \times \frac{(1+i)^n - 1}{i} = PMT \times (F/A, i, n)$$

其中：$\dfrac{(1+i)^n - 1}{i}$ 为年金终值系数，用符号（F/A，i，n）表示，可查普通年金终值系数表。

例如：某人每年年末存入 1 000 元，年利率为 5%，5 年之后的本息一共是多少？

$F = 1\,000 \times (F/A, 5\%, 5) = 1\,000 \times 5.525\,6 = 5\,525.6$（元）

（2）普通年金现值的计算。

普通年金现值是指一定时期内每期期末收付款项的复利现值之和，计算公式为：

$$P = PMT \times (1+i)^{-1} + PMT \times (1+i)^{-2} \cdots + PMT \times (1+i)^{-n}$$
$$= PMT \times \frac{1-(1+i)^{-n}}{i} = PMT \times (P/A, i, n)$$

其中：$\dfrac{1-(1+i)^{-n}}{i}$ 为年金现值系数，用符号（P/A，i，n）表示，可查普通年金现值系数表。

例如：某人未来 5 年内每年年末存入 1 000 元，在年利率为 5% 的条件下，这笔资金的现值是多少？

$$P = 1\ 000 \times (P/A,\ 5\%,\ 5) = 1\ 000 \times 4.329\ 5 = 4\ 329.5 \text{（元）}$$

2. 预付年金

预付年金是指在每期期初支付的年金，又称即付年金或先付年金。相对于普通年金，预付年金的支付期多了一期，预付年金的收付形式如图1-3所示。

图1-3　预付年金的收付形式

（1）预付年金终值的计算。

预付年金终值计算公式：

$$F = PMT \times (1+i)^n + PMT \times (1+i)^{n-1} + \cdots + PMT \times (1+i)$$
$$= PMT \times (F/A,i,n) \times (1+i)$$

可以利用普通年金终值系数表查得 n 期的系数值，然后乘以 $(1+i)$ 后得到预付年金终值。

例如：某人每年年初存入1 000元，在年利率为5%的条件下，这笔资金的5年后的终值多少？

$$F = 1\ 000 \times (F/A,\ 5\%,\ 5) \times (1+5\%) = 1\ 000 \times 5.525\ 6 \times (1+5\%) = 5\ 801.88 \text{（元）}$$

（2）预付年金现值的计算。

预付年金现值计算公式：

$$P = PMT + PMT \times (1+i)^{-1} + \cdots + PMT \times (1+i)^{-(n-1)}$$
$$= PMT \times (P/A,i,n) \times (1+i)$$

可以利用普通年金现值系数表查得 n 期的系数值，然后乘以 $(1+i)$ 后得到预付年金现值。

例如：某人未来5年内每年年初存入1 000元，在年利率为5%的条件下，这笔资金的现值是多少？

$$P = 1\ 000 \times (P/A,\ 5\%,\ 5) \times (1+5\%) = 1\ 000 \times 4.329\ 5 \times (1+5\%) = 4\ 545.98 \text{（元）}$$

3. 递延年金

递延年金是指第一次收付款项的发生时间不在第一期期末，而是间隔了若干期后才开始等额收付款项，递延年金是一种特殊的普通年金。

例如：5年后连续3年每年年末存入1 000元，年利率为5%，这笔资金8年后的终值是多少？这笔资金的现值是多少？

$$F = 1\ 000 \times (F/A,\ 5\%,\ 3) = 1\ 000 \times 3.152\ 5 = 3\ 152.5 \text{（元）}$$

现值计算：先把递延年金视为3年期普通年金，求出递延期末的现值，再将此现值调整到第一期期初。

$$P_5 = 1\ 000 \times (P/A,\ 5\%,\ 3) = 1\ 000 \times 2.723\ 2 = 2\ 723.2 \text{（元）}$$
$$P = 2\ 723.2 \times (P/F,\ 5\%,\ 5) = 2\ 723.2 \times 0.783\ 5 = 2\ 133.63 \text{（元）}$$

4. 永续年金

永续年金是指无限期等额收付的年金，也属于普通年金的特殊形式。由于永续年金没有终止时间，终值就会无限大，因此一般无法计算其终值，只能计算其现值，计算

公式为

$$P = PMT/i$$

例如：一笔无限期支付的资金，每年年末支付金额为 1 000 元，年利率为 5%，这笔资金的现值是多少？

$P = 1\ 000/5\% = 20\ 000$（元）

步骤三　了解投资风险理论

一、收益与风险

（一）持有期收益和持有期收益率

投资的时间间隔就是持有期，持有期间的收益就是持有期收益。持有期收益率，是指投资者在持有投资对象的一段时间内所获得的收益率，它等于这段时间内所获得的收益额与初始投资之间的比率。存在如下关系式：

面值收益 = 红利 + 市值变化

收益率（百分比收益）= 面值收益/初始投资 = 红利收益（基本收益）+ 资本利得收益

例如：张先生在去年以每股 25 元的价格买了 100 股股票，一年来得到每股 0.20 元的分红，年底股票价格涨到每股 30 元，求持有收益和持有收益率。

起初投资额 = 25 × 100 = 2 500（元）

年底股票价格 = 30 × 100 = 3 000（元）

现金红利 = 0.20 × 100 = 20（元）

则持有期收益 = 20 + （3 000 − 2 500）= 520（元）

持有期收益率 = 520/2 500 = 20.8%

（二）预期收益率

预期收益率是指投资对象未来可获得的各种收益率的平均值。任何投资活动都是面向未来的，而未来具有不确定性，因此投资收益也具有不确定和风险性。为了对这种不确定性进行衡量，便于比较和决策，人们用预期收益（期望收益）或预期收益率来描述投资者对投资回报的预期。

（三）必要收益率

必要收益率是指投资对象所要求的最低回报率，也称必要回报率。

投资者放弃了当前的消费而去投资，应该得到相应的补偿，即将来得到的货币总量的实际购买力要比当前投入的货币有所增加，在没有通货膨胀的情况下，这个增量就是投资的真实收益，也就是货币的纯时间价值。

投资者预计价格在投资期内会上涨，即存在通货膨胀，他必将要求得到由于通货膨胀所造成的损失的补偿。

投资者对投资的将来收益不能确定，他将要求对该不确定性进行补偿，即投资的风险补偿。

真实收益率（货币的纯时间价值）、通货膨胀率和风险报酬三部分构成了投资者的必要收益率，它是进行一项投资可以接受的最低收益率。

（四）系统性风险和非系统性风险

系统性风险也称宏观风险，是指由于某种全局性的因素而对所有投资品收益都有产生作用的风险。具体包括市场风险、利率风险、汇率风险、购买力风险、政策风险等。

非系统性风险也称微观风险，是因个别特殊情况造成的风险，它与整个市场没有关联。具体包括财务风险、经营风险、信用风险、偶然事件风险等。

> **学思育政 1-2**
>
> 所有金融工具都具有风险性和收益性，风险与收益成正比，高收益必然伴随着高风险，但高风险不一定会带来高收益，在进行投资时，要避免只追求高收益而忽略收益背后的风险，收益不是判断投资的唯一标准，更要正确分析风险，在自己的风险承受能力范围内进行投资。

二、资产组合理论

（一）资产组合理论原理

投资者或"证券组合"管理者的主要意图，是尽可能建立起一个有效组合，那就是在市场上为数众多的证券中，选择若干证券进行组合，以求得单位风险水平上的收益最大，或单位收益水平上的风险最小。

 动动脑

投资的有效组合是什么？

（二）资产组合的风险和收益

资产的收益率是一个遵循某一概率分布的随机变量，要了解其真实分布是很困难的，一种简单化的方法是用分布的两个特征——期望收益率和方差来描述。单一资产的收益率和风险用期望收益率和方差来计算。一个资产组合由一定数量的单一资产构成，每一种资产占有一定的比例。我们也可将证券组合视为一个资产，那么，资产组合的收益率和风险也可用期望收益率和方差来计量。

（三）证券组合风险和相关系数

两个或两个以上资产所构成的集合，称为资产组合。资产组合的预期收益率，就是组成资产组合的各种资产的预期收益率的加权平均数，其权数等于各种资产在整个组合中所占的价值比例。

一般而言，由于资产组合中每两项资产间具有不完全的相关性，因此随着资产组合中资产个数的增加，资产组合的风险会逐渐降低。但当资产的个数增加到一定程度时，资产组合风险的下降将趋于平稳，这时资产组合风险的降低将非常缓慢直至不再降低。

（四）最优资产组合

一般而言，投资者在选择资产组合过程中遵循两条基本原则：一是在既定风险水平下，预期收益率最高的投资组合；二是在既定预期收益率条件下，风险水平最低的投资组合。

 动动脑

最优资产组合的原则是什么？

（五）投资组合的管理

投资组合管理的根本任务是对资产组合的选择，即确定投资者认为最满意的资产组合。整个决策过程分成五步：资产分析、资产组合分析、资产组合选择、资产组合评价和资产组合调整。

情景模拟1-2　分组完成理财产品收益与风险分析

上网查阅两种不同的理财产品，由每位同学扮演理财经理角色，向其他同学分析两种理财产品的收益和风险。

步骤四　熟悉资产配置原理

投资的手段和渠道具有多样性，不同的投资工具和投资策略会给投资者带来不同的收益，同时投资者也会面临不同的风险。从理财业务角度出发，通过资产配置手段实现理财目标是一项非常重要的工作。

一、什么是资产配置

资产配置是指依据所要达到的理财目标，按资产的最低风险与最佳报酬的原则，将资金有效地分配在不同类型的资产上，构建能够达到增强投资组合报酬与控制风险的资产投资组合。

资产配置之所以能对投资组合的风险和报酬产生一定的影响力，在于其可以利用各种资产类别、各自不同的报酬率及风险特性以及彼此价格波动的相关性，来降低资产组合的整体投资风险。通过资产配置投资，除了可以降低投资组合的下跌风险，更可稳健地增强投资组合的报酬率。

维持最佳资产投资组合，必须经过完整缜密的资产配置流程，内容包括投资目标规划、资产类别的选择、资产配置策略与比例配置、定期检视与动态分析调整等。投资者欲构建一组最佳资产配置，只要依照上述资产配置流程建立规律性的投资循环，便可有效地建立及维持资产配置最优化，进而达成中长期投资理财目标。

二、常见的资产配置组合模型

通常，人们将权证、期权、期货、对冲基金、垃圾债券等视为极高风险、极高收益资产；将股票、股票型基金、外汇投资组合等视为高风险、高收益资产；将黄金、集合信托、债券基金等视为中风险、中收益资产；将债券、投资分红险视为较低风险、较低收益资产；而将存款、国债、货币基金等视为低风险、低收益资产。作为理财产品的设计者，商业银行可以利用多种基础资产，设计出多种风险和收益组合的理财产品，理财经理可以针对不同风险和收益的投资产品、银行理财产品与客户的风险偏好特征，为客户构建适合的资产配置组合模型。

（一）金字塔形

在金字塔形资产结构的客户资产中，存款、债券、货币基金、房产等低风险、低收益资产占 50% 左右，基金、理财产品、房产等中风险、中收益资产占 30% 左右，而高风险的股票、外汇、权证等资产比例最低，这种根据资产的风险度由低到高、占比越来越小的金字塔形结构的安全性、稳定性无疑是最佳的。

（二）哑铃形

在哑铃形的资产结构中，低风险、低收益的储蓄债券资产与高风险、高收益的股票基金资产比例相当，占主导地位，而中风险、中收益的资产占比最低，这种结构两端大，中间弱，比较平衡，可以充分获取黄金投资周期的收益。

（三）纺锤形

在纺锤形的资产结构中，中风险、中收益的资产占主体地位，而高风险与低风险的资产占比较低，这种资产结构的安全性很高，很适合成熟市场。

（四）梭镖形

在梭镖形资产结构中，几乎没有什么低风险的保障资产与中风险的理性投资资产，几乎所有的资产全部放在了高风险、高收益的投资市场与工具上，属于赌徒型的资产配置。毫无疑问，这种资产结构的稳定性差、风险高，但是投资力度强、冲击力大，如果遇到黄金投资机遇，更能集中资源在短时间内博取很高的收益。

步骤五　了解投资策略与投资组合的选择

为了实现投资目标，投资者需要根据市场的有效性来制定投资策略。不同类型的市场需要选择不同类型的投资策略，在具体的投资过程中，为了实现投资目标，投资者需要根据理财工具的性质来配置资产。

一、市场有效性与投资策略的选择

（一）随机漫步与市场有效性

随机漫步是指股票价格的变动是随机、不可预测的。有时这种随机性被错误解读为股票市场是非理性的，然而，恰恰相反，股价的随机变化正表明了市场正常运作或是有效的。

股价只对新的信息做出上涨和下跌的反应，而新信息是不可预测的，因此股价同样是不可预测的。在市场均衡的条件下，投资工具价格反映所有的信息，特别是股票，而一旦市场偏离均衡，出现了某种获利的机会，会有人在极短的时间内去填补这一空隙，使市场趋于平衡。

（二）市场有效的三个层次

1. 弱型有效市场（历史信息）

股价已经反映了全部能从市场交易数据中得到的信息，包括历史股价、交易量、空头头寸等。该假定认为市场的价格趋势分析是徒劳的，过去的股价资料是公开的，几乎毫不费力就可以得到。

2. 半强型有效市场（公开信息）

证券价格充分反映了所有公开信息，包括公司公布的财务报表和历史上的价格信息，基本面分析不能为投资者带来超额利润。

3. 强型有效市场（内幕信息）

证券价格充分反映了所有信息，包括公开信息和内幕信息，任何与股票相关的信息，实际上都已经充分体现在价格之中。

上述三者之间的关系是：强型有效市场包含半强型有效市场，半强型有效市场包含弱型有效市场。

二、理财工具和投资组合的选择

任何一个理财产品及理财工具都具有收益性、风险性与流动性的三重特征，并在三者之间寻求一个最佳的平衡。此外，不同投资产品与工具在税收属性上还具有不同的特点，也会对个人投资的选择产生重要的影响。对银行理财人员来说理财工具主要分为三类：

（一）银行理财产品

产品的开发主体是银行，在充分调查客户需求的基础上，银行利用自己的投资专业知识，运用不同的基础资产开发出产品风险和收益特征符合客户需求的理财产品。一般而言，银行理财产品的收益、风险和流动性会通过预期收益率、风险等级和委托期三个要素特征表现出来。

（二）银行代理理财产品

产品的开发主体是第三方，银行在自己的渠道代理销售。这些理财产品包括基金、保险、国债、信托以及一些黄金代理业务等。这些产品也具有不同的收益、风险和流动性特征。

（三）其他理财工具

其他理财工具指的既不是由银行开发也不是由银行代理销售的一些理财工具，如股票、房地产等，这些理财工具也具有不同的收益、风险和流动性特征，其中一些理财工具要求有较高的专业知识。

三、个人资产配置中的三大产品组合

（一）低风险、高流动性产品组合

个人的资产结构中一定要配置部分安全性高、流动性好而不追求收益的投资工具与产品组合，包括定/活期存款、货币基金、国债等，作为自己与家庭的储蓄组合，以应对日常的必要生活开支、短期债务支出、突发的意外支出等。

（二）中风险、中收益产品组合

由于低风险、高流动性产品组合收益率低，不能对抗通货膨胀，而高风险、高收益产品组合风险太大，对于一些中长期的生活需要，如子女教育费用的储备、退休养老费用的储备、未来房产购买的准备、赡养父母的资金储备等，可以通过基金、蓝筹股票、指数投资等建立核心的投资组合，这类投资的风险可控、收益较高，在可承受的风险范围内获得超过通货膨胀的投资回报。

（三）高风险、高收益产品组合

个人与家庭在组建了前述产品组合后，如果还有多余的闲置资金，就可以适当配置高风险、高收益的产品组合，通过期权、期货、金融衍生品、外汇宝、对冲基金、彩票等高风险、高收益的投资工具，获取尽可能高的投资回报，以早日实现财务自由的梦想。

做一做

班级同学分组，分别进入不同的商业银行，熟悉其理财服务岗位，进一步了解岗位工作内容和业务流程。分组讨论，分享岗位认知成果。

项目小结 ▶▶▶▶

（1）个人理财是指理财专业人士通过收集客户家庭状况、财务状况和生涯目标等资料，与客户共同界定其理财目标及优先顺序，明确客户的风险属性，分析评价客户的财务状况，为客户量身制定合适的理财方案并及时执行、监控和调整，最终满足客户人生不同阶段的财务需求的综合性金融服务。按照理财需求的层次，个人理财可以进一步细分为生活理财和投资理财。

（2）个人理财业务是指商业银行为个人客户提供的财务分析、财务规划、投资顾问、资产管理等专业化服务活动。

（3）客户经理直接接触客户并集中银行内部各种可用资源，从事金融理财产品推广和提供优质理财服务。理财经理是指具备相应任职资格和能力，从事银行个人客户关系管理、营销方案策划与实施，为个人客户提供各种财务分析、规划或投资建议、销售理财计划及投资性产品的专业人士。个人理财业务岗位主要工作内容包括开拓新市场，发展新客户；当好客户的财务参谋；擅于将客户的金融需求与银行理财产品的营销相结合；注意收集客户信息并做好后续服务。

（4）个人理财包括现金规划、储蓄规划、消费信贷规划、房地产规划、保险规划、税收筹划、子女教育规划、退休养老规划和遗产规划等内容。

（5）个人理财规划流程包括界定并建立与客户之间的关系；收集客户信息；分析和评估客户的财务状况；制定并提交个人理财规划建议；实施个人理财规划建议；跟踪和监控综合个人理财规划的实施。

（6）家庭的生命周期是指家庭形成期、家庭成长期、家庭成熟期和家庭衰老期的整个过程。

（7）个人理财基础理论包括生命周期理论、货币的时间价值、投资风险理论、资产配置原理和投资策略与投资组合的选择。

知识巩固 ▶▶▶▶

一、单项选择题

1.《商业银行个人理财业务管理暂行办法》明确规定，（　　）指商业银行接受投资者委托，按照与投资者事先约定的投资策略、风险承担和收益分配方式，对受托的投资者财产进行投资和管理的金融服务。

A. 综合理财业务　　B. 理财产品　　　　C. 个人理财业务　　D. 私人银行业务

2. 商业银行个人理财业务按照管理运作方式的不同，可以分为（　　）。

A. 理财顾问服务　　B. 综合理财服务　　C. 生活理财服务　　D. 投资理财服务

3. 以下不属于个人理财业务内容的是（　　）。

A. 保险规划　　　　B. 健康规划　　　　C. 退休规划　　　　D. 储蓄规划

4. 李氏夫妇目前都是 50 岁左右，有一儿子在读大学，拥有积蓄共 40 万元，夫妇俩准备 65 岁时退休。则根据生命周期理论，理财客户经理给出的以下理财分析和建议不恰当的是（　　）。

A. 李氏夫妇的支出减少，收入不变，财务比较自由

B. 李氏夫妇应将全部积蓄投资于收益稳定的银行定期存款，为将来养老做准备

C. 李氏夫妇应当利用共同基金、人寿保险等工具为退休生活做好充分的准备

D. 低风险股票、高信用等级的债券依然可以作为李氏夫妇的投资选择

5. 投资对象所要求的最低回报率又叫（　　）。

A. 必要收益率　　　B. 持有期收益率　　C. 预期收益率　　　D. 投资回报率

二、判断题

1. 货币的时间价值表明，一定量的货币距离终值时间越远，利率越高，终值越大；一定数量的未来收入距离当期时间越远，贴现率越高，现值越小。　　　　　　（　　）

2. 处于家庭养老期的理财客户的理财理念通常是避免财富的快速流失，承担低风险的同时获得有保障的收益。　　　　　　　　　　　　　　　　　　　　　　（　　）

3. 金融资产的未来收益率是一个随机变量，所以其期望值并不是投资者将一定获得的收益率。　　　　　　　　　　　　　　　　　　　　　　　　　　　　　　（　　）

4. 固定收益类理财产品是指投资于存款、债券等债权类资产的比例不低于 90% 的理财产品。　　　　　　　　　　　　　　　　　　　　　　　　　　　　　　　　（　　）

5. 理财产品是指商业银行按照约定条件和实际投资收益情况向投资者支付收益、不保证本金支付和收益水平的非保本理财产品。　　　　　　　　　　　　　　　（　　）

三、思考题

1. 商业银行个人理财的业务种类包括哪些？

2. 个人理财业务的内容有哪些？

3. 个人理财业务的流程是什么？

4. 什么是家庭生命周期理论？

5. 什么是货币时间价值？

6. 什么是系统性风险和非系统性风险？

7. 最优资产组合的原则是什么？

8. 常见的资产配置组合模型有哪些？

能力提升 ▶▶▶▶

一、计算题

1. A 企业拟进行一项投资，每年年初投资 10 000 元，若收益率为 8%，试计算 6 年后该

项投资的价值。

2. 某人 5 年后需要 100 000 元资金用于购买汽车，现打算投资于一项收益率为 5% 的项目，他需要一次性投入多少资金即可实现目标？

3. 王某借入一笔 30 000 元的资金进行投资，借款利率为 4.9%，期限 3 年，王某进行投资时，每年应至少收回多少钱才能保证其不亏损？

4. 某项投资的投资收益情况，如表 1 - 5 所示。

表 1 - 5　某项投资的投资收益情况表

经济情况	概率	收益率
繁荣	50%	18%
一般	30%	10%
衰落	20%	-7%

试计算：①该项投资的期望收益率；②该项投资收益率的标准离差。

5. 小李向银行申请了一项个人贷款，金额为 30 000 万元，利率为 5%，4 年内还清，与银行约定每年采取等额本息方式偿还，请完成还本付息表 1 - 6 的内容。

表 1 - 6　还本付息表

年度	年还款额	利息	本金偿还额	剩余本金
1				
2				
3				
4				
合计				

6. 某人 6 年后准备一次性付款 200 万元购买住房，现已准备了 80 万元，若折现率为 8%，为了实现目标，他每年年末应该积累多少钱？

二、资料查找题

请查找资料，搜集存款产品、货币市场基金、股票、债券各 2 只产品，并完成表 1 - 7 的内容。

表 1 - 7　各种金融投资工具的收益率统计

产品	产品名称	所属金融机构	收益率
存款			
货币市场基金			
股票			

续表

产品	产品名称	所属金融机构	收益率
债券			

谈一谈：你认为这些产品的收益对理财规划有何影响？

项目评价 >>>>

知识巩固与技能提高（40分）	得分：

计分标准：
得分 = 1 × 单选题正确个数 + 1 × 判断题正确个数 + 1 × 思考题正确个数 + 3 × 计算题正确个数 + 4 × 资料查找题正确个数

学生自评（20分）	得分：

计分标准：初始分 = 2 × A 的个数 + 1 × B 的个数 + 0 × C 的个数   得分 = 初始分/24 × 20

专业能力	评价指标	自测结果	要求 （A 掌握；B 基本掌握；C 未掌握）
个人理财岗位认知	1. 个人理财的概念 2. 商业银行的理财业务及相关规定 3. 个人理财业务岗位内容	A□ B□ C□ A□ B□ C□ A□ B□ C□ A□ B□ C□	熟悉个人理财的概念，了解商业银行的理财业务及相关规定，明确理财工作岗位，了解个人理财业务岗位内容
个人理财规划的内容和流程	1. 个人理财业务的内容 2. 个人理财业务的流程	A□ B□ C□ A□ B□ C□	熟悉个人理财业务的内容，掌握个人理财业务的基本流程
个人理财业务的理论基础	1. 生命周期理论 2. 货币时间价值理论 3. 投资风险理论 4. 资产配置原理 5. 投资策略与投资组合的选择	A□ B□ C□ A□ B□ C□ A□ B□ C□ A□ B□ C□ A□ B□ C□	能够对客户的生命周期及理财特点进行判断，理解货币时间价值理论的基本原理，能够进行年金的相关计算，了解投资风险理论、资产配置原理及投资策略与投资组合的选择
职业道德思想意识	1. 正确的理财观 2. 理财职业道德	A□ B□ C□ A□ B□ C□	专业素质、思想意识得以提升，德才兼备

小组评价（20分）	得分：

计分标准：得分 = 10 × A 的个数 + 5 × B 的个数 + 3 × C 的个数

团队合作	A□ B□ C□	沟通能力	A□ B□ C□

教师评价（20分）	得分：

续表

专业能力	评价指标	自测结果	要求 （A 掌握；B 基本掌握；C 未掌握）
教师评语			
总成绩		教师签字	

项目二　建立客户关系并分析客户财务状况

📝 学 习 目 标

知识目标

1. 了解什么是客户价值观；
2. 熟悉客户风险的内容；
3. 理解什么是客户关系管理；
4. 熟悉客户关系管理的流程。

能力目标

1. 能够建立客户关系；
2. 能收集、整理、分析客户信息；
3. 能进行客户关系管理；
4. 会编制家庭财务报表；
5. 会分析家庭财务状况。

素质目标

树立正确的理财职业道德。

🔽 学 习 导 航

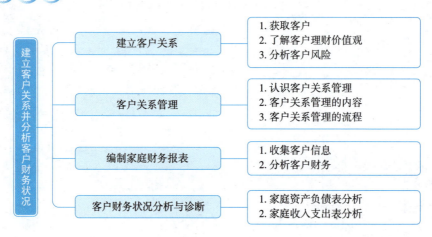

案例导入

同学 35 岁的陈某和刘某的年薪都是 9 万元，陈某单身并且没有家庭负担，而刘某已婚还有两个分别为 10 岁和 6 岁的小孩，刘某的妻子目前做酒店服务员工作，每年收入 1.8 万元，刘某的岳母同他和妻子生活在一起，负责带小孩。请帮助分析陈某和刘某的财务需求。

任务一　建立客户关系

⚙ 任务描述

个人理财业务从业过程中，必须首先获取客户，知道哪些客户是理财服务的对象，了解并会判断客户属于哪种理财价值观，会分析客户风险属性并会判断其风险偏好，能通过客户风险评估问卷判断客户类型和适合的理财产品。

步骤一　获取客户

以客户为中心的理财业务首先要从了解客户准入条件出发，了解客户基本情况，包括客户的理财价值观、客户的风险属性等。在此基础上，理财人员可以对客户的理财行为和特征做出准确的判断，并以此为客户设计理财方案或选择理财产品。

一、理财业务的客户准入

由于理财业务具有一定的风险性，中国银监会和各家商业银行对理财客户的财务状况、风险承受能力均有一定的要求。银监会要求商业银行应当根据理财产品的性质和风险特征，设置适当的期限和销售起点金额。

（一）2018 年 9 月 26 日颁布的《商业银行理财业务监督管理办法》中规定

（1）商业银行发行公募理财产品的，单一投资者销售起点金额不得低于 1 万元人民币。

（2）商业银行发行私募理财产品的，合格投资者投资于单只固定收益类理财产品的金额不得低于 30 万元人民币，投资于单只混合类理财产品的金额不得低于 40 万元人民币，投资于单只权益类理财产品、单只商品及金融衍生品类理财产品的金额不得低于 100 万元人民币。

（二）各家商业银行根据自身理财产品的性质、客户风险偏好、客户风险认知能力和风险承受能力分别设立了不同的客户准入门槛

（1）理财产品性质方面：一般风险程度越高的产品其客户门槛越高。

（2）客户风险偏好方面：依据客户性格、工作、教育背景及对风险的态度等不同客户风险偏好制定相应产品。

（3）根据客户市场经验、风险认知程度等专业水平，设定相应产品的准入门槛。

（三）《商业银行理财业务监督管理办法》中对客户有如下规定

（1）商业银行应当对非机构投资者的风险承受能力进行评估，确定投资者风险承受能力等级，由低到高至少包括一级至五级，并可以根据实际情况进一步细分。

（2）商业银行只能向投资者销售风险等级等于或低于其风险承受能力等级的理财产品，并在销售文件中明确指出产品适合销售的投资者范围，在销售系统中设置销售限制措施。

二、获取潜在的理财客户

潜在的理财客户是潜在或可能出现的理财业务机会，包括符合上述理财客户准入条件，并有理财需求的客户。找到合适的潜在理财客户并不容易，要通过一定的市场调研和一定的方法获取潜在客户。

（一）缘故市场

"缘故"即过去有缘相识的故友、熟人。一般来说"缘故"包括：亲戚、朋友、乡亲、同学、同事、同好（即休闲、旅游的伙伴）等人群。缘故开拓具有已接近、已成功的优势。更重要的是，可以从熟人和朋友那里得到新的准客户。准客户越多，选择理财的客户也会越多。

（二）陌生市场

陌生拜访就是直接寻找素不相识的人面谈理财产品，可以说随机的、顺路的拜访，也可以是有选择性的拜访。在现实生活中，陌生人的市场很大，只要有目的、有计划地筛选，就会获得理想的客户。陌生拜访的优势在于能够快速提高自己的业务技巧，更能够磨炼自己的意志。其不足之处是成功率相对比较低，理财人员易产生挫折感。

（三）定点咨询

定点咨询就是选择一个固定的地点，定期进行个人理财产品的宣传，从而将潜在的客户转化为准客户。定点咨询的优点在于数量大、集中而且有共性，节省时间，定期与客户接触，客户有安全感，但是在开始初期效果可能不太显著。

（四）信函开拓

信函开拓就是通过制作经过特别创意设计、具有吸引力与感召力的宣传材料，大量寄发给潜在客户，或者为一些准客户设计特定的理财方案，并以信函寄发的形式进行促销的开拓方法。信函开拓的优点在于通过书信可以联络到许多你想见却不认识的人，获得面谈业务的机会，但它同样存在工作量大和回报率低的缺点。

> **动动脑**
>
> 请你再推荐几个可以获取潜在客户的方式。

三、签订理财服务合同或协议

理财服务合同或协议是银行与客户签订的由银行向特定客户提供以满足其特定理财需求的一种要式合同。理财协议是银行和客户在自愿平等的基础上签订的，协议约定了银行和客户不同的权利与义务关系，受到法律保护。

（一）理财协议的基本构成要素

协议名称（标题）；风险提示；签订协议者姓名、地址和联系方式；协议签订的依据和目的；合作的基本内容；各方的权利义务；经济责任和违约责任；争议的解决；协议的有效期；协议的份数与保存；未尽事宜；协议的签章和日期等。

（二）理财协议的签订

客户经理与客户就协议的具体条款进行详细的沟通后，应报银行有关部门审批，经审批后，客户经理应同客户就协议约定的有关事宜进行洽谈。

签订理财服务协议后，客户经理还需做好一些善后工作，例如祝贺客户、展望合作未来、询问客户的其他需求等，加深和巩固已取得的业务成果，维护好客户关系。

步骤二　了解客户理财价值观

客户的理财价值观决定了客户的理财目标，从而影响客户的理财行为。理财价值观就是投资者对不同理财目标的优先顺序的主观评价。价值观因人而异，无对错之分，理财人员的责任不是要改变客户的价值观，而是要让客户了解不同价值观下的财务特征和理财方式。

一、理财过程中的支出

一般而言，投资者在理财过程中会产生两种支出：义务性支出和选择性支出。

义务性支出也称为强制性支出，是收入中必须首先满足的支出。包括三项：一是日常生活基本开支；二是已有负债的本利偿还支出；三是已有保险的续期保费支出。收入中除去义务性支出的部分就是选择性支出，也称为任意性支出。不同价值观的投资者由于对不同理财目标实现后

> **动动脑**
>
> 你知道理财过程中的强制性支出吗？

带来的效用有不同的主观评价，因此，对于任意性支出的顺序选择会有所不同。

二、四种类型的理财价值观

根据投资者对义务性支出和选择性支出的不同态度，可以划分为以下四种比较典型的理财价值观。

（一）后享受型

后享受型是指将大部分选择性支出投向储蓄，维持高储蓄率，迅速积累财富，期待未来生活品质能得到提高的族群。这类人在工作期间全力以赴、不注重眼前享受。老一辈的人或者思维比较保守的人，常常采用后享受型的理财方式。他们期待未来的生活品质能得到提高，最大期待是早日达到财务独立，提早退休，或者在退休后享受远高于目前消费水准的生活。其特色是工作期与退休期生活形态差异明显，先牺牲后享受。

（二）先享受型

先享受型是指将大部分选择性支出用于现在的消费，提高目前生活水准的族群。他们注重眼前的享受，对目前消费效用的要求远大于对未来更佳生活水准的期望。持有这种价值观的人在工作期间的储蓄率较低，赚多少就花多少。因此，一旦退休，其积累的净值就不够老年生活所需，往往会降低生活水准或依靠救济维持生活。

（三）购房型

购房型是指将购房作为首要理财目标，房子是他们投注资金的主要方向。或为买房缩衣紧食，攒够首付，开始月供；或买房子后打乱了自身的生活计划，生活品质因此下降，经济也因此拮据。义务性支出以房贷为主，对于没有房子的他们来说，储蓄的主要目标就是购房。

（四）以子女为中心型

以子女为中心型是指现在的消费投在子女教育上的比重偏高，或储蓄的动机是以获得子女未来接受高等教育储备金为首要目标的族群。由于过多投资于儿女教育，留下不多的退休金很可能会影响到自己未来的生活水准。

> **情景模拟 2 – 1   分组完成理财价值观陈述**
>
> 将班级学生分组，由每位同学分别陈述自己的理财价值观，并说明理由。再由每组推荐 1~2 名同学在全班陈述。

四种理财价值观的理财特点和适用的投资品种如表 2 – 1 所示，仅供参考。

表 2 – 1   不同理财价值观的理财特点和投资建议

项目	后享受型	先享受型	购房型	子女中心型
特征	将大部分选择性支出都存起来，储蓄投资的目标是期待退休后享受更高品质的生活	选择性支出放在当前，提升当前的生活水平	义务性支出以房贷为主，或选择性支出准备购房	义务性支出以子女教育为主，储蓄动机是为子女高等教育做准备
理财特点	储蓄率高	储蓄率低	为拥有住房，购房本息在收入的 25% 以上	为子女教育和遗产
理财目标	退休规划	目前消费	购房计划	教育金规划
投资建议	投资：平衡型基金组合 保险：养老险或投资型保单	投资：单一指数型基金 保险：基本需求养老险	投资：中短期表现稳定基金 保险：短期储蓄险或房贷寿险	投资：中长期比较看好的基金 保险：子女教育类保险

步骤三   分析客户风险

一、分析客户风险属性

不同客户具有不同的风险承受能力，客户风险承受能力评估是理财业务的重要内容。理财业务人员在从事理财业务过程中，必须评估客户的风险承受能力。

（一）客户的风险识别

客户的风险识别就是理财业务人员对客户在理财活动中所面临的各类风险进行系统的归类和鉴别的过程。只有在正确识别客户所面临的风险的基础上，才能帮助客户选择有效的理财方案。

在理财活动中，客户需要对自己所面临的现实的和潜在的风险进行评估才能制定出正确理财需求。但是大部分客户缺少足够的专业知识，这就需要理财业务人员帮助其识别活动所面临的各类风险。

（二）影响客户风险承受能力的因素

1. 年龄

一般而言，客户年龄越大，风险承受能力越低。从不同年龄的个人收入来看，刚刚进入社会的年轻人，虽然储蓄较少但未来预期的收入较多，因此可以承担较高的风险；反之，即将退休的人虽然储蓄较多，但未来预期的收入会减少，因此难以承受较高风险。另外，年轻人的人生与事业刚刚起步，面临无数的机会，他们敢于尝试，敢于冒险，偏好较高风险，而到了退休年龄，心态自然就老成持稳，理财偏好趋于保守。

2. 受教育情况

一个人后天的学习和工作是知识和经验的主要来源，受教育程度对一个人的消费观念和生活态度影响巨大，进而影响个人对理财服务的需求。一般地，风险承受能力随着受教育程度的增加而增加。掌握专业技能和拥有高学历的人对风险的认识更清晰，管理风险的能力更强，往往能从事高风险的投资。而那些对投资知识相对缺乏的人来说，高风险投资失败的可能性就要大一些。

动动脑

影响客户风险承受能力的因素有哪些？

3. 收入、职业和财富规模

收入的高低决定了个人和家庭的消费和积累，也决定个人对待风险的态度。一般而言，收入水平与风险承受能力正相关。职业与收入密切相关，一般高收入者由于职业原因，工作繁忙，压力大，但对个人理财有较强的需求；中等收入者收入较稳定，对消费理财和投资理财有一定兴趣，多厌恶风险；低收入者消费较为谨慎，注重收支的合理安排，对储蓄存款的搭配感兴趣。对于财富规模，一般而言，风险承受能力随着财富的增加而增加。

4. 资金的投资期限

如果用于一项投资的资金可以长时间持续持有且短时间内不会变现，那么这项投资可承受的风险能力就较强；相反，如果一项投资要准备随时变现，就要选择更安全、流动性更好的产品，那么这项投资可承受的风险能力就较弱。一般而言，同一种投资工具的风险，可通过延长投资时间来降低。因此，投资期限越长越可选择短期内风险较高的投资工具。

5. 理财目标的弹性

理财目标的弹性越大，可承受的风险也越高。若理财目标时间短且完全无弹性，则采取存款以保本保息的策略是最佳选择。

6. 投资者主观的风险偏好

投资者主观上可以承受本金损失的程度是因人而异的。个人的性格、阅历、胆识、意愿等主观因素所决定的个人态度，直接决定了一个人对不同风险程度的产品的选择与决策。

7. 其他影响因素

除上述影响因素外，客户的性别、家庭情况和就业状况等都会影响其风险承受能力。

（三）风险偏好和投资风险分类

1. 客户风险态度分类

由于每个人的性格、社会经历、文化程度、判断能力等的不同，人们对投资中风险与收益的态度也会不同。根据他们对待投资中风险与收益的态度，可以将客户分为三种类型，即风险厌恶型、风险偏爱型和风险中立型。

（1）风险厌恶型。风险厌恶型投资者厌恶风险，对待风险态度消极，不肯为增加收益而承担风险，非常注重资金安全，极力回避风险，在投资工具选择上以储蓄存款和政府债券为主。

（2）风险偏爱型。风险偏爱型投资者喜爱风险，对待风险投资较为积极，愿意为获取高收益而承担高风险，重视风险分析和回避，不因风险的存在而放弃投资机会，其目标是高收益。这类客户一般具有雄厚资金、冒险精神、乐观心态、熟练的投资技巧、无后顾之忧的家庭。风险偏爱型投资者多选择风险大、收益高、投机成分重的投资工具，如股票、期货等。

> **动动脑**
>
> 客户对风险的态度有哪几种类型？

（3）风险中立型。风险中立型投资者介于风险偏爱型和风险厌恶型投资者中间。这类客户在资金安全上，期望收回金额要大于等于投入的本金数额，而且要保持本金原有价值不变，也就是回收的资金不会因通货膨胀的影响而导致实际购买力低于投入时本金的购买力。从其风险态度上看，他们有一定的冒险精神，不满足于平均收益，不放过高收益机会，但不会冒太高风险。

2. 客户风险偏好分类

不同风险偏好的人对风险的承受能力各不相同，其所选择的理财目标也会不同。在实际理财业务过程中，商业银行往往按照人们的主观风险偏好类型和程度将投资者的理财风格分为五种类型：

（1）进取型。进取型客户一般是相对比较年轻、有专业知识技能、敢于冒险、社会负担较轻的人士。他们敢于投资股票、期权、期货、外汇、股权、艺术品等高风险、高收益的产品与投资工具。他们追求更高的收益和资产的快速增值，操作的手法往往比较大胆。同样他们对投资的损失也有很强的承受能力。

（2）成长型。成长型的客户一般是有一定的资产基础、一定的知识水平、风险承受能力较高的人士。他们愿意承受一定的风险，追求较高的投资收益，但是又不会像进取型的人士过度冒险投资那些具有高度风险的投资工具。他们往往选择开放式股票基金、大型蓝筹股票等适合长期持有，既可以有较高收益也可以有轻低风险的产品。

> **动动脑**
>
> 如何判断客户属于成长型客户？

（3）平衡型。平衡型的客户既不厌恶风险也不追求风险，对任何投资都比较理性，往往会仔细分析不同的投资市场、工具与产品，从中寻找风险适中、收益适中的产品，获得社会平均水平的收益，同时承受社会平均风险。这一类型的客户往往选择房产、黄金、基金等投资工具。

（4）稳健型。稳健型的客户总体来说偏向保守，对风险的关注更甚于对收益的关心，往往以临近退休的中老年人士为主。这类客户更愿意选择风险较低而不是收益较高的产品，喜欢选择既保本又有较高收益机会的结构性理财产品。

> **动动脑**
>
> 如何判断客户属于稳健型客户？

（5）保守型。通常情况下，步入退休阶段的老年人群、低收入家庭、家庭成员较多导致社会负担较重的大家庭以及性格保守的客户，往往对于投资风险的承受能力很低，选择一项产品或投资工具首要考虑是否能够保本，其次才考虑追求收益。这类客户往往选择国债、存款、货币与债券基金等低风险、低收益的保本型理财产品。

理财客户风险偏好类型

> ### 学思育政 2 – 1
>
> 　　理财规划师职业准则之一在于谨慎勤勉。理财规划师必须根据客户的具体情况提供并实施有针对性的理财建议，在对客户进行理财规划建议之前，首先应该对客户的风险承受能力和风险偏好进行评估，在此基础上再进行理财规划建议，而不能脱离客户的风险分析，推荐与客户风险承受能力不匹配的产品进行投资。

二、客户风险评估

（一）评估目的

风险承受能力是个人理财规划和投资风险管理的重要考虑因素，而现实生活中，客户往往不清楚自己的风险承受能力或风险厌恶程度，他们需要理财服务人员的专业指导与评估。

风险承受能力的评估不是为了让理财服务人员将自己的意见强加给客户，可接受的风险水平应该由客户自己来确定，理财服务人员是帮助客户认识自我，以做出客观的评估和明智的决策。但要注意，风险承受能力随着投资者年龄、经济状况、市场环境的变化而变化。

（二）常见的评估方法

1. 定性方法和定量方法

定性分析法是通过与客户面对面交谈来搜集客户信息，基于直觉和印象判断客户的风险属性。定量分析法是采用有组织的形式，如通过调查问卷等方式来收集信息，并将观察结果转化为某种形式的数值，并以此来判断客户风险承受能力。

2. 客户投资目标

理财人员首先必须帮助客户明确自己的投资目标。如果客户最关心本金的安全性和流动性，则很可能是风险厌恶者；如果客户主要目标是高收益，则很可能是风险追求者。

3. 对投资产品的偏好

根据客户对不同产品的评价来判断客户的风险承受能力。

> **动动脑**
>
> 　　如果甲方案确定收益1 000 元，乙方案得 2 000 元的概率为 50%。若客户选择不同方案，请判断客户的风险偏好。

4. 概率和收益的权衡

第一，确定/不确定性偏好法。让客户进行两项选择：确定收益和可能收益。第二，最低成功概率法。让客户进行两项选择：无风险收益和有风险收益。对于有风险收益同时列出 5 个成功概率：10%、30%、50%、70%、90%。客户所选的成功概率越高，说明其风险厌恶程度越高。第三，最低收益法。要求客户就可能收益而不是收益概率做出选择，客户要求的收益越高，说明其风险厌恶程度越高。

（三）客户风险评估的内容

根据银监会的相关规定，结合各行实际情况，中国银行业协会综合考虑了客户使用的易读性和便利性等因素，制定了商业银行理财客户风险评估问卷基本模板。该模板涵盖了客户财务状况、投资经验、投资风格、投资目标和风险承受能力五大模块。对应十道问题，最高分为100分，五个模块各占20%的权重。

××银行个人理财客户风险评估问卷
（通用版）

客户姓名：_____　　联系方式：_____
证件类别：_____　　证件号码：_____
重要提示：

首次购买本行任何理财产品前，请填写本问卷，并每年进行重新评估，问卷有效期1年。当发生可能影响您自身风险承受能力的情形时，请您在再次购买我行理财产品时主动要求重新进行评估。

本问卷旨在了解您的财务状况、投资经验、投资风格、风险偏好和风险承受能力等，借此协助您选择合适的理财产品类别，以达到您的投资目标。

投资理财产品需要承担各类风险，如本金兑付风险、市场风险、流动性风险、汇率风险、信用风险、利率风险、赋税风险、产品复杂度风险等，可能遭受本金损失。

以下十个问题请选择唯一选项，不可多选。本风险评估问卷的准确性视您所填写的答案而定，请您客观仔细填写，感谢您的配合！

一、财务状况

1. 您的年龄是？
□A. 18岁以下　　　　　　　　□B. 18～30岁（含）
□C. 31～50岁（含）　　　　　□D. 51～60岁（含）
□E. 60岁以上

2. 您的家庭年收入为（折合人民币）？
□A. 5万元以下　　　　　　　　□B. 5万～20万元
□C. 20万～50万元　　　　　　□D. 50万～100万元
□E. 100万元以上

3. 一般情况下，在您每年的家庭收入中，可用于金融投资（储蓄存款除外）的比例为？
□A. 小于10%　　　　　　　　□B. 10%～25%
□C. 25%～50%　　　　　　　□D. 大于50%

二、投资经验（任一项选A的客户均视为无投资经验客户）

4. 以下哪项最能说明您的投资经验？
□A. 除存款、国债外，我不投资其他金融产品，没有投资股票、基金、外汇、金融衍生产品等风险投资品的经验
□B. 大部分资产投资于存款、国债等，较少投资于股票、基金等风险产品
□C. 资产均衡地分布于存款、国债、银行理财产品、信托产品、股票、基金等
□D. 大部分资产投资于股票、基金、外汇等高风险产品，较少投资于存款、国债

5. 您有多少年投资股票、基金、外汇、金融衍生产品等风险投资品的经验？
□A. 没有经验　　　　　　　　□B. 2年以下
□C. 2～5年　　　　　　　　　□D. 5～8年
□E. 8年以上

三、投资风格

6. 以下哪项描述最符合您的投资态度？
□A. 厌恶风险，不希望本金损失，希望获得稳定回报
□B. 保守投资，不希望本金损失，愿意承担一定幅度的收益波动

续表

□C. 寻求资金的较高收益和成长性，愿意为此承担有限本金损失

□D. 希望赚取高回报，能接受较长期间的负面波动，包括本金损失

7. 如果您要参与投资理财，您打算购买理财产品（含基金，下同）的资金占个人净资产（计算净资产时，不包括自用住宅和私营企业等实业资产；但包括储蓄、现有投资组合、房地产投资、人寿保险、固定收入，减去债务如房屋贷款、其他贷款、信用卡账单等）的百分之几？

□A. 75% 以上 　　　　□B. 51% ~ 75%

□C. 25% ~ 50% 　　　　□D. 25% 以下

四、投资目的

8. 您计划的投资期限是多久？

□A. 1 年以下，我可能会随时动用投资资金，对其流动性要求比较高

□B. 1 ~ 3 年，为获得满意的收益，我短期内不会动用投资资金

□C. 3 ~ 5 年，我会在相对较长的一段时间内进行投资，对流动性要求较低

□D. 5 年以上，未达到理财目标，我会持续地进行投资

9. 您的投资目的与期望值是什么？

□A. 资产保值，与银行同期存款利率大体相同

□B. 资产稳健增长，略高于银行定期存款利率

□C. 资产迅速增长，远超银行定期存款利率

五、风险承受能力

10. 您投资的产品的价值出现何种程度的波动时，您会呈现明显的焦虑？

□A. 本金无损失，但收益未达预期

□B. 出现轻微本金损失

□C. 本金 10% 以下的损失

□D. 本金 20% ~ 50% 的损失

□E. 本金 50% 以上损失

评估结果：您的最终得分为_____，风险承受能力属于_____型。

投资者类型	对应产品风险程度	对应我行产品风险评级
激进型	PR5 级	黑色
进取型	PR4 级	红色
平衡型	PR3 级	橙色
稳健型	PR2 级	黄色
谨慎型	PR1 级	绿色

[客户确认栏]

投资者申明：本人已填妥上述问卷并确认本人完全明白问卷及接纳所界定本人的风险承受类型。本人保证以上所填全部信息为本人真实的意思表示，并接受贵行评估意见。

客户签名：_____　客户经理签名：_____

评估日期：_____

银行签章：

资料来源：《商业银行理财客户风险评估问卷基本模板》

评估问卷评分标准：

1. A. （−10）	B. （−2）	C. （0）	D. （−4）	E. （−10）
2. A. （0）	B. （2）	C. （6）	D. （8）	E. （10）
3. A. （2）	B. （4）	C. （8）	D. （10）	
4. A. （0）	B. （2）	C. （6）	D. （10）	
5. A. （0）	B. （2）	C. （6）	D. （8）	E. （10）
6. A. （0）	B. （4）	C. （8）	D. （10）	
7. A. （0）	B. （4）	C. （8）	D. （10）	

续表

8. A.（4）	B.（6）	C.（8）	D.（10）
9. A.（2）	B.（6）	C.（10）	
10. A.（-5）	B.（5）	C.（10）	D.（15） E.（20）

评估问卷得分区间与投资者类型对应关系及适合的投资产品

- 81~100分　　　　　激进型　　　　　极低风险产品
- 61~80分　　　　　进取型　　　　　极低、低风险产品
- 41~60分　　　　　平衡型　　　　　极低、低、中等风险产品
- 21~40分　　　　　稳健型　　　　　极低、低、中等、较高风险产品
- 20分及以下　　　　谨慎型　　　　　极低、低、中等、较高、高风险产品

情景模拟 2 – 2　二人一组完成理财经理的角色训练

班级同学两人一组，各自先根据实际情况模拟客户填写《个人理财客户风险评估问卷》，然后两人互换。根据问卷调查结果计分，判断模拟客户属于哪种投资类型，并适合哪种类型的投资产品。

任务二　客户关系管理

❀ 任务描述

客户是商业银行发展的根基，客户关系管理是商业银行理财业务的重要环节。通过本任务的学习，要求学生理解客户关系管理的内涵及必要性，掌握客户关系管理的内容，熟悉客户关系管理的流程。

步骤一　认识客户关系管理

近些年来，国内商业银行纷纷引入客户关系管理（Customer Relationship Management，CRM），探索建立规范、有效的客户服务体系。作为一种以客户为中心的管理理念和服务策略，客户关系管理有助于商业银行在激烈的市场竞争中改进银行与客户之间的关系，提高客户满意度和忠诚度。

一、客户关系管理的内涵

客户关系管理是一个不断加强与顾客交流，不断了解顾客需求，并不断对产品及服务进行改进和提高，以满足顾客需求的连续过程。商业银行的客户关系管理是指通过信息技术的运用，对商业银行的业务功能与产品进行重新设计，对业务流程进行重组、再造，从而为商业银行提

> **动动脑**
>
> 商业银行客户管理的目标是什么？

供全方位的管理视角，使其获得更加完善的客户交流能力，实现最大化的客户收益率。

商业银行客户关系管理是客户关系管理的理念、理论、方法在商业银行得到创造性运用和发展的产物。作为一种新型的管理模式，它体现了商业银行先进的发展战略和经营理念，并将这一战略和经营理念贯穿于商业银行的管理实践活动，直接表现为以现代信息技术为手段，包括业务操作、客户信息和数据分析为主要内容的软硬件系统集成，是银行经营活动在高度数据化、信息化、电子化和自动化条件下与客户全面接触、全程服务的统一技术平台和智能服务系统。

商业银行客户关系管理的目标：有效降低商业银行的经营成本，增加收入，寻找扩展业务所需要的新的市场和渠道以及提高客户的价值、满意度、忠诚度和盈利水平。

二、商业银行客户关系管理的必要性

（一）客户是商业银行业务发展的根基

众所周知，商业银行三大支柱业务（资产、负债、中间业务）的根基就是客户，对于商业银行而言，没有客户就没有银行。银行的经营必须以"客户为中心"，并让客户体会到"中心"地位。

> **动动脑**
>
> 商业银行为什么要进行客户关系管理？

（二）客户决定商业银行生存和发展

客户的数量多少和价值大小决定了一家银行的生存与发展质量，银行服务客户、管理客户关系的能力反过来又决定了客户数量的多少和价值大小。

（三）客户决定商业银行竞争优势

客户及其需求是变化的，商业银行时刻面临客户满意度、客户忠诚度和客户贡献度等的挑战，没有良好的客户关系管理，就不会有银行的竞争优势和好的发展效果。

步骤二　客户关系管理的内容

银行业的客户关系管理应该是一个银行与客户关系的全面整合管理，通过客户关系管理来维系并巩固既有客户，赢得并发展新客户，同时增进客户的忠诚度和利润贡献度。其核心内容是发现"金牌"客户、维系"利润"客户和分化、改造一般客户，具体可以分为四个方面：

> **动动脑**
>
> 商业银行客户关系管理的内容是什么？

一、客户信息管理

让许多银行引以为骄傲的就是自己完备的客户档案和数据库，这种整合记录银行各部门所接触的客户资料并进行统一管理的做法，是客户信息管理的一个方面。另一方面则牵涉银行客户价值评估体系的建立，即以客户对银行的利润贡献度为主要依据和标准，分析、评定不同层次客户的价值度，为其提供相应的价值服务，从而全面提高客户的满意度。如今已有不少中资银行在国内的个人金融市场拓展方面，运用客户贡献度的数学模型、分值评估和黄金客户甄别模型进行客户价值的评定。

二、银行营销管理

银行的营销渠道已呈现多样化的趋势，从传统的柜面服务到电话银行和网络银行。客户关系管理中的营销管理，通过对不同渠道和不同营销模式接触的客户进行记录和辨识，同时对银行营销活动的成效进行综合评价，促使银行实现"宏营销"到"微营销"的转变，这与银行集约化经营的大方向是一脉相承的。

三、销售管理

银行目前已全面转向客户经理制度，即客户经理多种销售渠道的管理，例如电话销售、现场销售以及销售佣金等的管理，同时支持现场销售人员的移动通信设备或掌上电脑设备的接入等，使客户经理能够即时整合和反馈销售信息，并满足客户多方面的要求。

四、服务管理与客户关怀

诸如网络银行终端软件安装与技术支持，以及银行柜面服务内容、网点设置、收费标准的制定及管理，通过客户关系管理系统详细记录服务全程进行情况，支持一般银行、自助银行、电话银行、网络银行等多种服务模式。客户关系管理在客户关怀方面的重要环节就是集成呼叫中心（Call Center，CC），以快速响应客户需求。CC 在国内外银行应用上的不同，充分反映了二者营销理念上的差异。在国内 CC 一般只用于客户方的查询、咨询等服务，而国外银行 CC 却进一步被用来建立与潜在客户之间的联系并加深与已有客户之间的沟通，换言之，两者是单向式和互动式的区别。

步骤三　客户关系管理的流程

商业银行客户关系管理由五个流程构成，如图 2-1 所示。首先是确定客户策略，该流程明确银行需要哪种类型的客户，如何寻找此类客户，如何为他们提供服务，以及如何优化他们对银行的价值。这一流程为其他四个流程明确了方向。在与客户互动的过程中，银行获得了有关客户满意程度、偏好、需求以及购买行为等一些很有价值的反馈，这些数据通过信

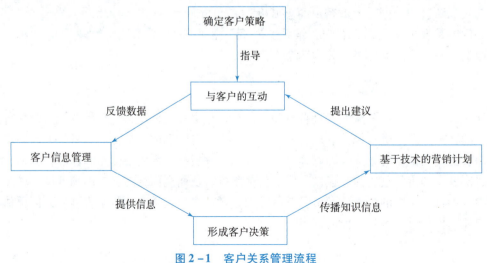

图 2-1　客户关系管理流程

息管理流程搜集和管理。信息管理流程提供针对客户进行决策所需的数据。客户决策流程提供有关客户价值的知识，这些构成了基于技术营销计划的基础。银行的营销计划是增值的商业计划，以吸引和保留最理想的客户。

一、确定客户策略

客户关系管理的基础是以客户为中心的银行客户策略。银行的客户策略描述了银行如何利用客户关系来获得竞争优势。首先，客户策略应该确定银行需要什么样的客户，这是银行分类策略的基础，而分类策略为基于技术的营销计划提供了方向。其次，客户策略还应该指出如何确认银行所需要的客户，这有助于确定需要收集何种数据及如何共享和分析这些数据。最后，银行的客户策略还应该确定客户价值体现在哪些方面以及如何实现客户组合的价值最大化，这将决定如何制定客户决策，包括如果客户价值低于目标价值应该如何决策。

客户策略是针对如何管理客户组合的研究。客户组合是一定数量的具有相同特点的客户群，包括客户的经济价值、产品和服务需求、行为特点的相似性等。客户策略就是指对这一客户组合进行有效管理，以便从客户群那里获得最大价值。客户组合管理的工作主要包括以下几方面内容：

（1）了解客户为什么和银行进行业务往来，以及银行为客户提供了什么高价值的建议。

（2）银行从实现客户价值中可以得到多少股东价值。

（3）在提供产品和服务方面银行的客户策略。

（4）银行将如何引导客户改革以便更有效地做好客户关系管理工作。

1. 与客户的互动

与客户的互动是客户关系管理成败的关键。有两种类型的互动需要得到有效管理，即：人员互动和技术互动。

（1）人员互动包括文化、能力、沟通。文化管理指确保银行形成以客户为中心的文化氛围，并通过有效的客户关系管理为客户提供优质高效的服务。能力管理指注重银行所有员工的发展，提供适当的培训机会，以便他们具有与客户建立良好关系所需要的能力和素质。沟通管理指对银行的业务操作加以组织和规范，以便员工之间以及员工与客户之间能够顺利沟通。

动动脑

商业银行与客户互动的类型有哪几种？

（2）技术互动包括内容、渠道、联络。内容管理指通过某种手段向客户、员工以及中介机构提供恰当和准确的信息。例如，客户在网上银行查到的账户余额应该和他通过客服中心的工作人员所查到的数额完全一致。渠道管理指通过多种渠道提供一致的产品及服务。例如，客户选择通过柜面转账或者电子银行转账，其结果都应该是一致的。联络管理指储存和发送客户同银行间联络的综合信息，以便银行的代表（即使原来从未与该客户打过交道）能够了解相关的客户关系信息，从而能够向客户提供更有针对性的服务。例如，如果一位客户打电话给他的客户经理，询问一笔丢失的电子支付款项，那么这位客户经理应该知道这位客户是否已经在前几天向客服中心进行了挂失。

2. 管理客户信息

在计算机时代到来之前，对客户信息进行管理是在员工的头脑中或是在纸上完成的，如今这些信息一般存储在计算机内，由计算机来进行分析，但其效果是基本一致的。所有客户都有一些需要存储、交流、分析、运用以及传达的信息。如果不掌握有关客户的准确信息，对客户关系的任何一个方面进行管理都是不可能的。所有银行都搜集客户信息，客户关系管理可以帮助银行充分利用这些信息，因为其对信息进行的分析为决策、营销以及客户交易提供了信息基础。

3. 形成客户决策

银行在做出客户决策前，通常会认真分析和研究：什么客户购买什么样的产品，客户在什么时候购买，客户准备付多少费用，银行能否通过出售这些产品盈利，客户违约的可能性有多大等。所有这些问题，银行在形成客户决策前都需要基本了解。

有效的客户关系管理能够帮助银行在与客户打交道的时候，比较准确及时地了解客户的需求、愿望和潜在的风险，以便银行更好地对每位客户的价值进行评估。利用客户关系管理能够帮助银行搜集更多的客户信息，更加准确地计算客户价值，并更好地管理客户关系以增加客户对银行的价值。在能够更准确地预测哪些客户将为银行带来更大价值的情况下，银行可以把主要资源投入到最佳客户身上，并避开那些不能盈利的客户。

在客户关系管理过程中，银行采用分析技术可以越来越容易地反映和测算出客户的需求、反应或行为倾向。在掌握大量客户数据以及使用先进模型工具的情况下，银行可以形成预测客户需求愿望更准确的决策。同样，银行还可以通过客户关系管理对客户风险有更全面的认识，从而使其能够更快地做出信贷决策，而贷款定价也更能符合客户的风险概况。

决策分析技术能够帮助银行从客户之前的行为中获得信息，从而预测该客户现在可能要采取什么样的行动。但是，银行了解客户的相关资料越全面，所要付出的成本也就越大，要花费的时间也就越多。把客户决策融合到与客户的互动之中，才是使客户关系管理投资获得回报的关键所在。

4. 基于技术的营销

通过提供更准确的有关风险的信息，客户关系管理使得银行能够提出更准确的产品和服务定价。客户关系管理还有助于银行开发可以收取更高费用的增值服务，从而提高银行的利润率。利用多种整合的通信和分销渠道，客户关系管理为有针对性的促销提供了更多的机会。在开发新产品并预测这些产品能否获得成功的过程当中，客户关系管理也可提供更详细的信息。

客户关系管理技术为客户经理提供了他们为满足客户需求以及建立长期客户关系所需的信息。最终的结果是，由于客户关系管理是一个能够获取客户更大价值的过程，那些获取了客户关系管理投资最大回报的银行便更加有效地进行了营销活动。

任务三　编制家庭财务报表

❀ **任务描述**

家庭财务报表是理财业务中客户财务信息的全面反映。通过本任务的学习，熟悉收集客户的哪些信息，如何收集；会熟练地编制客户的资产负债表和现金流量表。

步骤一　收集客户信息

一、客户信息分类

（一）客户信息可以分为定量信息和定性信息

表 2 – 2 列出了不同类型信息的内容。

表 2 – 2　定量与定性信息

定量信息	定性信息
普通个人和家庭档案：姓名、身份证号码、性别、婚姻状况、学历、就业情况、配偶及抚养赡养状况等	目标陈述
	健康状况
	兴趣爱好
有关财务顾问的信息	就业预期
资产和负债	风险特征
收入和支出	投资偏好
保单信息	预期生活方式改变
雇员福利	理财决策模式
养老金规划	理财知识水平
现有投资情况	金钱观
其他退休收益	家庭关系
客户的事业信息	现有和预见的经济状况
遗嘱	其他计划假设

（二）客户信息还可以分为财务信息和非财务信息

（1）财务信息是指客户当前的收支状况、财务安排，以及这些情况的未来发展趋势等。财务信息是银行理财人员制定个人财务规划的基础和根据，决定了客户的目标和期望是否合理，以及完成个人财务规划的可能性。

（2）非财务信息是指其他相关的信息，如客户的社会地位、年龄、投资偏好和风险承受能力等。非财务信息帮助银行理财人员进一步了解客户，对个人财务规划的制定有直接的影响。

动动脑

个人和家庭档案一般包括哪些内容？

二、客户信息收集方法

（一）初级信息的收集方法

由于客户的个人和财务资料只能通过与客户沟通获得，所以也称为初级信息。银行理财人员与客户初次会面时，仅通过交谈的方式收集信息是不够的，通常还要采用数据调查表来帮助收集定量信息。

　　由于数据调查表的内容较为专业，所以可以采用理财人员提问，客户回答，然后由理财人员填写的方式来进行。如果由客户自己填写调查表，那么在开始填写之前，理财人员应对有关的项目加以解释，否则客户提供的信息很可能不符合理财人员的需要。

　　在收集客户信息的过程中，如果客户出于个人原因不愿意回答某些问题，理财人员应该谨慎地了解客户产生顾虑的原因，并向客户解释该信息的重要性以及在缺乏该信息情况下可能造成的误差。

（二）次级信息的收集方法

　　宏观经济信息可以从政府部门或金融机构公布的信息中获得，所以称为次级信息。次级信息的获取需要理财人员在平日的工作中注意收集和积累，建立专门数据库，以便随时调用。

步骤二　分析客户财务

　　分析客户财务可以通过客户财务报表分析进行，因为客户的财务报表可以提供客户现在的财务状况和收支信息，记录个人和家庭的财务活动信息，并能衡量客户财务目标的进展情况。所以，理财人员应掌握两类个人财务报表——资产负债表和现金流量表（因为个人和家庭的财务活动主要是现金流动，所以省略利润表），应懂得如何对财务报表进行说明，同时还应掌握几种财务比率的计算方法，以便用于分析客户特定时间的财务状况，评估客户财务目标的实现情况。

一、客户资产负债表

（一）概念

　　资产负债表是指报告客户在某一时点的资产和负债状况的财务报表，资产负债表说明客户某一时点（如1月1日、3月31日等）的财务状况如何，是个存量指标，它不揭示客户的资产和负债是如何形成的，只是说明客户目前的财务状况。

动动脑

　　资产负债表的用途是什么？

　　资产负债表的作用在于：一是反映资产及其分布状况；二是表明所承担的债务及其偿还时间；三是反映净资产及其形成原因；四是反映未来财务发展趋势。

（二）计算公式

　　　　资产（客户的所有）－负债余额（客户的债务）＝净资产（客户的财富）

　　如果客户的资产是10 000元，负债是6 000元，那么客户的净资产就是4 000元。

　　编制资产负债表就是要确定资产、负债和净资产这三项，并且把相应的项目归类到三者中的某一项中去的工作。对于资产负债表，以上的等式是永远成立的，由等式而来的数据可以确定客户目前的财务状况。

（三）资产负债表的结构及编制

　　家庭的资产负债表包括三大部分，即资产、负债和净资产，其结构如表2－3所示。

表 2 –3　家庭资产负债表

日期：　　　　　　　　　　　　　　　　　　　　　　　　　　姓名：

単位：元

资产			金额	负债	金额
金融资产	现金与现金等价物	现金		信用卡透支	
		银行存款		消费贷款	
		货币市场基金		汽车贷款	
		人寿保险现金收入		住房贷款	
		小计		其他贷款	
	其他金融资产	证券资产		其他负债	
		外汇实盘资产			
		理财产品			
		其他			
		小计			
	金融资产合计				
实物资产	房产				
	机动车				
	家具和家用电器类				
	珠宝和收藏品类				
	其他实物资产				
	实物资产合计				
资产总计				负债总计	
净资产					

家庭资产负债表主要项目设置如下：

1. 资产类项目

（1）金融资产项目。具体包括现金与现金等价物，即现金、活期存款、定期存款、其他类型银行存款、货币市场基金、人寿保险现金收入等；其他金融资产项目，即证券资产（债券、股票及权证、基金、期货）、外汇实盘投资、理财产品（人民币理财产品、保险理财产品、信托理财产品）等。

（2）实物资产项目。包括房产（自住房、投资的房地产）、机动车、家具和家用电器、珠宝和收藏品以及其他个人实物资产。

2. 负债类项目

负债类项目包括信用卡透支、消费贷款、汽车贷款、住房贷款、其他贷款和其他负债等。

家庭资产负债表的编制可以分三步，如图 2 –2 所示。

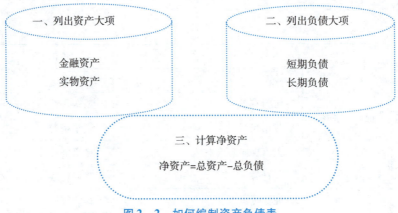

图 2 - 2   如何编制资产负债表

第一步列出资产大项。包括金融资产项目和实物资产项目。要注意的是，资产的价值并非一成不变，会随着时间推移和市场的波动而发生变化，所以应该按照编制资产负债表当时的实际价值计算。

第二步列出负债数额。以一年为界，分为短期负债和长期负债。短期负债包括信用卡透支、应付租金、利息等；长期负债则包括汽车贷款、住房按揭等。贷款在编制时注意只登记本金余额。

第三步计算净资产。净资产是用总资产减去总负债所剩余的部分。计算净资产的重要性在于，让客户在了解了自己拥有多少可支配的财产以后再实施投资计划。客户家庭净资产的规模是客户理财的出发点，净资产规模是实现购房、教育、退休、旅游等计划的基础。所以每个人都要像对汽车或身体的定期检查一样，定期（如每半年）了解自己家庭的净资产及其增长情况，这对个人成功理财是有力的保证。

【例 2 - 1】截止到 2021 年 12 月 31 日，张先生家庭资产和负债情况如下：各类银行存款 27 350 元，现金 2 850 元，股票（市值）38 000 元，自住房产 420 000 元，其他实物资产 62 400 元，住房贷款 100 000 元，未付网络费、电话费、电费、水费等 2 700 元，汽车贷款 62 000 元，教育贷款 35 000 元，其家庭资产负债表如表 2 - 4 所示。

表 2 - 4   张先生家庭的资产负债表   单位：元

日期：2021 - 12 - 31   姓名：张 × ×

项目	金额/元	项目	金额/元
各类银行存款	27 350	汽车贷款	62 000
现金	2 850	教育贷款	35 000
股票（市值）	38 000	住房贷款	100 000
房产	420 000	其他负债	2 700
其他实物资产	62 400		
资产总计	550 600	负债总计	199 700

做一做

　　编制你自己的资产负债表。注意：金融资产特别是股票等按当前市值计入；实物资产可以选择价值较高的资产如电脑、手机等，用现值计算。

家庭资产负债表

二、客户现金流量表

（一）概念

　　现金流量表是概括客户在过去一段时期内现金收入和支出的财务报表，只涉及实际现金流入和流出交易。如在一个月之内或是一年之内客户的现金流入和流出。编制现金流量表的目的，是揭示客户生成现金的能力和时间分布，以利于进行正确消费和投资决策。如果把现金看作日常财

动动脑

　　编制现金流量表的用途是什么？

务活动的"血液"，那么现金流量表就好比"验血报告"。对客户自己的日常理财，从这份报告中可以有个初步判断。资产负债表只能掌握资产的静态情况，而现金流量表却反映了现金流动的动态情况。

　　现金流量表可以作为衡量客户是否合理使用其收入的工具，还可以为制定个人理财规划提供以下帮助：一是有助于发现客户消费方式上存在的潜在问题；二是有助于找到解决这些问题的方法；三是有助于更有效地利用财务资源。

（二）计算公式

　　　　既定时间段的现金流入 – 既定时间段的现金流出 = 净现金流量（结余）

（三）现金流量表的结构和编制

　　和家庭资产负债表一样，现金流量表也包含三部分：总收入、总支出、净现金流量或现金结余，其结构如表 2 – 5 所示。

表 2 – 5　现金流量表

日期：　　　　　　　　　　　　　　　　　　　　　　　　　　　姓名：

收入	金额	支出	金额
1. 工资和薪金		1. 住房：	
2. 自雇收入		租金/抵押贷款支付	
3. 养老金和年金		修理、维护和装饰	
4. 奖金和佣金		2. 家电、家具和其他大件消费	
5. 投资收入：		3. 汽车	
利息和分红		4. 日常生活开支	
资本利得		5. 购买衣物支出	
其他投资收入		6. 个人护理支出	

续表

收入	金额	支出	金额
6. 其他收入		7. 休闲娱乐	
		8. 商业保险费用	
		9. 医疗费用	
		10. 其他支出	
收入总计		支出总计	
现金结余（或超支）			

家庭现金流量表一般按月或年为单位编制，主要项目设置如下：

1. 收入类项目

（1）工资和薪金，指家庭成员的工资薪金总额。

（2）自雇收入（稿费及其他非薪金收入），指家庭成员的劳动报酬所得、个体工商户的生产经营所得及对企事业单位承包承租经营所得。

（3）养老金和年金，指家庭成员的养老金和年金收入。

（4）奖金和佣金，指家庭成员的奖金收入及非工资的佣金收入。

（5）投资收入，具体包括利息和分红、资本利得（证券的价差收益）、租金收入和其他投资收入。

（6）其他收入，指除上述收入以外的收入，如偶然所得。

2. 支出类项目

（1）住房，具体包括租金/抵押贷款支出、修理、维护和装饰支出等。

（2）家电、家具和其他大件消费品，指这些耐用消费品的支出。

（3）汽车，具体包括贷款支付、汽油及维护费用、保险费、养路费、车船税、过路与停车费用等方面的支出。

（4）日常生活开支，包括通信费、交通费、日常生活用品支出等内容。

（5）购买衣物支出，指家庭成员购买服装、鞋帽等物品的支出。

（6）个人护理支出，包括化妆品、头发及皮肤护理、健身等项目的费用支出。

（7）休闲和娱乐，包括外出旅游、度假支出和家庭成员在娱乐场所的消费支出。

（8）商业保险费用，包括人身保险、财产保险和其他商业险种的费用支出。

（9）医疗费用，家庭成员用于医疗保健方面的支出。

（10）其他支出。

家庭现金流量表编制方法可分为三步，如图2-3所示。

第一步确定现金流入（收入），包括工资、奖金、利息收入、股票分红等。

第二步记录现金流出（支出），包括住房、家电、家具和其他大件消费品、汽车、日常生活开支等。固定支出如房租、公共事业费、汽车贷款月供、每月投资基金支出等，每项因人而异，可以包含不同内容。

第三步计算净现金流量或现金结余，净现金流量等于现金流入减去现金流出。

若净现金流量>0：表示客户日常有一定的积累。

若净现金流量=0：表示客户日常收入与支出平衡，日常无积累。

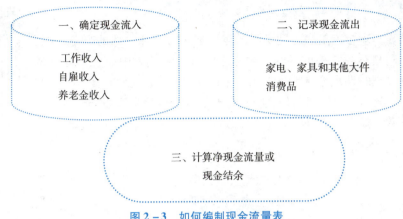

图 2 – 3   如何编制现金流量表

若净现金流量 < 0：表示客户日常入不敷出，要动用原有的积蓄或借债。

【例 2 – 2】张先生家庭 2021 年的各项收入与支出有：工资和薪金 75 000 元，奖金和佣金 10 000 元，银行存款利息 1 600 元，股票投资收益 28 000 元，另有稿费收入 3 000 元、获赠收入 1 000 元；住房贷款还款 42 000 元，保险费用支出 3 000 元，医疗费用 3 400 元，衣物购置支出 6 600 元，旅游支出 5 400 元，吃饭等日常生活支出 30 000 元。该家庭 2011 年的收入支出表如表 2 – 6 所示。

表 2 – 6   张先生的家庭现金流量表

日期：2012 – 01 – 01 至 2012 – 12 – 31   姓名：张××

收入	金额/元	支出	金额/元
工资和薪金	75 000	住房贷款	42 000
奖金和佣金	10 000	日常开支	30 000
自雇收入	4 000	购买衣物支出	6 600
投资收入：		休闲娱乐	5 400
利息和分红	1 600	商业保险费	3 000
股票投资收益	28 000	医疗费	3 400
收入总计	118 600	支出总计	90 400
现金结余（或超支）：28 200			

做一做

编制你自己的现金流量表。注意：收入项目主要是父母资助、压岁钱、助学贷款、奖学金、投资收益等。支出项目主要是学费、住宿费、生活开销、购书、人际交往等。

三、客户资产负债表与现金流量表的关系和应用

家庭生命周期与
现金流量表

资产负债表和现金流量表分别说明了客户某个时点和时期的财务状况，实际上两者之间是互为结果的。两个时点之间资产负债表中净资产变动的原因，正是通过该时期现金流量表来揭示的。例如，在 1 月 1 日、6 月 30 日和 12 月 31 日分别编制资产负债表，这些时点的现金流量表能记录客户的实际消费和储蓄，如图 2 - 4 所示。

图 2 - 4　利用资产负债表和现金流量表进行规划

净资产的变化是现金流入和流出相互作用的结果。当现金流出大于现金流入时，必须动用储蓄或者举借债务。这时，资产减少或负债增加将导致净资产缩小。流入大于支出时，将现金存入银行（储蓄）或者偿还债务（信用）会提高净资产。所以，现金流量表和资产负债表之间的关系可以用表 2 - 7 表示。

> **动动脑**
>
> 客户资产负债表和收入支出表的关系是什么？

表 2 - 7　资产负债表和现金流量表的关系

现金流量表	资产负债表
现金流入 > 现金流出	净资产增加
现金流入 < 现金流出	净资产减少

任务四　客户财务状况分析与诊断

✦ 任务描述

分析和诊断客户家庭财务状况是理财工作的又一个重要环节。通过本任务的学习，要求会熟练分析家庭资产负债表和家庭现金流量表，并能通过计算各种财务指标判断客户家庭财务状况，为客户准确诊断财务问题，并提供理财建议。

步骤一　家庭资产负债表分析

资产说明的是家庭现在能够占有和使用的资源，但是净资产的理论含义是家庭将其所有资产出售和所有债务偿还后的现金价值，因此净资产比资产更能说明家庭当前的财务状况。

资产、净资产和负债之间的关系可以有几种不同的表述方式，分别代表了不同角度的认识：

$$净资产 = 资产 - 负债 \qquad (公式2-1)$$
$$资产 = 净资产 + 负债 \qquad (公式2-2)$$
$$负债 = 资产 - 净资产 \qquad (公式2-3)$$

公式2-1考虑的是家庭拥有资源的规模，强调的是这些资源所有权的归属。

公式2-2揭示的是家庭的经济规模，即目前拥有的资源总量，而不管这些资源的来源。

公式2-3揭示的是在家庭目前正在使用的资源中，哪些是不属于自己的。

事实上，这三个角度对于认识家庭财务状况都是有益的，如果净资产是负数，就意味着资不抵债，处于破产状态（我国目前还没有家庭破产制度）。要指出的是，要把超前消费和破产区分开。通过借贷超前消费时，家庭的净资产可能是负数，但只要其未来的收入能够偿还债务，则不存在资不抵债导致破产的情况。

> **动动脑**
>
> 客户净资产增加的主要方法有哪些？

增加净资产的主要方法是开源节流，包括：一是增加储蓄；二是减少消费；三是增加投资及其他物品的价值；四是减少负债。

资产负债表的评价指标主要是资产负债率，即负债与资产的比率，负债所占资产份额越低，说明资产质量越好。其公式为：

> **动动脑**
>
> 怎样分析客户资产负债率？

$$资产负债率 = 负债/资产 \times 100\%$$

若比率=1，说明资产等于负债，此时净资产为0；

若比率<1，说明资产大于负债，此时净资产为正，可以考虑投资；

若比率>1，说明资产小于负债，此时净资产为负，资不抵债，存在财务危机。

【例题2-3】张女士今年38岁，与丈夫同在某单位工作。家庭月收入为9 200元，年终奖10 000元左右。每月家庭支出主要为：日常衣食3 000元、交通费1 000元、通信费300元、医药费200元。儿子目前上幼儿园，每月的学杂费约500元。截至2021年12月31日，家庭有现金20 000元，活期存款40 000元、国债50 000元、信托产品50 000元。目前持有货币市场基金26万元、短期债券基金60 000元，股票基金16万元，理财产品90 000元。此外，夫妻两人有住房一套，现价约140万元。那么张女士家庭现在的资产负债表编制结果可如表2-8所示，它表示的是目前张女士家庭的资产总额为2 130 000元，负债总额为0元，净资产为2 130 000元。

表2-8　张女士家庭资产负债表

日期：2012-12-31　　　　　　　　　　　　　　　　　　　姓名：张××

资产		负债及净资产	
项目	金额/元	项目	金额/元
现金及活期存款	60 000	负债	0
国债	50 000	净资产	2 130 000
信托产品	50 000		
货币市场基金	260 000		
短期债券基金	60 000		

续表

资产		负债及净资产	
项目	金额/元	项目	金额/元
股票基金	160 000		
住房公积金	90 000		
住房	1 400 000		
合计	2 130 000	合计	2 130 000

上例中，张女士家庭的资产负债率为0，没有任何负债，其中流动资产和投资资产占了很大比例，说明资产状况很好。

通过分析家庭资产负债率，我们可以得出一些结论：

①考查家庭的收入水平、家庭的收入负债比有多大，当收入与负债比超过一定范围时，应该引起注意，适当减少一些家庭债务，以免形成债务压力。

②根据债务的偿还期限、偿还能力，尽量将家庭长中短的债务相结合，避免将还债期集中在一起，到时无力偿还。

③考查债务的用途、收益，高风险投入的债务以少为好，有稳定收益的可以多借些，没有收益、消费性的借债以长期为好。

步骤二　家庭现金流量表分析

现金流量表的评价指标主要是收支比率，即支出与收入的比率，支出大于收入，说明应控制支出，以使收支平衡；收入大于支出，说明可以进行投资。

通过现金流量表我们可以了解家庭某一时期的财务状况。对于家庭收支平衡的控制，可以有以下途径：

（1）增加收入的来源和渠道，即"开源"。

（2）减少盲目消费和不合理消费，即"节流"。

根据例2-3中给出的情况编制的现金流量表，如表2-9所示。

表2-9　张女士家庭现金流量表

日期：2021-12-01至2021-12-31　　　　　　　　　　　　　　　　姓名：张××

收入		支出	
项目	金额/元	项目	金额/元
工资	9 200	衣食	3 000
		交通费	1 000
		通信费	300
		医药费	200
		子女教育费	500
合计	9 200	合计	5 000
		结余	4 200

步骤三　家庭财务状况分析与诊断

一、家庭财务比率分析

根据家庭财务报表的有关数据，可以进一步进行家庭财务比率分析。家庭财务比率主要包括结余比率、投资与净资产比率、清偿比率、负债比率、即付比率、负债收入比率和流动性比率等。

动动脑

结余比率的功能是什么？

（一）结余比率

结余比率的计算公式如下：

$$结余比率 = 年结余 \div 年总收入$$

该指标主要反映家庭提高其净资产的能力，指标值越高，说明家庭提高其净资产的能力越强，反之亦然。本指标的参考值为 30% ~ 50%，即正常情况下，家庭应将其年度总收入的 30% ~ 50% 结余下来，用于储蓄或投资。该指标主要功能是储蓄能力和理财意识判断。

（二）投资与净资产比率

投资与净资产比率的计算公式如下：

$$投资与净资产比率 = 投资资产 \div 净资产$$

该指标反映家庭运用其净资产投资的比率，参考值为 50%，即一般来说，家庭可运用其净资产值的一半进行各种形式的投资。该指标主要功能是投资意识判断。

动动脑

投资与净资产比率反映的内容是什么？

（三）清偿比率

清偿比率的计算公式如下：

$$清偿比率 = 净资产 \div 总资产$$

该指标反映了家庭综合偿债能力的高低，参考值为 50%，该指标值越高说明家庭财务状况越安全。该指标主要功能是综合偿债能力判断。

（四）负债比率

负债比率计算公式如下：

$$负债比率 = 负债总额 \div 总资产$$

该指标从另一个角度反映了家庭综合偿债能力的高低，负债比率与清偿比率的和等于 1。该指标主要功能是综合偿债能力判断。

（五）即付比率

即付比率的计算公式如下：

$$即付比率 = 流动资产（仅指现金及现金等价物）\div 负债总额$$

该指标反映了家庭利用可随时变现的资产偿还债务的能力，参考值为 70%。即付比率低于 70% 表明家庭短期偿债能力弱，家庭资产流动性弱；即付比率大于 70% 说明家庭短期偿债能力强，但流动资产所占比重较高，总体收益水平较低，财务结构不够合理。该指标主要功能是短期偿债能力判断。

动动脑

即付比率反映的内容、功能和参考指标是什么？

情景模拟2–3　单身"月光族"的收支状况分析

小张毕业1年，无房无车，无股无债，只有存款2 000元，现金3 000元，信用卡一张，循环透支额度为30 000元，已透支5 000元买了一台笔记本电脑，透支10 000元买了一台iPhone送女朋友，透支10 000元进行了一趟海南豪华游。分组讨论并分析小张的相关财务比率。

（六）负债收入比率

负债收入比率的计算公式如下：

$$负债收入比率 = 负债 \div 年收入$$

该指标从另一个角度反映了家庭短期偿债能力的高低，临界值为40%，负债收入比率小于40%，说明家庭短期偿债能力较强。该指标主要功能是短期偿债能力判断。

（七）流动性比率

流动性比率的计算公式如下：

$$流动性比率 = 流动资产（仅指现金及现金等价物）\div 每月支出$$

该指标反映家庭短期支出能力的强弱，参考值为3～6，表明家庭的流动资产总额应保持在家庭月平均支出的3～6倍为宜。该指标主要功能是判断家庭应急储备状况。

情景模拟2–4　小资"蜗牛一族"的收支状况分析

梁伟工作10年，月薪10 000元，家庭日常开支4 000元，短途旅游1 000元，房子贷款本息（2 000+500）元，梁伟与梁太太的养老保险开支（500+500）元，定投基金500元。分组讨论并分析梁伟家庭的相关财务比率。

【例2–4】根据例题2–1和例题2–2得出，截止到2021年12月31日张先生的家庭资产负债表和2021年的现金流量表分别如表2–4和表2–6所示，据此对该家庭的财务比率分析如表2–10所示。

表2–10　张先生家庭财务比率分析

项目	实际值	参考值	基本评价
结余比率 = 28 200 ÷ 118 600	23.77%	30%～50%	指标值较小，该家庭结余不足
投资与净资产比率 = 38 000 ÷ 350 900	10.83%	50%	指标值较小，从实际情况看，该家庭可用于投资的资产相对较少
清偿比率 = 350 900 ÷ 550 600	63.73%	50%	指标值较大，该家庭综合偿债能力强、家庭资产负债较为安全
负债比率 = 199 700 ÷ 550 600	36.27%	50%	指标值较小，该家庭杠杆使用不足

续表

项目	实际值	参考值	基本评价
即付比率 = 30 200 ÷ 199 700	15.12%	70%	指标值严重偏低，该家庭流动性资产储备严重不足，急需改善
负债收入比率 = 30 000 ÷ 118 600（假设当年张先生家庭需偿还的负债为30 000 元）	25.30%	40%	指标值低于40%，该家庭可适当提高负债
流动性比率 = 30 200 ÷ 7533.33	4.01	3～6	指标值合理，说明家庭保持了充足的流动性

家庭财务比率

综上所述，该家庭是一个典型的处于成长阶段的青年家庭，资产总额不高，但负债相对不低，该家庭具有较强的为未来积累财富的意识。对于该家庭来说，下一步需要改善家庭资产的流动性结构，提高投资性资产所占比重，并适当提升负债额。

二、以下列情景为例说明如何进行家庭财务状况分析与诊断

梁女士28 岁，是某商业银行中心支行信贷科副科长。虽然工作相对比较稳定，但是竞争也很激烈。她的爱人王先生任职于一家大型企业，尽管各方面福利都很不错，但是想要薪水再有大的提高也非常困难。

梁女士夫妇都是独生子女。梁女士每年的税后收入大约为8 万元（基本工资和奖金），王先生每年的税后收入大约为10 万元。双方的父母都已退休，且单位有较好的退休福利，均不需要梁女士夫妇有过多的照顾。

二人现在住的新房属于王先生单位的福利房，购买时房款总额为35 万元，一次付清25 万元，其余10 万元通过住房公积金贷款，贷款年限为5 年，采用的是等额本息还款方式，每月还款额为1 860 元，夫妇二人有5 年期定期存款10 万元，还有半年到期，活期存款5 万元。另外夫妇二人还拥有10 万元王先生公司的股票，3 年内不能转让。商业保险方面，由于夫妇二人所在单位福利较好，所以均未买任何保险。夫妇二人计划两年内购买一辆小轿车，价位在15 万元左右。

家庭每月的开支主要包括：房屋贷款1 860 元，车费2 000 元，生活费用3 000 元。空闲时间他们经常会出去参加一些娱乐活动，一年费用在10 000 元左右，预期1 年内没有什么大的开支。

二人的家庭资产负债表和现金流量表如表2 - 11 和表2 - 12 所示。

表 2 – 11　家庭资产负债表

日期：2021 – 08 – 16　　　　　　　　　　　　　　　　　　　　　　　姓名：梁女士家庭

资产			金额/元	负债	金额/元
金额资产	现金与现金等价物	现金		信用卡透支	
		银行存款	150 000	教育贷款	
		货币市场基金		汽车贷款	
		人寿保险现金收入		住房贷款	100 000
		小计	150 000	其他贷款	
	其他金额资产	证券资产	100 000	其他负债	
		外汇实盘资产		负债合计	100 000
		理财产品			
		其他			
		小计	100 000		
	金额资产合计		250 000	净资产	500 000
实物资产	房产		350 000		
	机动车				
	家具和家用电器类				
	珠宝和收藏类				
	其他				
	实物资产合计		350 000		
	资产总计		600 000	负债与净资产总计	600 000

表 2 – 12　家庭现金流量表

日期：2021 – 08 – 16 至 2021 – 08 – 16　　　　　　　　　　　　　　　姓名：梁女士家庭

年收入	金额/元	百分比/%	年支出	金额/元	百分比/%
工资和薪金			房屋按揭还贷	22 320	24
王先生	100 000	56	日常生活支出	60 000	65
梁女士	80 000	44	商业保险费		
投资收益			休闲娱乐	10 000	11
			其他支出		
收入总计	180 000	100	支出总计	92 320	100
年结余			87 680		

梁女士家庭财务状况分析：

梁女士家庭属于中等收入家庭，控制支出的能力不错，但资产增值能力较低，不能有效地积累财富。另外梁女士和王先生尽管还没有小孩，但都有年老的父母，应为自己购买足够的保险以转移风险，保障家人的生活。由于夫妇二人所在行业整体的薪酬变化不大，因此建议积小钱成大钱。具体诊断如下：

（一）现金规划

梁女士在商业银行工作，对银行非常信任，但也没有必要把大部分的钱存在银行的活期和定期存款里，而且夫妇收入都比较稳定，所以身边的现金能够维持一个月开支，再预留两个月的开支备用，其余的钱可以以货币基金的形式存在。

（二）保险规划

梁女士夫妇的商业保险规划明显不足，需要再给夫妇二人购买一些保险，主要是寿险、重疾险和意外险。特别是梁女士在中心支行工作并任信贷科副科长，不可避免地要经常接触客户，应酬较多，出差机会较多，不可预测的事情太多。因此，重疾险和意外险对于梁女士来说尤为重要。建议梁女士每年支出保费 1.5 万元左右，今年的保费用现有的活期存款支付。

（三）消费规划

目前，5 年期住房公积金贷款利率为 2.6%，而活期存款利率为 0.3%，梁女士把大量余钱以存款的方式存在银行，等于每年白白支付银行 2% 多的利息。由于梁女士没有大额支出计划，选择提前还贷不失为一个明智的选择，可以少付大笔的利息。

夫妇俩的买车计划，由于目前贷款利率很高，所以建议夫妇二人在定期存款到期时还清住房贷款，并积累到购车款后再考虑买车，由于购车款不多，建议一次付清。

（四）教育规划

梁女士所在银行业竞争日益激烈，知识更新也很快。为了能在职场上更顺利地发展，走得更远，梁女士可以选择进修，给自己充电。进修方式很多，考虑到梁女士现在是某商业银行中心支行信贷科副科长，结合目前市场的情况，建议梁女士报考国家理财规划师的培训班，花费在 1.2 万元左右，这样可以学到很多的知识，一方面为提升自己，另一方面将来可以为客户提供一些增值服务，同时增强自己的竞争力。

（五）投资规划

梁女士家庭承受风险的能力较强，因此，建议梁女士每月拿出 3 000 元通过定期定额方式投资偏股票型基金。因为偏股票型基金主要投资股票，其短期内波动相对较大，但从长期看是个不错的选择。在选择基金时，要注意选择以往业绩较好的基金公司。这样相对风险较小，又有机会获取较高的投资收益。

项目小结 >>>>>

（1）个人理财业务必须从获取客户开始，由于理财业务具有一定的风险性，国家金融监督管理总局和各家商业银行对理财客户的财务状况、风险承受能力均有一定的要求。商业银行应该通过一定的方法获取潜在的理财客户，了解客户价值观，分析客户的风险属性，并对客户进行风险评估，然后签订理财服务合同或协议。

（2）客户关系管理是一个不断加强与顾客交流，不断了解顾客需求，并不断对产品及服务进行改进和提高以满足顾客需求的连续的过程。银行业的客户关系管理包括客户信息管理、银行营销管理、销售管理、服务管理与客户关怀。商业银行客户关系管理由五个流程构成，包括确定客户策略、与客户互动、管理客户信息、形成客户决策和基于技术的营销等。

（3）编制家庭财务报表的步骤包括收集客户信息和分析客户财务情况。

（4）客户财务状况分析与诊断包括家庭资产负债表分析、家庭现金流量表分析以及家庭财务状况分析与诊断指标。

知识巩固 ▶▶▶▶

一、单项选择题

1. 投资经验、风险承受能力较强的高资产净值客户可以通过（　　）服务满足其投资需求。

　　A. 商业银行理财　　　B. 购买债券　　　　C. 购买股票　　　　D. 私人银行服务

2. 将大部分选择性支出用于现在的消费，提高目前生活水准的族群属于（　　）理财价值观。

　　A. 后享受型　　　　B. 先享受型　　　　C. 购房型　　　　　D. 以子女为中心型

3. 通过客户资产负债表可以确定客户目前的（　　）。

　　A. 财务状况　　　　B. 收益状况　　　　C. 存款状况　　　　D. 贷款状况

4. 家庭财务比率中的结余比率参考值一般是（　　）。

　　A. 50%　　　　　　B. 40%　　　　　　C. 20%　　　　　　D. 10%

5. 家庭财务比率中的投资与净资产比率参考值一般是（　　）。

　　A. 50%　　　　　　B. 40%　　　　　　C. 20%　　　　　　D. 10%

二、判断题

1. 家庭现金流量表的评价指标主要是偿债比率。　　　　　　　　　　　　　　（　　）

2. 资产负债表反映资产及其分布状况，也反映未来财务发展状况。　　　　　（　　）

3. 与客户的互动包括人员互动和技术互动。　　　　　　　　　　　　　　　（　　）

4. 银行业的客户关系管理核心内容是发现"金牌"客户，维系"利润"客户和分化、改造一般客户。　　　　　　　　　　　　　　　　　　　　　　　　　　　（　　）

5. 当客户对风险的关注更甚于对收益的关心，这类客户属于保守型。　　　　（　　）

三、思考题

1. 如何分析客户风险属性？

2. 客户关系管理的流程是什么？

3. 客户资产负债表和现金流量表的关系是什么？

能力提升 ▶▶▶▶

家庭财务报表编制

杨先生每月税后工资16 130元，年终奖税后50 000元，杨太太每年税后工资11 400元，年终奖税后20 000元，房子是2012年购买的，现价750 000元，轿车现价310 000元，1年前以150 000元购买的10 000股A股票的现金额减少了20%，3年前以90 000元购买的国债的现金额增加了15%，现金5 500元，活期存款35 000元，2年半前购买的3年期定期存款60 000元，2012年1月购房的房价上涨了25%，首付3成，贷款利率5.5%，期限10年，等额本息还款，当月开始还。每年日常生活支出 50 400 元，每月医疗费 700 元，每年置装费 4 000 元，每年汽车费 3 000 元，每年台球费 6 000 元，每年烹饪费 4 500 元，每年托管费 17 000 元，每年保险费 5 400 元。

记账日期为 2015 年 12 月 31 日，根据以上信息完成下列要求：

（1）请编制杨先生家庭 2015 年 12 月 31 日资产负债表 2 - 13。

（2）请编制杨先生家庭 2015 年 12 月 31 日收入支出表 2 - 14。

（3）请计算杨先生家庭财务比率并进行诊断，完成表 2 - 15。

表 2 - 13　杨先生家庭资产负债表

日期：　　　　　　　　　　　　　　　　　　　　　　　　姓名：

资产			金额/元	负债	金额/元
金融资产	现金与现金等价物	现金		信用卡透支	
		活期存款		消费贷款	
		定期存款		汽车贷款	
		其他类型存款		住房贷款	
		货币市场基金		其他贷款	
	小计			其他负债	
	其他金融资产	债券			
		股票			
		基金			
		权证			
		期货、期权			
		外汇实盘资产			
		理财产品			
		其他金融资产			
	小计				
	金融资产合计				
实物资产	房产				
	机动车				
	家具和家用电器类				
	珠宝和收藏品类				
	其他实物资产				
	实物资产合计				
资产总计				负债总计	
净资产					

表 2－14　杨先生家庭收入支出表

日期：　　　　　　　　　　　　　　　　　　　　　　　　　　姓名：

收入	金额/元	支出	金额/元
工资和薪金		日常生活支出	
奖金和佣金		房屋支出	
养老金和年金		汽车支出	
自雇收入		保险费用	
投资收入		医疗费用	
利息和分红		其他支出	
资本利得			
其他投资收入			
其他收入			
收入总计		支出总计	
现金结余（或超支）			

表 2－15　杨先生家庭财务比率分析

财务比率	计算结果	诊断分析
结余比率		
投资净资产比		
流动性比例		
清偿比率		
资产负债率		
负债收入比		
即付比率		

项目评价 ▶▶▶▶

知识巩固与能力提升（40分）	得分：
计分标准： 得分 ＝1×单选题正确个数＋1×判断题正确个数＋2×思考题正确个数＋8×家庭财务报表编制正确个数	
学生自评（20分）	得分：
计分标准：得分 ＝2×A的个数＋1×B的个数＋0×C的个数	

续表

专业能力	评价指标	自测结果	要求 （A 掌握；B 基本掌握；C 未掌握）
客户关系的 建立与管理	1. 理财业务客户准入条件 2. 客户的理财价值观 3. 客户的风险属性 4. 客户关系管理的流程	A□ B□ C□ A□ B□ C□ A□ B□ C□ A□ B□ C□	熟悉理财业务客户准入条件，能够判断客户的理财价值观及风险属性，了解客户管理的流程
家庭财务 报表编制	1. 资产负债表 2. 收入支出表	A□ B□ C□ A□ B□ C□	熟悉家庭资产负债表及收入支出表的构成，能够编制家庭的资产负债表、收入支出表
财务状况 分析与诊断	1. 家庭资产负债表分析 2. 家庭收入支出表分析 3. 家庭财务状况分析与诊断	A□ B□ C□ A□ B□ C□ A□ B□ C□	能够对家庭的资产负债表和收入支出表进行分析，诊断问题，为后续理财方案的制定提供依据
职业道德 思想意识	谨慎勤勉、专业尽责	A□ B□ C□	专业素质、思想意识得以提升，德才兼备

小组评价（20 分）			得分：
计分标准：得分 = 10 × A 的个数 + 5 × B 的个数 + 3 × C 的个数			
团队合作	A□ B□ C□	沟通能力	A□ B□ C□
教师评价（20 分）			得分：
教师评语			
总成绩		教师签字	

项目三　配置银行理财产品

学习目标

知识目标

1. 了解银行理财市场和理财产品；
2. 熟悉银行理财产品和代理理财产品；
3. 知道影响购买银行理财产品的因素。

能力目标

1. 会帮助客户配置银行理财产品；
2. 会操作银行代理理财产品的流程；
3. 能熟练申购银行理财产品；
4. 能赎回银行理财产品。

素质目标

1. 培养诚信精神，把诚信道德转化为情感认同和行为习惯。
2. 培养风险意识，树立正确的风险规避观念。

学习导航

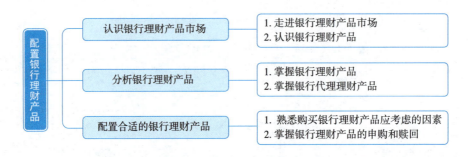

配置银行理财产品	认识银行理财产品市场	1. 走进银行理财产品市场 2. 认识银行理财产品
	分析银行理财产品	1. 掌握银行理财产品 2. 掌握银行代理理财产品
	配置合适的银行理财产品	1. 熟悉购买银行理财产品应考虑的因素 2. 掌握银行理财产品的申购和赎回

任务一　银行理财产品市场认知

✿ 任务描述

银行理财产品市场认知主要是了解我国银行理财产品市场的发展状况和趋势，掌握银行理财产品市场上的产品种类，熟悉银行理财产品的构成要素。

步骤一　走进银行理财产品市场

随着金融市场竞争的日益激烈，人们对金融理财产品的需求度越来越高，我国银行理财产品市场也在不断地演进与发展，其发展脉络十分清晰，经历了萌芽期、发展期、低迷期、恢复期和高速发展期。金融管制政策、社会需求等大环境的变化，使得一些具有标志性的事件产生，并且各个阶段各具特色。

> **动动脑**
>
> 我国银行理财市场的发展经历了哪几个阶段？

一、了解我国银行理财产品市场发展

（一）银行理财产品市场的萌芽期

1996 年，中信实业商业银行推出"理财中心"，这也是我国商业银行开展理财业务的萌芽。2004 年光大银行发行人民币理财产品，人民币理财逐渐受到人们的青睐，开始发展起来。从刚刚步入萌芽阶段，到形成金融理财市场，我国银行理财市场制度并不完善，直接导致了理财市场的混乱。2005 年 9 月，中国银监会出台《商业银行个人理财产品暂行办法》和《商业银行个人理财业务风险管理指引》，正式法律条文的颁布，使我国的金融理财产品市场变得更加规范，逐步向良性方向发展。这一时期主要特点是产品发售数量较少、产品类型单一和资金规模较小。银行理财产品主要投资方向是银行间票据、货币市场基金、国债、央行票据等固定收益产品，以便规避高风险。银行理财产品主要涉及银行比较熟悉的领域，风险较小，同时也受保守型投资者所喜爱，初具规模。

（二）银行理财产品市场的发展期

2006 年，债券市场走低，股市回暖，商业银行通过信托进入产业投资，丰富理财产品种类。2007 年上半年，官方数据公布为 3 886 亿元，全年个人理财产品销售额超过 1 万亿。这一阶段，由于债券市场走低，股市回暖，各大商业银行不断探索新的模式。银行与信托机构合作，将资金交给信托公司打理。在产品形式上，主要由基础建设项目投资以及由债券、股票、信托融资等组合而成的集合理财产品。商业银行还大量推出了与利率、汇率等相关的理财产品。这一阶段的特点是产品数量飙升、产品类型日益丰富、资金规模屡创新高等。

（三）银行理财产品市场的低迷期

2008 年，由于受次贷危机的冲击，银行理财产品处于极度的低迷期。2009 年，银行理

财产品市场继 2008 年之后持续走低。这一时期，银行理财产品市场的发展势态与经济发展的势态相符合。虽然我国的经济受次贷危机的冲击不算特别严重，但是这一时期的很多理财产品也都出现了零收益甚至是负收益，银行不得不减少理财产品的种类和数量来减小风险。同时，理财产品也向偏保守方向的理财产品发展，选取风险小、收益超过定期存款收益的产品。

（四）银行理财产品市场恢复并高速发展期

2011 年由于楼市、股市低迷，大量资金开始被注入银行理财产品中来，致使理财市场极速发展。2011 年 9 月证监会发布的《基金管理公司特定客户资产管理业务试点办法》正式打开了基金公司投资商品期货市场的大门。2011年 11 月，第四次经济金融形势通报分析会上，银监会强调

> **动动脑**
>
> 为什么 2011 年后理财产品市场高速发展？

"严禁通过发行短期理财产品变相高息揽储、规避监管要求、进行监管套利"。2013 年 1 月 1日起施行的《商业银行资本管理办法》对商业银行流动性提出正式法律要求。

目前，金融市场已经成为年销售过万亿的巨大市场，产品数量和规模巨大，理财产品市场不断完善和规范。人们开始接受理财的观念，加入金融市场。金融理财产品的高速发展，充分说明了我国经济的不断发展和金融市场的完善。

2018 年 4 月 27 日，央行、银保监会、证监会、外汇局联合发布《关于规范金融机构资产管理业务的指导意见》，简称"资管新规"。资管新规正式实施后，我国银行理财规模稳健增长，理财产品结构进一步优化，ESG、养老、"双碳"等领域的创新型理财产品也陆续出现，不断满足投资者的多样化需求。

二、了解银行理财产品市场的发展趋势

（一）理财混业化格局初现

自 2012 年下半年以来，监管层密集发布并实施了一系列涉及金融机构资产管理业务的政策法规。目前，取得资格的银行、信托、券商、基金公司、保险公司和期货公司均可以设计发行自己的理财产品。在我国理财市场多元化增强的同时，理财混业化格局也开始形成。

> **动动脑**
>
> 什么是银行理财的混业化格局？

我国金融业的分业经营制度，使得各金融机构专注的投资领域并不一致，而自各金融机构资产管理业务相关规定出台以来，商业银行纷纷调整了银行理财产品的投资范围，将其他金融机构的资产管理计划纳入银行理财产品的投资范围。目前各个金融行业间业务交叉的"混业趋势"正在增强。

工商银行发布的《2013 年第 2 期安享回报黄金套利投资型人民币理财产品》中称，该产品除了投资债券、存款等高流动性资产、债权类资产以外，还"包括但不限于结构化证券投资优先级信托、其他股权类信托计划、证券公司集合资产管理计划或定向资产管理计划、基金管理公司特定客户资产管理计划、保险资产管理公司投资计划"。由此，在一款银行理财产品中，我们已经可以看到信托公司、证券公司、基金公司和保险资产管理公司等诸多金融机构的身影。

（二）投资组合保险策略的逐步尝试

投资组合保险策略是在将一部分资金投资于无风险资产从而保证资产组合最低价值的前提下，将其余资金投资于风险资产，并随着市场的变动调整风险资产和无风险资产的比例，同时不放弃资产升值潜力的一种动态调整策略。银行逐步尝试利用投资保险组合策略来合理配置投资组合，从而降低产品风险，保证本金安全。

（三）动态管理类产品的逐步增多

根据发行主体是否动态调整产品投资组合，可将银行理财产品分为静态管理类产品和动态管理类产品。近年来，银行理财产品市场中的基金产品、开放式产品和组合管理类产品逐步增多。在此，将其统称为动态管理类产品，即具有投资方向灵活多变、投资组合浮动、固定申购和赎回频率等特性的银行理财产品。此类产品有两个缺陷需要逐步完善：一是产品的信息透明度问题，如产品投资方向、投资组合和净值的公布问题；二是产品的资金募集、资产管理和资金托管的三权分立问题。

（四）POP 模式的逐步繁荣

继基金公司理财产品市场推出 FOF（基金中的基金）型产品后，各种 FOF 型产品不断涌现，如信托产品中的 TOT（信托中的信托）、私募基金产品的 PFOPF（私募基金中的私募基金）和银行理财产品中的 POP（理财产品中的

动动脑

什么是 POP 模式？

理财产品）。就银行理财产品市场而言，主要有三种类型的 POP 合作模式：一是直接购买他行产品的简单模式；二是多种产品投资组合的 POP 模式；三是随着 ETF 基金和 ETF 联结基金的热销，指数化投资有可能是银行理财产品市场的下一个制高点。另外，FOF 型产品中无风险资产的配置也由传统的国债和定期存款转向高收益债券和保息类银行理财产品。由于理财产品市场的发展，可供选择的保本保息类产品越来越多，这些理财产品的收益相对银行定期存款以及国债的收益要高，这就为 FOF 类产品提供了无风险资产配置的基础，从而使 FOF 产品的设计更灵活，促进了理财产品市场的丰富和发展。由于各商业银行的外币存款利率差异较大，个别商业银行部分币种的定存利率远高于其他商业银行理财产品的预期收益率，从而可以利用机构间的套利机会配置无风险资产池。

（五）另类投资的逐步兴起

近年来，资产配置已由传统的现金、股票和债券逐步转向另类资产。另类资产包括，股票市场的认股权证和可换股套利、封闭式对冲基金策略、配对股票套利和混合证券套利等；固定收益证券的固定收益套利、合并套利和债务危机证券等；不动产和自然资源的房地产品信托资金、气候衍生品、能源衍生品和巨灾债券等。另类投资的主要优点在于多元化投资可降低产品的系统性风险，多数另类投资与传统投资领域的相关性较弱，甚至呈现负相关关系，优化了资产组合。此外，部分另类投资还获得了较高的收益。

动动脑

另类投资主要有哪些？

> **知识补充 3 – 1　券商加速布局"投行＋投资"业务模式，**
> **新设另类投资子公司为项目跟投"铺路"**
>
> 　　全面注册制度下，券商加速布局"投行＋投资"的业务模式，积极设立另类投资子公司参与项目跟投。
> 　　从行业最新的进展来看，2023 年 3 月 24 日，证监会对星展证券设立另类子公司申请文件提出反馈意见，其中提到，星展证券目前没有已完成的由公司担任保荐机构的保荐业务项目，请详细说明储备项目的具体情况，包括项目名称、具体沟通情况等，并就公司设立另类子公司的可行性和必要性进行论证。除星展证券外，证监会也对世纪证券申请通过子公司从事另类投资业务提出了反馈意见。
> 　　2023 年 2 月 21 日，证监会核准了国新证券通过子公司从事另类投资业务。自科创板实行保荐机构的另类投资子公司跟投制度以来，券商新设的案例持续增加，截至 2023 年 2 月底，全证券行业共有 81 家券商设立了另类投资子公司。
> 　　值得关注的是，2021 年至今，证监会共核准了 7 家中小券商通过子公司从事另类投资业务。中资券商包括万和证券、甬兴证券、中邮证券、国新证券；外资券商包括高盛高华、东亚前海证券、摩根士丹利证券（中国）。从现阶段来看，虽然外资参控股券商仍是行业中的"小众"群体，却因其强大的外资背景和独特的发展模式成为业内关注的焦点，并逐步向国内各项业务渗透，业务体系进一步完备。
>
> 　　　　　　　　　　　　　　　　　　　　　　　　　　　　资料来源：新浪财经

步骤二　认识银行理财产品

一、认识银行理财产品和银行代理理财产品

　　银行理财产品是由商业银行自行设计并发行，将募集到的资金根据产品合同约定投入相关金融市场及购买相关金融产品获取投资收益后，根据合同约定分配给投资人的一类理财产品。广义的银行理财产品包括本外币理财、基金、保险、券商集合理财等多种金融投资产品，是一个综合的概念。

　　银行代理理财产品是指商业银行代销的由其他金融机构经营的金融产品。按照分业经营原则，基金、股票、保险等产品本来由基金管理公司、证券公司和保险公司等经营，但由于商业银行具有强大的经营网络、服务手段和良好信誉，具有代理其他金融机构进行产品销售的优势，从而使代理理财业务成为商业银行中间业务的主要内容之一。

动动脑

　　目前银行提供的个人理财产品主要有哪几类？

　　总而言之，银行理财产品以商业银行为发行主体，商业银行承担产品设计、投资管理、销售等职能；银行代销的金融产品由其他金融机构进行产品设计、投资及管理，商业银行仅承担销售职能。

　　目前我国商业银行所提供的个人理财产品大致分为以下几类：一是银行存贷款类产品，

包括个人存款类、个人贷款类等；二是银行投资类理财产品，包括债券型理财产品、信托型理财产品、结构性理财产品和 QDII 型理财产品等；三是银行代理类理财产品，包括代理保险、代理国债、代理基金、代理证券业务等。

二、熟悉银行理财产品的构成要素

银行理财产品要素可以分为三大类：产品开发主体、产品目标客户和产品特征。产品开发主体包括：发行人、托管机构和投资顾问等与产品开发相关的主体；产品目标客户是产品的销售对象，包括适合的客户群特征，如客户风险承受能力、客户资产规模、客户在银行的等级、产品发行地区、资金门槛（起售金额）和最小递增金额等；产品特征包括产品的资产种类、风险等级、委托币种、产品结构、收益类型、交易类型、预期收益率、银行终止权、客户赎回权、委托期限、起息日期、到期日期、付息日期、起售日等。

（一）理财产品开发主体

1. 产品发行人

产品发行人是指理财产品的发行主体。一般而言，银行理财产品是由商业银行开发的。

2. 托管机构

为保证理财产品所募集的资金的规范运作和安全完整，理财产品管理人往往作为委托方选择一个独立机构作为理财产品资产托管机构，来管理理财产品所募集的资金（委托资产）。一般而言，资产托管人主要由符合特定条件的商业银行担任。其职责主要包括：安全保管委托资产，根据投资管理人的合规指令及时办理清算、交割事宜；负责委托资产的会计核算和估值，复核、审查投资管理人计算的资产净值；及时与投资管理人核对报表、数据，按照规定监督投资管理人的投资运作；定期向委托人和有关监管部门提交托管报告和财务会计报告；法律法规规定的其他职责。

3. 投资顾问

投资顾问是指为商业银行理财产品所募集资金（如理财资金成立的信托财产）投资运作提供咨询服务、承担日常投资运作管理的第三方机构，如基金、阳光私募基金、资产管理公司、证券公司、信托公司等。投资顾问在理财产品中所提供的顾问服务内容主要包括：提供投资原则和投资理念建议；提供投资策略建议；提供投资组合建议；提供投资计划建议；提供具体投资建议及约定的其他投资顾问服务。

（二）产品目标客户

一般银行在发行理财产品过程中都会介绍产品所适合的客户范围。客户信息主要考虑客户风险承受能力、客户资产规模和客户等级、产品发行地区、资金门槛（起售金额）和最小递增金额等。

1. 客户风险承受能力

客户风险承受能力主要是通过银行的客户风险承受能力评估得到的。不同的理财产品风险不同，银行理财人员不得将高风险级别理财产品推介给低风险承受能力的客户。

2. 客户资产规模和客户等级

一些商业银行根据客户资产规模或者客户的 AUM 对客户进行分类，根据不同等级的客户推出不同的理财产品。

客户 AUM

3. 产品发行地区

一些商业银行的理财产品是面向一定地域的客户进行销售的，因此一些理财产品说明书中会限定理财产品的发行地区。

4. 资金门槛和最小递增金额

根据监管要求，理财产品的销售起点金额不得低于 5 万元人民币（或等值外币）；适合有投资经验客户的理财产品的起点金额不得低于 10 万元人民币（或等值外币），且不得向无投资经验客户销售。在实际销售过程中，商业银行往往根据产品目标客户限定资金门槛和最小递增金额。

（三）银行理财产品特征

1. 银行理财产品收益类型特征

银行理财产品按收益或者本金是否可以保全可分为两类：保本产品和非保本产品。

保本类理财产品的特点是投资者在到期日可以获得100%的本金，并有机会获得更高投资回报。保本类理财产品适合特定投资风险承受程度为"保守型"的客户。保本

动动脑

保本理财产品和非保本产品的主要特点是什么？

类理财产品虽然可以保证到期日投资者的本金没有损失，但并不意味着完全没有风险。保本类理财产品一般不得提前支取；或允许提前支取，但需按照银行参照产品市场价值提供的提前赎回价格计算返还金额，可能高于或低于本金。面临汇率、利率、通胀风险。

非保本类理财产品的特点是银行不保证在到期日投资者可以获得100%的本金。投资者有可能损失部分或者全部的本金。非保本类理财产品适合可承受一定风险的投资者。

部分保本理财产品保证投资者到期时获得本金的一定比例（如本金的90%）。因此严格意义上来说，这类产品属于非保本理财产品的一种。

2. 理财产品交易类型特征

银行理财产品按交易类型可分为两类：开放式产品和封闭式产品。

与基金类似，开放式产品总体份额与总体金额都是可变的，即可以随时根据市场供求情况发行新份额或被投资者赎回的理财产品。而封闭式产品是总体份额在存续期内不变，而总体金额是可能变化的理财产品。对于封闭式产品，投资者在产品存续期既不能申购也不能赎回，或只能赎回不能申购。

3. 产品期次性特征

银行理财产品按期次性可分为两种：期次类和滚动发行类。期次类产品只在一段销售时间内销售，比如委托期为一周或一年的产品，到期后利随本清，产品销售期结束；而滚动发行类产品，比如每月滚动销售的产品，是采取循环销售的方式，这样投资者可以进行连续投资，拥有更多的选择机会。

4. 产品投资类型特征

从投资类型来看，银行理财产品根据投资或者挂钩的对象可以分为利率挂钩、股票挂钩、基金挂钩、外汇挂钩、商品挂钩、信用挂钩、保险挂钩、混合挂钩八大类。

5. 产品期限特征

银行理财产品按期限类型可分为 6 个月以内、1 年期以内、1~2 早期以及 2 年期以上产品。其中，6 个月期以内的产品又可分为 1 个月期以内、1~3 个月期以及 3~6 个月期三种类型。

根据市场一般性划分，1 个月期以内的产品称为超短期理财产品，1 个月至 1 年期的理

财产品称为短期理财产品，1～2 年期的理财产品称为中期理财产品，2 年期以上理财产品称为长期理财产品。

6. 产品风险特征

最常见的银行理财产品风险包括政策风险、违约风险以及信用风险、市场风险、利率风险、汇率风险、流动性风险、提前终止风险等，其他还有操作风险、交易对手管理风险、延期风险、不可抗力及意外事件等风险。

三、掌握银行理财产品的种类

银行理财产品飞速发展，产品种类丰富。而其分类方法也是多种多样的。

（一）按币种的不同

根据币种不同，银行理财产品包括人民币理财产品和外币理财产品两大类。

1. 人民币理财产品

人民币理财产品，即由国家商业银行自行设计并发行，将募集到的资金根据产品合同约定投入相关金融市场及购买相关金融产品，获取投资收益后，根据合同约定分配给投资人的一类理财产品。其特点是收益率高、安全性强。银行人民币理财产品大致可分为债券型、信托型、挂钩型及 QDII 型。

2. 外币理财产品

外币理财产品，是由商业银行推出的表外业务的一种，它是银行理财业务。与人民币银行理财产品不同，外币理财首先要求投资者将人民币兑换成外币，一般是欧元、美元、澳元、加元等国际货币。而按其连接标的分类，可分为利率/汇率挂钩、外汇挂钩、指数挂钩、股票篮子挂钩、债券基金挂钩等；按投资期限分类，可分为短期、中期、长期的外汇理财产品等。

（二）风险等级的不同

1. 基本无风险的理财产品

银行存款和国债由于有银行信用和国家信用保证，具备最低的风险水平，同时收益率也较低，投资人保持一定比例银行存款的主要目的是为了保持适度的流动性，满足生活日常需要和等待时机购买高收益的理财产品。

> **动动脑**
>
> 银行理财产品按风险等级如何分类？

2. 较低风险的理财产品

较低风险的理财产品主要是各种货币市场基金或偏债型基金，这类产品投资于同业拆借市场和债券市场，这两个市场本身就具有低风险和低收益率的特征，再加上由基金公司进行的专业化、分散性投资，使其风险进一步降低。

3. 中等风险的理财产品

（1）信托类理财产品。由信托公司面向投资人募集资金，提供专家理财、独立管理、投资人自担风险的理财产品。投资这类产品投资人要注意分析募集资金的投向，还款来源是否可靠，担保措施是否充分，以及信托公司自身的信誉。

（2）外汇结构性存款。作为金融工程的创新产品，通常是几个金融产品的组合，如外汇存款附加期权的组合，这类产品通常是有一个收益率区间，投资人要承担收益率变动的风险。

（3）结构性理财产品。这类产品与一些股票指数或某几只股票挂钩，但是银行有保本条款，另外也有机会获得高于定期存款的收益。

4. 高风险的理财产品

QDII 等理财产品即属于此类。由于市场本身的高风险特征，投资人需要有专业的理论知识，这样才能对外汇、国外的资本市场有较深的认识，去选择适合自己的理财产品，不至于损失后才后悔莫及。

学思育政 3－1　理财有风险，参与需谨慎

股市里有句话想必大家早已铭记于心，那就是：股市有风险，入市需谨慎。其实，投资理财产品亦然：理财有风险，参与需谨慎。理财产品的风险来自不同方面，诸如通货膨胀风险、市场风险、信用风险等。

合法合规的理财产品的基本特征是一致的，而不合法不合规、不靠谱的理财产品却是各有各的不同。例如，有的理财产品在合同中极其明显地标注出让人心动的收益率，却将产品提供者的职责、权利及风险等这些关键信息隐藏起来；有的金融骗子以各种私募基金、PPP 等项目为幌子，以承诺超高收益为诱饵欺骗投资者；有的私募网站自身就是虚假的，要求汇款的账户也根本不是公司的法定账户……凡此种种，都警示我们在购买理财产品时务必要增强风险意识，秉持基本的价值投资理念，并对投资机构、合同条款和从业人员身份等进行甄别，防止上当受骗。

任务二　分析银行理财产品

❀ 任务描述

银行理财产品分析主要是通过一定分析方法掌握不同银行理财产品的特点、面临的主要风险和投资方向，熟悉并掌握银行代理理财产品的特点、销售渠道、业务流程、注意事项和风险提示。

步骤一　掌握银行理财产品

当前市场上较为常见的理财产品按照投资对象主要分为以下几种：货币型理财产品、债券型理财产品、股票类理财产品、组合投资类理财产品、结构性理财产品、QDII 基金挂钩类理财产品、另类理财产品和其他理财产品。其中货币型理财产品挂钩于利率、外汇等，信贷类理财产品挂钩于信用，组合投资类和结构性理财产品挂钩类别较多。

一、掌握货币型理财产品

货币型理财产品是投资于货币市场的银行理财产品。它主要投资于信用级别较高、流动性较好的金融工具，包括国债、金融债、中央银行票据、债券回购，高信用级别的企业债、公司债、短期融资券，以及法律法规允许投资的其他金融工具。

（一）货币型理财产品的特点

货币型理财产品具有投资期短，资金赎回灵活，本金、收益安全性高等主要特点。该类产品通常被作为活期存款的替代品。

（二）货币型理财产品的风险

由于货币型理财产品的投资方向是具有高信用级别的中短期金融工具，所以其信用风险低、流动性风险小，属于保守、稳健型产品。

（三）货币型理财产品举例

例：A 银行"××理财计划"

1. 产品投向

本理财计划投资于金融债、中央银行票据、债券回购以及高信用级别的企业债、公司债、短期融资券等。

2. 产品的申购和赎回

理财计划存续期内，投资者可根据资金状况在产品存续期的每个工作日的交易时间内随时申购或赎回。

3. 产品收益

本理财计划预期收益率超过银行七天通知存款利率，A 银行每个工作日根据实际投资运作的收益情况计算并公布产品当日年化收益率。

如某投资者在 4 月 21 日购买该类产品 100 万元，4 月 24 日工作时间卖出，4 月 21—24 日每日当日年化收益率（已扣除管理费用）如表 3 – 1 所示。

表 3 – 1 　"××理财计划"当日年化收益率

4 月 21 日	4 月 22 日	4 月 23 日	4 月 24 日
2.15%	2.20%	2.10%	2.15%

那么，在此期间理财收益为：

$$(2.15\% + 2.20\% + 2.10\%) \div 365 \times 1\,000\,000 = 176.71 \ （元）$$

二、掌握债券型理财产品

债券型理财产品是以国债、金融债和中央银行票据为主要投资对象的银行理财产品。与货币型理财产品类似，债券型理财产品也属于挂钩利率类理财产品。

（一）债券型理财产品的特点

债券型理财产品的特点是产品结构简单、投资风险小、客户预期收益稳定。债券型理财产品的市场认知度高，客户容易理解。

（二）债券型理财产品的收益及风险特征

目前，商业银行推出的债券型理财产品的投资对象主要是国债、金融债和中央银行票据等信用等级高、流动性强、风险小的产品，因此其投资风险较低，收益也不高，属于保守稳健型产品。基于上述基本特点，其目标客户主

> **动动脑**
>
> 货币型理财产品和债券型理财产品有何异同？

要为风险承受能力较低的投资者，适合保守稳健型客户投资。

（三）债券型理财产品的投资方向

债券型理财产品资金主要投向银行间债券市场、国债市场和企业债市场。对于投资者而言，购买债券型理财产品面临的最大风险来自利率风险、汇率风险和流动性风险。利率风险主要来自人民币存款利率的变化；汇率风险在外币债券型理财产品中较为普遍，表现为本币和外币汇率的不可预测性；而流动性风险主要是由于目前国内银行业债券型理财产品通常不提供提前赎回，因此投资者的本金在一定时间内会固化在银行里。

（四）债券型理财产品举例

例：A 银行人民币债券理财计划。

1. 产品投向

主要投资于银行间债券市场中信用等级较高的债券。

2. 理财收益

A 银行人民币债券理财计划为 1 个月期理财产品，到期一次还本付息，根据本理财产品债券投资组合情况，预期本产品年收益率为 2.62%。

$$理财收益 = 理财金额 \times 年收益率 \times 实际理财天数/365$$

3. 风险提示

（1）市场风险：如果在理财期内，市场利率上升，该产品的收益率不随市场利率的上升而提高。

（2）流动性风险：投资者没有提前终止权。

（3）其他风险：如果自然灾害、战争等不可抗力因素出现，将严重影响金融市场的正常运行，从而导致理财资产收益降低或损失，甚至影响理财计划的受理、投资、偿还等的正常进行，进而影响理财计划的资金收益安全。

做一做   分组讨论分析银行理财产品

将班级学生分组，每组代表不同的商业银行，登录所代表的商业银行网站，阅读分析两种不同类型的理财产品说明，分析其特点，并推荐给你的模拟客户。

三、了解股票型理财产品

股票（或股权）类理财产品品种比较多，其中包括商业银行推出的一些 FOF（基金中的基金）产品、私募理财产品等，这些产品都是部分或者全部投资于股票（或股权）的理财产品，风险相对较大。中国银监会于 2009 年下发的《关于进一步规范商业银行个人理财业务投资管理有关问题的通知》对股票类理财产品进行了规范。该通知规定，一般性客户的理财资金不得投资于境内二级市场公开交易的股票或预期相关的证券投资基金。理财资金参与新股申购应符合国家法律法规和监管规定。理财资金不得投资于未上市企业股权和上市公司非公开发行或交易的股份。同时，该通知还指出，对于具有相关投资经验、风险承受能力较强的高资产净值客户，商业银行可以通过私人银行服务满足其投资需求，不受上述条款的限制。

四、熟悉组合投资类理财产品

（一）组合投资类理财产品概念

组合投资类理财产品通常投资于多种资产组成的资产组合和资产池，其中包括：债券、票据、债券回购、货币市场拆放交易、新股申购、信贷资产以及他行理财产品等多种投资品种，同时发行主体往往采用动态的投资组合管理方法和资产负债管理方法对资产池进行管理。

动动脑

组合投资中的投资产品有哪些？

与其他理财产品相比，组合投资类理财产品实现了两大突破，一是突破了理财产品投资渠道狭窄的限制，进行多种组合投资，甚至可以跨多个市场进行投资；二是突破了银行理财产品间歇性销售的形式，组合投资类理财产品可以滚动发行和连续销售。

（二）组合投资类理财产品的优势和缺点

组合投资类理财产品的优势主要在于：

第一，产品期限覆盖面广，可以全面地满足不同类型客户对投资期限的个性化需求，较为灵活，甚至可以根据特殊需求定制产品，给许多对流动性要求比较高的客户提供了便利。

第二，组合资产池的投资模式在分散投资风险的同时，突破了单一投向理财产品负债期限和资产期限必须严格对应的缺陷，扩大了银行的资金运用范围和客户收益空间。

第三，赋予发行主体充分的主动管理能力，最大限度地发挥了银行在资产管理及风险防控方面的优势，资产管理团队可以根据市场状况，及时调整资产池的构成。

然而，在购买组合投资类理财产品时，还需注意如下方面：

第一，组合投资类理财产品存在信息透明度不高的缺点，投资者难以及时全面了解详细资产配置，具体投资哪些资产以及何种比例投资于这些资产并不明确，增加了产品信息的不对称性。

第二，产品的表现更加依赖于发行主体的管理水平，组合投资类理财产品赋予发行主体灵活的主动管理能力，同时对其资产管理和风险防控能力提出更高的要求。

第三，负债期限和资产期限的错配以及复杂衍生结构的嵌入增加了产品的复杂性，导致决定产品最终收益的因素增多，产品投资风险可能会随之扩大。

（三）组合投资类理财产品现状

组合投资类理财产品以其独特的灵活性和更强的资产配置能力成为目前银行理财产品市场的一大投资热点。从收益类型来看，组合投资类理财产品主要有保本浮动收益和非保本浮动收益两种类型。投资者需根据自身对理财产品的收益、风险和流动性偏好水平选择理财产品。

（四）组合投资理财产品参考案例

组合投资理财产品参考案例如表 3-2 所示。

表 3-2　A 银行××理财产品××期

发行银行	A 银行
产品名称	××理财产品××期

续表

委托期限	起息日	2009－07－14	
	到期日	2009－08－13	
预期收益率	1.8%	投资币种	人民币
基础资产	理财产品主要投资但不限于债券市场国债、政策性金融债、企业债、央行票据、短期融资券、中期票据、债券回购、货币市场存放拆放交易、银行存款、银行承兑汇票、信托计划或投资于以上投资品种的他行理财产品等		
支付条款	在不出现风险揭示书所述风险的情况下，购买本理财产品的客户在投资周期结束后将获得理财本金及投资收益，理财收益计算公式如下： 理财收益＝[该期理财产品实际投资收益率－交易费用率－银行管理费率（如有）]×投资周期天数÷365×客户的理财本金 理财收益率＝该期理财产品实际投资收益率－交易费用率－银行管理费率（如有） 理财收益率以银行在投资周期开始前公布的预期最高收益率为上限		
流动性条款	银行有权提前终止该理财产品，投资者不能提前赎回		
收益类型	非保本浮动收益型		

五、结构性理财产品

（一）结构性理财产品的概念及主要类型

结构性理财产品是运用金融工程技术，将存款、零息债券等固定收益产品与金融衍生品（如远期、期权、掉期等）组合在一起而形成的一种金融产品。目前，结构性理财产品已经成为当今国际金融市场上发展最迅速、最具潜力的业务产品之一。结构性理财产品的回报率通常取决于挂钩资产（挂钩标的）的表现。

根据挂钩资产的属性，结构性理财产品大致可以为外汇挂钩类理财产品、利率/债券挂钩类理财产品、股票挂钩类理财产品等。

1. 外汇挂钩类理财产品

外汇挂钩类理财产品的回报率取决于一组或多组外汇的汇率走势，即挂钩标的是一组或多组外汇的汇率，如美元/日元、欧元/美元等。对于这样的产品我们称之为外汇挂钩类理财产品。

（1）期权拆解

①一触即付期权。在一定期间内，若挂钩外汇触碰或超过银行预先设定的触及点，则买方将可获得当初双方所协定的回报率。

②双向不触发期权。指在一定投资期间内，若挂钩外汇在整个期间未曾触及买方预先设定的两个触及点，则买方将可获得当初双方所协定的回报率。

（2）面临风险

发行外汇挂钩保本理财产品的银行通常会在产品的认购文件中明确可能存在的投资风险，大致会列出以下风险揭示：外汇挂钩保本理财产品有投资风险，不应被视为一般定期存款或其替代品。

流动性风险——由于保本理财产品均有其预设的投资期，故投资者应考虑其在投资期内对流动资金的需求，再作出投资决定。

集中投资风险——投资者应避免集中地投资于某类投资产品或某个地域或某个行业，以避免投资组合受到某一种投资风险的过度影响。

保本理财产品回报的风险——投资者需承担就所投入资金收取较低回报，或失去通过存款形式所能赚取的利息的风险。

到期时收取保证投资金额的风险——投资者应明确，保本理财产品只保证到期时保本，在未到期前不会获得任何定期的收入。

影响潜在回报的市场风险——任何潜在回报概无保证，保本投资产品的回报取决于市场情形。

汇率风险——如果用作投资的基准货币并不是投资者常用的本地货币，而需要将其兑换为本地货币，投资者应当注意其会因汇率波动而承受损失。

提前终止的风险——投资者不可提前终止保本投资产品，银行拥有唯一的、绝对的权力决定提前终止投资产品。在此情况下，投资者的利益会受到不利的影响。

未能成功认购保本理财产品的风险——银行享有审批申请的全部权利，并可在保本理财产品的起始日前拒绝接受全部或部分保本理财产品的申请。

投资者自身状况的风险——投资者自身状况的不同可能会导致其投资于保本理财产品所面临的风险增大或者有其他不同，投资者需要充分认识并考虑这一风险。

2. 利率/债券挂钩类理财产品

（1）概念及种类

利率挂钩类理财产品与境内外货币的利率相挂钩，产品的收益取决于产品结构和利率的走势。债券挂钩类理财产品主要是指在货币市场和债券市场上进行交换和交易，并由银行发行的理财产品。其特点是收益不高，但非常稳定，一般投资期限固定，不得提前支取。

利率/债券挂钩类理财产品包括与利率正向挂钩产品、与利率反向挂钩产品、区间累积产品和达标赎回型产品。

（2）挂钩标的

①伦敦银行同业拆放利率（LIBOR）。伦敦银行同业拆放利率是全球贷款方及债券发行人的普遍参考利率，是目前国际间最重要和最常用的市场基准利率。

②国库券。国库券是国家财政当局为弥补国库收支不平衡而发行的一种政府债券契约，是金融市场风险最小的信用工具。

③公司债券。公司债券是股份制公司发行的一种债券契约，公司承诺在未来的特定日期，偿还本金并按事先规定的利率支付利息。

3. 股票挂钩类理财产品

（1）概念及种类

股票挂钩类理财产品又称联动式投资产品，指通过金融工程技术，针对投资者对资本市场的不同预期，以拆解或组合衍生性金融产品，如股票、一篮子股票、指数、一篮子指数等，并搭配零息债券的方式组合而成的各种不同报酬形态的金融产品。

按是否保障本金划分，股票挂钩类理财产品可归纳为两大类：不保障本金理财产品（含部分保障本金理财产品）和保障本金理财产品。

（2）挂钩标的

①单只股票。该理财产品只挂钩一只上市公司的股票作为观察表现和收益回报。

动动脑

　　股票挂钩类理财产品的标的是什么？

②股票篮子。股票篮子由多只不同股票所组成，用作一篮子认股权证的相关资产。根据产品条款，理财产品会根据股票篮子里的所有股票或表现最差股票的表现作为收益回报的基准。

（3）期权拆解

股票挂钩类理财产品可以有多种具体结构，如可自动赎回、价幅累积等。这些结构可以被分解为一系列的期权，如认沽期权、认购期权。

①认沽期权。认沽期权赋予认沽权证持有人在到期日或之前，根据若干转换比率，以行使价出售相关股票或收取适当差额付款的权利。

②认购期权。认购期权赋予投资者在到期日或之前，根据若干转换比率，以行使价买入相关股票或收取差额付款的权利。

③股票篮子关联性。指在一篮子股票当中，所有或几只股票的市场价格、风险和回报都存在着一定相关的因素。负相关性指的是一只股票的涨幅（跌幅）有可能影响到篮子里的另一只股票的跌幅（涨幅）。正相关性指的是两只或以上的股票，当一只股票处于涨势（跌势），另一只有关联性的股票也会同时上涨（下跌）。

（二）结构性理财产品的主要风险

1. 挂钩标的物的价格波动

影响标的资产价格的诸多因素都会成为结构性理财产品的风险因素。

2. 本金风险

通常结构性理财产品的保本率直接影响其最高收益率，因此，结构性理财产品的本金是有部分风险的。

3. 收益风险

结构性理财产品的收益实现往往不是线性分布的，这使得结构性理财产品的收益计算与传统投资工具（如股票等）有较大差异，这是结构性理财产品的又一风险所在。

4. 流动性风险

结构性理财产品的流动性不及其他的一些银行理财产品。

六、QDII基金挂钩类理财产品

（一）概念

QDII即合格境内机构投资者，它是在一国境内设立，经中国有关部门批准从事境外证券市场股票、债券等有价证券业务的证券投资基金。QDII意味着将允许内地居民使用外汇投资境外资本市场，QDII将通过中国政府认可的机构来实施。

（二）挂钩标的

1. 基金

投资者、通过基金将分散的资金集中起来，交由专业的托管人和管理人进行托管、管理，投资于股票债券、外汇、货币、实业等领域，以尽可能地减少风险，获得收益，从而使资本得到增值。

2. 交易所上市基金（Exchange Traded Fund，ETF）

ETF 在本质上是开放式基金，与现在的开放式基金没什么本质的区别。但其有三个鲜明特征：它可以在交易所挂牌买卖，投资者可以像交易单只股票、封闭式基金那样在证券交易所直接买卖 ETF 份额；ETF 基本是指数型开放式基金，但与现有的指数型开放式基金相比，其最大优势在于，它是在交易所挂牌的，交易非常便利；其申购或者赎回也有自己的特色，投资者只能用与指数对应的一篮子股票申购或者赎回 ETF，而不像现有开放式基金一样以现金申购赎回模式。

七、另类理财产品

（一）概念与特点

另类资产是指除传统股票、债券和现金之外的金融资产和实物资产，如房地产、证券化资产、对冲基金、私募股权基金、大宗商品、巨灾债券、低碳产品和艺术品等。对另类资产的投资称为另类投资，较传统投资而言，有两个方面的区别与联系：其一，交易策略上，除采用传统投资的买进并持有策略外，为规避资产深幅下跌风险，另类投资还可采用卖空策略；其二，操作方式上，传统投资的投资资金以本金作为约束上限，而另类投资则可以采用杠杆投资策略，以实现以小搏大的投资目的。

较传统投资而言，另类投资的主要优点有：

第一，另类资产多属于新兴行业或领域，未来潜在的高增长将会给投资者带来潜在的高收益；

第二，另类资产与传统资产以及宏观经济周期的相关性较低，大大提高了资产组合的抗跌性和顺周期性。

投资于另类资产的理财产品被称为另类理财产品。

（二）产品风险

在进行另类资产投资时，除承担传统的信用风险、市场风险和周期风险等外，还需承担如下几个方面的风险：

首先，投机风险。任何新兴投资品种的发展初期，都难免会遭受金融家的炒作，另类资产投资更是如此，谨防由投机造成的该类资产价格的过度波动风险。

其次，小概率事件并非不可能事件。对部分另类资产而言，其发生亏损的可能性较小，但小概率事件并非不可能事件，2007 年全球金融危机中 3A 级债券的违约便是实例。

再次，损失即高亏的极端风险。如前所述，虽然部分另类资产发生损失的可能性不大，但一旦发生，产品的损失额度将会很大。与巨灾债券挂钩的巨灾事件（如飓风等）发生的可能性较小，然而飓风造成的损失将是破坏性的，从而将导致产品巨灾债券的巨额亏损。

（三）发展现状

国内的银行理财产品已逐步进入另类理财产品市场，但由于该类产品的投资群体多为私人银行客户，受限于私人银行业务的私密性，另类理财产品的信息透明度较低。大体而言，另类理财产品主要涉及的投资领域有艺术品、饮品（红酒、白酒和普洱茶）和私募股权等。就产品的支付条款而言，有两种主要类型，一是直接投资型；二是"实期"结合型，其主要设计理念为产品到期后投资者可以消费实物资产，也可以获得固定额度的利益。

知识补充 3 – 2　投资银行理财产品的注意事项

1. 收益率：要注意是年化收益率还是累积收益率，是税前收益率还是税后收益率，不同的收益率可能对应不同的最终收益。

2. 投资方向：募集资金投放于哪个市场，投资什么金融产品，将决定产品风险的大小以及收益能否顺利实现。

3. 流动性：在理财产品存续期间，购买者一般不能提前终止交易；少部分理财产品可质押，但须缴纳一定手续费和质押贷款利息。

4. 风险承受能力：投资理财产品前应先评估自身的可承受风险水平及风险偏好，避免片面追求高收益而忽视风险。

5. 信息披露：在购买理财产品后，投资者应及时关注银行披露的理财产品的相关信息。

资料来源：向日葵保险网 http://www.xiangrikui.com 2012 – 09 – 18

步骤二　熟悉并掌握银行代理的理财产品

银行代理服务类业务（以下简称代理业务），指银行在其渠道代理其他企业、机构办理的、不构成商业银行表内资产负债业务、给商业银行带来非利息收入的业务。发展代理业务，不仅有利于完善银行的服务功能，为客户提供更多的金融产品、更好的服务，满足客户需求，稳定和扩大客户资源，同时也有利于充分利用银行的资源来发展中间业务，扩大收入来源。

一、银行代理理财产品销售的基本原则

（一）适用性原则

在销售代理理财产品时，要综合考虑客户所属的人生周期以及相匹配的风险承受能力、客户的投资目标、投资期限长短、产品流动性等因素，为客户推荐适合的产品。总之，要有适合的产品、适合的客户、适合的网点、适合的销售人员。

（二）客观性原则

在向客户推荐产品时，银行从业人员应客观地向客户说明产品的各种要素，让客户在购买产品前对产品类型、特点、购买方式、投资方向、收益预期、市场风险等有全面的了解。

二、银行代理销售基金业务

（一）代销基金产品定义

基金代销指银行接受基金管理人的委托，通过银行营业网点柜台、电话银行、网上银行等渠道为投资人办理基金份额认购、申购和赎回以及相应资金收付的业务。

（二）代销基金产品特点

1. 组合投资、分散风险

基金以组合投资的方式进行运作，客户相当于用很少的资金购买了一揽子投资工具，既可以充分享受到组合投资的收益，又能通过购买不同投资工具有效地分散投资风险。

2. 专业管理

投资基金由专业的基金管理人进行投资管理和运作。基金管理人拥有专业投资研究人员和强大的信息网络，使客户享受到专业化的投资管理服务。

3. 严格监督

国家对基金运作进行严格监管，强制进行信息披露，并且由专门的托管部门对基金运作进行监督，充分保障了客户的利益。

4. 办理手续简便

个人投资人只需携带本人有效身份证件原件和银行卡，机构投资人需携带单位营业执照以及本人有效身份证件原件，到代理银行营业网点即可办理。

（三）适用对象和服务渠道

代销基金产品适用所有拥有闲置资金，并希望在较低风险的条件下获得较高增值机会的投资者。

投资人可在代销银行所有营业网点办理基金代销业务签约、开户、账户登记、认购、申购、赎回、基金转换、基金转托管以及基金查询等全部基金交易。此外，大部分银行都开通了网上银行以及电话银行交易渠道。投资人可通过上述两种渠道办理除基金代销签约业务以外的所有交易。代销银行还在网站上每天公布所销售基金的收益率情况，以方便投资人查询。

> **动动脑**
>
> 认购代销基金签约，个人投资者需带的资料有哪些？

（四）代销基金产品的业务流程

1. 签约

个人投资者需提供银行卡、本人有效身份证件原件，机构投资者需提供银行单位活期存款账户、单位法人及经办人本人有效身份证件原件、法人营业执照正本原件及加盖公章的复印件，填写基金代理销售业务客户签约表。

2. 开户

投资者提供签约时指定的银行卡及本人有效身份证件原件，机构投资者还需提供单位法人及经办人本人有效身份证件原件、法人营业执照正本原件及加盖公章的复印件。填写基金代理销售账户类业务申请表。

3. 认/申购、赎回

客户提供签约时指定的银行卡、本人有效身份证件原件即可办理。大部分代销银行基金认/申购、赎回交易均实行免填单制，投资者只需口述欲认/申购或赎回基金的相关信息，无需手工填写单据。

（五）注意事项及风险提示

（1）如遇到基金巨额赎回，客户资金有可能延期到账，在一定程度上影响资金的流动性。

（2）银行仅代理接受投资人申请办理的基金交易，对该基金的经营业绩不承担任何保证责任。投资人自愿承担投资风险并支付相关费用。

（3）银行仅负责将投资人的申请文件和交易指令传送给基金管理人和注册登记机构，申请文件和交易指令的最终确认与执行由基金管理人和注册登记机构负责，银行不承担确保交易申请成功的责任。

（4）如投资人丢失基金交易使用的银行卡或银行活期存款账户或交易密码，应立即到银行办理挂失手续，如因挂失不及时导致基金交易委托不能正常进行或被他人冒名操作，投资人自行承担后果。

三、银行代理保险业务

（一）代销保险产品的定义

代理保险业务是指银行接受保险公司的委托，代为办理的保险业务。包括代理销售保险产品、代收保险费、代付保险金等。

> **动动脑**
>
> 　银行代销保险产品的特点有哪些？

（二）代销保险产品的特点

1. 办理方便

客户一般可到银行网点办理。

2. 专业服务

客户可接受高素质理财人员的咨询和介绍，得到包括保险在内的综合理财规划服务。

3. 安全便捷

客户可通过银行系统办理自动扣缴保费、代发保险金等服务，安全、可靠、便捷。

（三）代销保险产品的价格和服务渠道

银行代销保险产品一般不向投保人收取代理手续费，投保人应付的保费或应收的理赔金或退保金，根据具体产品由保险公司确定。一般经过商业银行总行的授权，各营业网点都可办理代理保险业务。

（四）注意事项及风险提示

（1）客户应妥善保管办理业务时的缴费凭证及有关委托协议，一旦发现遗失应立即到代销银行的网点办理挂失手续。

（2）办理代收保险费的客户应在代扣账户中留有足够的余额以备划款。

四、银行代理凭证式国债业务

（一）银行代理凭证式国债产品的定义

代理凭证式国债业务是指银行受财政部委托，代为办理发售、兑付凭证式国债的业务。凭证式国债是一种国家储蓄债，可记名、挂失，不能上市流通，以"凭证式国债收款凭证"记录债权，从购买之日起计息。在持有期内，持券人如遇特殊情况需要提取现金，可到购买网点提前兑取。购买凭证式国债起点金额为100元。

（二）银行代理凭证式国债的特点

1. 风险低

凭证式国债是以国家信用为担保发行的，信用等级高。

2. 收益稳定

国债收益是固定利率，保证收益，客户在购买国债的同时就可以计算出自己将获得的收益。

3. 利率高

凭证式国债利率水平一般高于相同期限的定期存款利率。

4. 收益免税

凭证式国债利息收入免征个人利息收入所得税。

（三）银行代理凭证式国债的价格

购买凭证式国债无需手续费，客户若提前支取，手续费按财政部、中国人民银行有关规定执行，凭证式国债利率按财政部公布的利率计息。

（四）银行代理凭证式国债的业务流程

1. 购买

投资人持有效身份证原件及资金到代销银行网点办理，银行经办员向客户开具"凭证式国债收款凭证"。

2. 兑付

如果客户持有的国债未到期急需用款，需持本人或代理人的有效身份证原件和"凭证式国债收款凭证"到原认购网点办理提前兑付，客户按规定支付提前兑付手续费；如果客户到期兑付，需持本人或代理人的有效身份证件和到期的"凭证式国债收款凭证"到原认购网点办理到期兑付，银行经办人员审核相关单据后，结清利息连同本金交给客户。

（五）注意事项及风险提示

（1）只有持有到期才能按约定利率支付，提前兑付按财政部具体规定靠档计息，并收取提前兑付手续费。

（2）"凭证式国债收款凭证"是客户购买国债及到期兑付的重要凭证，客户应妥善保管并设置密码，如果遗失凭证或遗忘密码，应及时携带本人有效身份证原件到购买网点办理挂失手续。

五、银行代理资金信托业务

（一）资金信托代理业务的定义

资金信托代理业务是指银行接受委托，利用自身网点、网络、各种清算手段及客户资源，协助信托投资公司推介其公开对外发售的某项资金信托产品，代其收取委托人申购资金信托产品资金，为信托机构和投资者提供资金划拨以及相关账户服务的行为。

（二）资金信托代理业务的特点

个人投资者可以充分利用代理行广泛的营业网点和便捷的结算优势，丰富自己的投资组合。

（1）可以根据客户的喜好和特性，量身定做信托产品，通过信托集中起来的个人资金，由专业人士进行操作，他们可以凭借专业知识和经验技能进行组合投资，从而避免个人投资的盲目性，以达到降低投资风险、提高投资收益的目的。

（2）投资领域的多元化。根据信托的特点，信托公司是目前唯一准许同时在资本市场、货币市场和实业领域投资的金融机构。投资领域的多元化可以在一定程度上有效降低投资风险，实现投资人收益的最大化。

学思育政3-2　信义义务

信义义务是一个具有原则性且含义较广的概念，它包含了受益人利益最大化、诚实守信、忠实、谨慎、善良管理等理念，其本质是对受托人的责任进行严格要求以实现受益人利益最大化。信托受托人的信义义务究竟是一种法定义务还是合同义务？理论和司法实践中均持有不同的观点。有观点认为，信托受托人的信义义务是法定义务，故无论信义义务是否在信托文件中有明确的约定，只要受托人违背了法律法规规定的信义义务，均需要向委托人或受益人承担侵权赔偿责任。

（三）主要业务流程

（1）银行与信托公司签署《信托资金代理收付协议》。

（2）银行为信托公司开立信托专户或信托资金归集账户。

（3）银行为个人投资者开立银行借记卡。

（4）银行根据《信托资金代理收付协议》的约定，办理代理收付业务。

（5）其他委托事宜处理。

> **动动脑**
>
> 资金信托代理向客户提示的风险有哪些？

（四）风险提示

（1）信托计划不承诺保本和最低收益，具有一定的投资风险，适合风险识别、评估、承受能力较强的合格投资者。

（2）个人投资者需在投资前仔细阅读相关信托文件，银行只承担代理资金收付责任，不承担信托计划的投资风险。

（3）个人投资者办理认/申购信托资金手续时提供的银行借记卡将用于信托资金和信托收益的划拨，请妥善保管，在信托计划终止清算手续完成前请勿销卡，如遇卡丢失请及时办理挂失手续。

六、银行代理黄金业务

（一）银行代理黄金的定义

代理实物黄金买卖业务是指代理银行与黄金企业签订合作协议，利用银行网点代理黄金企业向客户进行实物黄金产品的销售和购回的业务。

（二）银行代理黄金业务的种类

1. 条块现货

投资黄金条块因其规格大小而有不同的门槛，有保存不便和移动不易的缺点，且安全性差。

> **动动脑**
>
> 银行代理黄金业务的种类有哪些？

2. 金币

金币有两种，纯金币和纪念币。纯金币可以收藏也可以流通，价格随国际金价波动。纪念币的价值受主题和发行量的影响较大，因此和鉴赏能力、题材炒作等高度相关，和金价的关联度反而不高。

3. 黄金基金

黄金基金投资是将资金委托给专业经理人全权处理，用于投资黄金类产品，投资成败关键在于经理人的专业知识、操作技巧和信誉。属于风险较高的投资方式。

纸黄金和实物
黄金的区别

4. 纸黄金

银行纸黄金让投资者免除了储存黄金的风险，也让投资者有随时提取所购买黄金的权利，或者按当时的黄金价格，将账户里的黄金兑换为现金，纸黄金通常也被称为"黄金存折"。

（三）产品特性及优势

（1）实物黄金具有商品和金融的双重属性，既可做馈赠、收藏之用，又是实现资产保值增值的重要投资产品，具有独特保值功能，是抵御通货膨胀的利器。

（2）流动性强，可在银行柜台方便进行变现，附加成本低，变现损失小。

（3）价格公开透明，紧贴国际金价走势。

（四）银行代理黄金业务的流程

1. 购买程序

（1）客户通过开办网点黄金产品展示柜或产品宣传手册选定黄金产品。

（2）客户填写并提交购买凭证，银行查询加工费用标准和当日卖出价，并提交业务系统处理。

（3）客户与银行办理款项结算，银行登记黄金产品信息并将黄金产品和发票交付客户。

2. 购回程序

（1）客户携带原始购买凭证、发票、鉴定证书、购回证书、银行借记卡及包装和防伪标志完好的黄金产品到银行开办网点柜台，填写黄金购回凭证，并将凭证和黄金实物提交银行经办人员。

（2）银行按照企业规定的鉴定程序进行黄金产品购回鉴定，对符合购回标准的黄金产品予以收取并进行登记。

（3）银行查询当日买入价并提交业务系统处理。

（4）银行与客户办理款项结算。

知识补充 3 - 3 什么理财产品收益高又安全？介绍四类理财产品

一、智能存款

智能存款的发行方一般是直销银行或者民营银行，本质上它也是银行存款产品。如何"智能"呢？它的计息方式比较灵活。下面拿微众银行智能存款来举例。

微众银行智能存款产品的存期是 5 年，可以提前支取。存期不满 1 个月支取，支取利率 2.8%；存期超过 1 个月，支取利率 4%；存期超过 3 个月、6 个月、1 年，都有相应的支取利率标准，最高为 4.5%。智能存款的优点是安全性高，而且存取灵活，预期收益比较高，能根据存期灵活变动。

二、现金管理产品

现金管理产品是民营银行的产品。这类代表产品有富民银行的"富民宝"、网商银行的"定活宝"、百信银行的"智惠存"。这类现金管理产品的底层资产是银行定期存款，支持投资人提前支取，而且提前支取利率也很高。这类产品兼具安全性、预期收益率和流动性特点，是比较合适的活期理财产品，预期收益率普遍在4%以上，京东金融银行精选有多款这类产品。

三、银行 T+0 理财

银行 T+0 理财相当于银行理财（活期版），它的特点是当日起息，存取灵活，预期收益率普遍比"宝宝"贷基要高，平均在3.5%以上。不过首次购买这类产品要到银行网点面签，而且它的起购门槛最低为5万元，限制条件比较多。

四、短债基金

预期收益受市场行情影响较大。2023年债市行情不错，所以短债基金很受欢迎。热销的基金，近1年的涨幅普遍在5%以上。不过债券基金短期内有净值波动风险，长期预期收益时高时低，预期收益稳定性不如上述前三类产品。

资料来源：https://www.cnq.net/licai/11372.html

任务三　配置合适的银行理财产品

❀ 任务描述

银行理财产品的配置主要是了解购买银行理财产品所考虑的因素，会熟练解读银行理财产品说明书的关键条款，熟悉进行银行理财产品的申购和赎回的流程，并能熟练操作。

步骤一　了解购买银行理财产品应考虑的因素

一、选择银行理财产品应考虑的关键因素

银行理财产品不同于存款，在银行向市场销售债券和票据产品后，将银行理财产品转售给个人投资者，通过和购买者订立合同，承诺到期还本付息，给投资者提供高于目前存款利率的收益水准。因此，银行理财产品受到广大投资者的热烈追捧。投资者投资理财产品，应该综合考虑各种产品的流动性、风险性和收益性，根据自身需求选择最适合自己的产品。

（一）考虑最低额度和产品的类型

一般银行理财产品都有最低认购额度要求。同时，银行的理财产品有的属于固定收益型，有的属于浮动收益型；有的是保证收益型，有的是非保证收益型。值得注意的是：保证收益型产品是银行理财产品中风险最低的。非保证收益型说明产品的收益是浮动的，它能给客户带来更多的收益，但同时其风险也比保证收益型的大一些。

（二）考虑产品的挂钩对象

产品的挂钩对象就是产品投资的方向和范围。如果一个投资者看好了相关的投资领域，但却因为一些其他原因而导致无法进行投资，那他就可以直接挂钩这些领域的理财产品。

（三）考虑产品投资期限和资金到账时间

银行理财产品的期限一般是 3 个月、3 年、5 年。一般而言，投资的期限越长，收益就越高。如果投资者拥有银行的短期理财产品，产品到期时，不同银行的资金到账时间也是不同的，所以投资者应尽可能地提前几天支付。

（四）考虑产品的流动性，注意提前终止权

投资者要弄清楚，终止权掌握在银行手中还是在自己手中。若由银行掌握终止权，则产品的收益相对会高一些，但投资者就丧失了主动权；若终止权在投资者手中，投资者可以提前行使终止权利，产品的收益率就会相对低些。因此，如果投资者对资金的流动性要求很高，在选择银行理财产品时需要注意这些条款。

（五）考虑理财产品的风险

任何投资都是有风险的。投资者在购买理财产品时一定要有风险意识，慎重策划自己的理财方案。即投资者必须面对加息后的利率风险。如果央行加息，定期储蓄存款利率调高，那么获得购买人民币理财产品的收益可能要面临低于未来的储蓄收益的风险，产品流动性风险不可忽视。人民币理财计划往往有期限限定，在理财期内投资者不能提前取出，存在再投资风险。市场不断在调整，新的投资品种不断涌现，投资者购买人民币理财产品的机会成本较高，虽然银行的信用风险几乎为零，但也是存在的。

二、解读理财产品说明书的关键条款

（一）投资方向和风险等级

一般在银行的理财产品说明书上，列明了该产品的投资方向、风险等级及其比例。例如某大型商业银行的一款"个人保本型人民币理财产品"的产品说明书中写到，该产品主要投资于银行间债券市场发行的各类债券、货币市场基金、债券基金、存款等货币市场投资工具，以及符合监管机构要求的债券类资产、权益类资产、其他资产或资产组合。

另外，有的说明书中也会写明"风险提示"，不同产品的风险不同，回报收益率也有差异。例如某股份制银行将理财产品风险评级分为五级，其中第一级风险水平最低，预期收益受风险影响很小，适合无投资经验、风险承受能力低的稳健型投资者；而第五级风险水平最高，产品不保证不损失本金，但预期收益较高，适合有投资经验、风险承受力较高的进取型投资者。

投资策略：产品的收益情况实际上是基于投资环境和投资方向而言的。一般在统一投资期和投资环境下，可以遵循"风险与回报成正比"的原则，根据投资方向和风险等级综合选择适合自己的理财产品。

（二）提前赎回

理财产品的提前赎回，一般分两种：一是投资者与银行均无提前终止权，因此不能提前赎回；二是客户可以提前赎回，这种赎回权利还可进一步细分为支持随时赎回和只可以在某一规定时间赎回。该款产品即为投资者有权提前赎回但要支付相关费用的类型。

在选择投资品种时，首先要对资金的利用时间有一个明确的估计。对个人投资者而言，

银行理财产品的期限一般不宜过长，投资者应认真考虑流动性问题，如在购买银行理财产品后是否享有提前赎回权等。这样，投资者在银行理财产品亏损时能找到及时止损的机会，同时在银行理财产品市值直线上升时投资者可兑现收益，及时落袋为安。

投资策略：提前赎回需要支付相关的费用，同时不再享受到期保本或保证收益的权利。如果一笔费用的成本过高，甚至超出了投资期的投资收益，投资者要慎重考虑。如果真有资金流动的迫切需求，可以向银行咨询该产品有无质押贷款等增值业务。

（三）认购期

认购期即理财产品发行的时间。认购期投资者的本金一般是按活期利息计算的。一般来说，如果已经购买了理财产品，在认购募集期内是不允许撤单的。资金投资期限不确定的投资者要特别关注认购募集期是否具有能够撤单这个条件。

投资策略：银行理财产品的认购期有的较长，10~20天，也有的比较短，仅维持几天。对于认购期较长的产品，投资者可以考虑清楚后再购买，给自己多一些时间斟酌一下，同时也可以进一步观察其投资方向的市场走势。另外，

📖 **动动脑**

理财产品认购期的投资策略是什么？

如果投资金额比较大，可以做一个7天通知存款或购买货币市场基金几天，利用时间差，赚取一笔不错的投资收益。

（四）实际收益和预期最高收益率

随着利率的不断攀升，理财产品的收益率也在提高。但统计数据显示，近年来有相当比例的理财产品并未达到最高预期收益率。有不少投资者都会发出这样的抱怨："明明宣传的收益率有8%，为什么到手时只有5%呢？"其实理财宣传单一般提到的是"预期收益率"或者"最高预期收益率"，而不是实际收益率。"收益率"预测的可靠性取决于其预测模型中的变量、测算数据来源以及计算方式。

**银行理财产品
收益计算方式**

一般来说，预期收益率按目前各类资产的市场收益水平计算，该资产组合的预期年化收益率要扣除理财投资管理费、托管费等费用，产品到期后，若所投资的资产按时收回全部资金，则客户可获得预期最高年化收益率。预测收益不等于实际收益。预期期末收益＝投资本金×预期年化收益率÷365×实际存款天数。

投资策略：由于资本市场的变化，理财产品到期时的实际回报往往会低于预期，甚至出现负收益。因此，投资者可以选择自己比较了解的投资市场，并通过对相关理财产品"预期收益率"的分析，自行判断其可靠性。不可将理财当成存款看待，而产品中提及的预期最高收益率不代表实际收益率。

（五）终止条款

与提前赎回条款不同，终止条款更容易让投资者吃亏。一些理财合同中设计有"在特殊情况下，本行有权单方面提前终止理财产品运营"的条款，会让投资者的理财产品莫名"被终止"。假设一款半年期的银行信托理财产品的预期年化收益率为5%，那么一笔20万元的投资，原本在到期时可获得5 000元的回报，但是如果理财产品在投资3个月时提前终止，那么投资者的实际回报就只有预期的50%，也就是2 500元。

投资策略：银行的提前终止权相当于投资者卖给银行一个期权。因为关系到投资者放弃了根据市场状况调整资金投向的权利，因此投资者在卖出期权后，享受到比无银行提前终止

权的同类产品高的收益率，高出的部分实际上就相当于期权费。有极少数理财产品设计了投资者的提前终止权，但是这仅相当于银行向投资者出售了一个期权。

步骤二　掌握银行理财产品的申购和赎回

一、银行理财产品的申购

以在光大银行柜台购买产品为例，说明银行理财产品的申购步骤。柜台购买步骤如图 3-1 所示。

步骤一　预约理财经理并携带相关的证件
　客户需持本人有效身份证原件、理财资金（卡、折或现金）。由他人代办的，代表人须持本人及代理人有效身份证原件和委托授权书

步骤二　进行风险属性测评，并与理财经理沟通投资意愿
　在理财经理的指导下，完成风险属性测评问卷，计算出自己的风险承受能力，并与理财经理充分沟通自己的理财背景、投资意向，理财经理将根据客户的实际情况提出合理化方案

步骤三　详细了解所推荐理财产品的收益、结构及风险
　客户要仔细阅读产品说明书，并请理财经理做进一步解释，确保明白产品的结构、提前终止要求、保本水平、收益实现条件、面临的风险、产品信息的查询途径及其他各项要素。对于风险评级较高的产品，要完成针对此产品设计的适合度问卷，再次测试客户对此产品重要信息的知晓程度和适合度

步骤四　签署产品说明书及协议书，完善／更新联系方式
　在确认充分了解产品的各项信息后，按照监管部门要求，客户需抄录知晓产品风险的声明，并对产品说明书及协议书签字确认（风险度较高的产品需要进行产品说明书的角签）。客户在购买理财产品前，尽可能准确和全面地留下联系方式，老客户在个人信息发生变更后，也要主动提醒理财经理做变更

步骤五　去柜台办理相关业务，并对回单上的信息进行再次确认
　客户需持本人签字的产品说明书（二份）、协议书（一式三联）及身份证原件、理财资金到柜台办理购买手续。并对柜员返回的产品说明书和协议书等回单上的信息进行再次确认，确保返回文件盖章完整、份数齐全且信息无误后再离开网点

图 3-1　柜台购买步骤

二、银行理财产品的赎回

以中国民生银行客户提前赎回流程为例，说明银行理财产品的赎回。

（1）客户在产品规定的赎回日内有权赎回产品，于规定赎回申请日持产品合约及签约民生卡，填写个人理财业务申请书，并在原签约网点办理赎回申请，一旦提交申请将不能撤销。

（2）客户按照协议规定的赎回价格收回理财资金（大于或小于理财本金），若产品合约约定只能全额赎回，则产品合约终止；若产品合约约定允许部分赎回，则产品合约继续有效，赎回金额将于协议规定日划入客户的签约账户。

（3）银行柜员在收到客户提交的产品合约、签约民生卡、个人理财业务申请书和有效证件后，验明客户身份，在理财协议上注明"全额赎回"或"部分赎回（赎回金额）"字样并加盖储蓄业务公章。随后，在综合业务系统中完成赎回申请设置（需验证客户卡密码）。

（4）系统自动打印一式两联"申请书"。

（5）银行柜员将"申请书"的第二联返还客户，"申请书"的第一联连同客户理财协议作为传票归档。

三、银行理财产品的配置案例分析

案例：

黄先生今年 32 岁，在某市某大型企业工作，太太是医院医生，两人年薪超过 25 万元。目前已交清房产按揭贷款，拥有一辆经济型轿车。清点了当前家庭流动资金，共有 30 万元"闲钱"，存在活期账户上。未来几个月时间里，他们购买什么产品比较适合？

分析：

黄先生家有存款 30 万元，一年 30 万元既是家庭的流动资产，也是建立在有房有车的基础上的"闲钱"，数额不多不少，需要进行合理的多元规划，兼顾风险与收益。

目前的经济形势下不确定性因素较多，黄先生更应关注投资灵活性，预留一部分资金"机动"，准备随时投入到形势明朗的领域。由于黄先生家庭成员年轻、工作稳定，未来半年可以采取稳健偏向进取的理财方式。30 万元资金可做如下规划：8 万元购买货币基金或纸黄金，作为"机动"资金（或家庭应急准备金），随时准备追加到股市、偏股基金上去；12 万元购买偏债型基金；10 万元购买银行理财产品。

在货币政策趋向宽松的情况下，偏债基金的投资价值大幅提高，维持 4% 以上的年化收益率并不成问题；而银行理财产品也属于稳健型产品，投资期限不一，建议黄先生选择 6 个月期限产品，提高理财灵活性。

方案选择：

（1）银行理财产品。建议购买小型商业银行发行的浮动利率型产品，6 个月期限产品为主。

（2）偏债型基金。建议购买大型基金公司的、历史成交较好的基金。

（3）货币基金与纸黄金。建议少量购买，两者变现容易，可以提高理财灵活性，产品类型并无特别限制。

专家建议：

1. 要算理财产品的投资"性价比"

产品与产品相比较，偏债基金、混合型基金、黄金与银行理财产品，是目前投资"性价比"较高的产品，也较贴合年轻家庭的理财风格。而对于前期已经拥有较多定期存款、购买了较多国债的家庭，因货币政策趋向宽松，前期利率反而较高，建议仍持有这些产品，不必盲目售出。

2. "闲钱"有多少，是决定投资分配的重要因素

如果数额较大，超过 20 万元，则建议多元投资，风格可以稳健，也可以稳健偏向进取。如果数额较小，只有 5 万 ~ 15 万元，则建议集中投资，且购买稳健风格的理财产品，因为小资金分散投资费时费力，与年轻投资者的生活步调并不吻合。

项目小结 〉〉〉〉

（1）我国银行理财市场的发展经历了萌芽期、发展期、低迷期、恢复并高速发展期。市场的发展趋势表现为混业化、投资组合、动态管理类产品增多、POP 模式的逐步繁荣和另类投资的逐步兴起。

（2）银行理财产品是由商业银行自行设计并发行，将募集到的资金根据产品合同约定投入相关金融市场，购买相关金融产品，获取投资收益后，根据合同约定分配给投资人的一类理财产品。银行代理理财产品是指商业银行代销的由其他金融机构经营的金融产品。银行理财产品由产品开发主体、产品目标客户和产品特征三大要素组成。银行理财产品飞速发展，产品种类丰富。

（3）当前市场上较为常见的理财产品按照投资对象主要分为以下几种：货币型理财产品、债券型理财产品、股票类理财产品、组合投资类理财产品、结构性理财产品、QDII 基金挂钩类理财产品、另类理财产品和其他理财产品。

（4）银行代理理财产品必须坚持实用性、客观性原则。代理基金销售、代理保险、代理凭证式国债、代理资金信托和代理黄金业务等必须使客户明白产品特点、业务流程、注意事项和风险提示等。

（5）选择银行理财产品应考虑最低额度、产品类型、产品挂钩对象、投资期限和资金到账时间、产品流动性、提前终止权以及理财风险等关键因素。理财产品说明书的关键条款包括投资方向、风险等级、提前赎回、认购期、实际收益、预期最高收益率和终止条款等。

知识巩固 〉〉〉〉

一、单项选择题

1. 2013 年 1 月 1 日起施行的（　　），对商业银行流动性提出正式法律要求。

A.《商业银行资本管理办法》

B.《商业银行个人理财产品暂行办法》

C.《商业银行个人理财业务风险管理指引》

D.《基金管理公司特定客户资产管理业务试点办法》

2. 商业银行代销的由其他金融机构经营的金融产品是（　　）。

A. 银行理财产品　　　　　　　　　B. 银行代理理财产品

C. 银行存贷款类产品　　　　　　　D. 银行投资类产品

3. 根据监管要求，理财产品的销售起点金额不得低于（　　）万元人民币（或等值外币）。

A. 1　　　　　　B. 3　　　　　　C. 5　　　　　　D. 10

4. 产品结构简单、投资风险小、客户预期收益稳定，是（　　）理财产品的特点。

A. 货币型　　　　B. 债券型　　　　C. 组合投资类　　　D. 结构型

5. 购买凭证式国债起点为（　　）元。

A. 10　　　　　　B. 50　　　　　　C. 100　　　　　　D. 1 000

二、思考题

1. 什么是银行代理的理财产品？主要包括哪些？

2. 银行理财产品的收益类型特征是什么？

3. 组合投资类理财产品的优势有哪些？

4. 银行代理凭证式国债和代理保险的价格如何？

5. 银行代理黄金业务种类有哪些？

能力提升 ▶▶▶▶

　　五十多岁的许巍先生与太太均为中学教师，拥有十余年的教学经验。收入和各项福利比较稳定，除了必要的生活开支外，二人的消费水平并不高。此外，家中无债务，没有儿女。许先生和太太虽然不从事金融行业，但对投资饶有兴趣。许先生和太太靠教学收入、投资获利购置了两套房产。

　　许先生家庭资产负债状况如下表所示：

许先生家庭资产负债表　　　　　　　　单位：万元

家庭资产		家庭负债	
活期及现金	5	房屋贷款	0
定期存款	0	其他贷款	0
基金	15		
股票	35		
房产（自用）	298		
合计	353		
家庭资产净值		353	

　　请对徐先生家庭进行银行理财产品配置。

项目评价 ▶▶▶▶

知识巩固与技能提高（40 分）			得分：
计分标准： 得分 = 2 × 单选题正确个数 + 3 × 思考题个数 + 能力提升题得分（能力提升题满分 15 分）			
学生自评（20 分）			得分：
计分标准：初始分 = 2 × A 的个数 + 1 × B 的个数 + 0 × C 的个数 得分 = 初始分/22 × 20			
专业能力	评价指标	自测结果	要求 （A 掌握；B 基本掌握；C 未掌握）
认知银行理财产品市场	1. 我国银行理财产品市场的发展状况和趋势 2. 银行理财产品市场上的产品种类 3. 银行理财产品的构成要素	A□ B□ C□ A□ B□ C□ A□ B□ C□	能够了解我国银行理财产品市场的发展状况和趋势，掌握银行理财产品市场上的产品种类，熟悉银行理财产品的构成要素
分析银行理财产品	1. 不同银行理财产品的特点 2. 银行代理理财产品的特点、销售渠道 3. 银行代理理财产品的业务流程、注意事项和风险提示	A□ B□ C□ A□ B□ C□ A□ B□ C□	掌握不同银行理财产品的特点、面临的主要风险和投资方向，熟悉并掌握银行代理理财产品的特点、销售渠道、业务流程、注意事项和风险提示
配置合适的银行理财产品	1. 购买银行理财产品要考虑的因素 2. 解读银行理财产品说明书的关键条款 3. 银行理财产品的申购和赎回的流程	A□ B□ C□ A□ B□ C□ A□ B□ C□	熟悉购买银行理财产品考虑的因素，会熟练地解读银行理财产品说明书的关键条款，熟悉进行银行理财产品申购和赎回的流程并能熟练操作
职业道德思想意识	1. 诚信道德 2. 风险意识	A□ B□ C□ A□ B□ C□ A□ B□ C□	培养诚信精神，把诚信道德转化为情感认同和行为习惯；培养风险意识，树立正确的风险规避意识

小组评价（20 分）			得分：
计分标准：得分 = 10 × A 的个数 + 5 × B 的个数 + 3 × C 的个数			
团队合作	A□ B□ C□	沟通能力	A□ B□ C□

教师评价（20 分）		得分：
教师评语		
总成绩	教师签字	

项目四　熟悉和开展保险理财业务

学习目标

知识目标

1. 了解风险及风险管理的概念；
2. 熟悉人身保险和财产保险概念；
3. 掌握家庭面临的责任保险。

能力目标

1. 能判断家庭面临的风险；
2. 能应用人身保险产品；
3. 能应用家庭财产保险产品；
4. 能够独立介绍责任保险；
5. 把握家庭保险理财的方向和重点。

素质目标

1. 正确认识风险，树立风险意识；
2. 正直诚信的职业道德准则。

学习导航

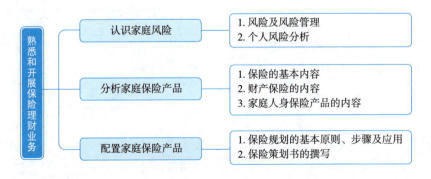

知识链接：保险是国民经济的重要产业和社会管理的重要工具

保险业具有损失补偿与风险管理功能。二十大报告提及：我国所取得的病有所医、老有所养建设，建成世界上规模最大的社会保障体系、医疗卫生体系。基本养老保险覆盖十亿四千万人，基本医疗保险参保率稳定在百分之九十五等成果，都离不开保险功能的发挥。保险是我国民众获得感、幸福感和安全感的重要金融载体和社会管理媒介，为我国民众未来"更加充实、更有保障、更可持续"继续发挥重要作用。我国未来发展面临一系列困难和问题，都需要依靠保险发挥自身优势，帮助经济主体解决相关的风险分摊问题。

保险的核心是管理与分摊风险。二十大报告描绘了我国到 2035 年发展的总体目标，指引着我国未来经济、社会、军事、教育、文化等不同领域发展的方向与目标，同时也指出我国发展进入战略机遇和风险并存、不确定性因素增多的时期，各种"黑天鹅""灰犀牛"事件随时可能发生。保险行业应该运用自身的风险管理特长帮助党、国家和社会居安思危、未雨绸缪，在风险降低、风险预警、风险转移和风险补偿等方面发挥作用。

任务一　认识家庭风险

❀ 任务描述

认识家庭风险主要是了解风险和风险管理的概念，熟悉风险管理的程序，分析影响个人风险偏好的因素，以及针对家庭所面临的风险进行分析，也是开展保险理财业务的基础。

步骤一　风险及风险管理

在人类的生存和生活环境中，存在着各种各样的风险。人们不但会遇到地震、台风、洪水等自然灾害，使自身财产遭受损失，还面临着老、病、死、伤、残等对身体或生命方面造成的损害。因此，如何正确认识人类面临的风险对减少损失或损害具有重要的现实意义。

一、风险概述

（一）风险的含义

要研究风险，首先要知道什么是风险。风险有广义和狭义两种定义。广义的风险一般是某种事件发生的不确定性。只要某一事件的发生存在着两种或两种以上的可能性，那么该事件即存在着风险。风险既可以是积极结果即盈利的不确定性，也可以指损失发生的不确定性。商业投资就

> **动动脑**
> 生活中你都面临哪些风险？

有三种可能：赚钱、赔钱和保本。这三种可能就是风险的不确定。还有受教育问题。受教育不仅必要而且明智，会让人受益终身，但教育到底能够为受教育者带来多大的受益又是无法计量的。它不仅与受教育者个人因素有关，而且与受教育者的机遇等外在因素有关。这都可以看作是收益的风险。

狭义的保险是指危险，即不幸事件发生的不确定性，如地震、火灾、洪水等灾害只会带来损失的风险。该定义包含三层含义：一是风险是随机事件，即风险事故可能发生也可能不发生；二是风险事故发生仍具有不确定性，即风险发生的时间、地点、损失程度都是不确定的；三是风险发生结果是造成损失。

（二）风险的特征

风险的特征是风险本质的外在表现。只有正确认识风险的特征，才能准确理解风险的概念，建立和完善风险管理机制。

1. 客观性

风险的存在不以人的意志为转移。尽管人们在一定时间和空间内可以发挥主观能动性改变风险存在和发生的条件，进而降低风险发生的频率和损失程度，但绝对不可能消灭风险。例如，自然界的地震、台风、瘟疫、洪水、战争、冲突、意外事故等都是独立于人的意识客观存在的。风险的客观性，决定了进行风险识别并采取诸如保险之类化解风险的措施，对任何团体与个人都具有必要性。

2. 普遍性

风险的普遍性表现在风险无处不在、无时不在。自从人类出现后，就面临着各种各样的风险。随着科学技术的发展、生产力的提高、社会的进步以及人类的进化，会产生新的风险，且风险事故造成的损失也越来越大。当今社会，个人面临着老、病、死、意外伤害等风险，企业面临着自然风险、意外事故、市场风险、技术风险和政治风险等，甚至国家和政府机关也面临着各种风险。总之，风险深入到社会、企业、个人生活的方方面面，正是由于这些普遍存在的对人类社会生产和人民的生活构成威胁的危险，才有了家庭进行保险理财的必要性。

3. 损害性

风险的发生必然造成一定程度的直接经济损失和特殊的经济需要。特殊的经济需要是指人们因疾病、伤残、失业等原因暂时或者永久丧失劳动能力后所需要的医疗、生活费用，以及死亡所需的善后费用和遗嘱的赡养费用等。

4. 偶然性（不确定性）

风险及其所造成的损失总体上来说是必然的、可知的，但在个体上却是偶然的、不可知的，具有不确定性。例如火灾，总体来说，所有的房屋都存在发生火灾的可能性，而且在一定时间内总会发生火灾，必然造成一定数量的经济损失。这种必然就是我们前面提到的风险的客观性。但是，具体到一幢房屋是否发生火灾、什么时候发生、损失程度如何都是不确定的。

5. 可测性

个别风险的发生是偶然的、不可预知的。但通过对大量风险事故的观察发现，风险往往呈现出明显的规律性。运用统计方法去处理大量相互独立的偶然风险事故，其结果可以比较准确地反映风险的规律性。根据以往大量资料，利用概率论和数理统计的方法可测算出风险事故发生的概

动动手

　　查一查你所在地区的生命表。

率及其损失程度，并且可设计出损失分布的模型，成为风险估测的基础。比如，死亡对于个别人来说是偶然的不幸事件，但是通过对某一地区人的各年龄段死亡率的长期观察统计，就

可以准确地编制出该地区的生命表，从而可测算出各个年龄段人的死亡率。

6. 可变性

风险会因时间、空间、环境的发展而有所发展与变化。这些变化主要表现在三个方面。

（1）质的转变。例如，在汽车未普及之前，因遭遇车祸而发生风险损失的可能性很小，当时车祸风险是特定风险。步入现代社会后，汽车已成为主要交通工具，交通事故的发生就成了非常普遍的事件，车祸便转化为人类社会的基本风险。

（2）量的转变。随着人们对风险认识的提高和管理措施的完善，某些风险在一定程度上得以控制，可降低发生的频率和损失程度。如利用防火性能好的建筑材料修建房屋，可降低火灾发生的频率。即使发生火灾，火势也可以得到一定程度的控制，从而降低损失程度。

（3）种类的转变。随着科技的发展、社会生产力的提高和自然、社会环境的改变，人们会面临某些风险的消失，但同时也会有一些新的风险产生。如电灯发明之前，人们使用油灯照明，面临的是燃烧着的油灯被打翻而发生火灾的风险。使用油灯之后，油灯引发火灾的风险消失了，但由于电源的不安全导致火灾的风险产生了。汽车的出现使道路交通事故成了"公害"，飞机的产生使人类面临的风险扩展到了天空。

（三）风险的分类

划分风险的种类，有助于我们更好地识别风险和管理风险。风险的分类通常包括以下几种：

1. 按照风险产生的原因划分，风险可以分为自然风险、社会风险、政治风险、经济风险和技术风险

（1）自然风险。自然风险是指自然力的不规则变化使社会性生产和生活等受到威胁的风险。地震、火灾、水灾等自然现象是经常的、大量发生的。在各种风险中，自然风险是保险承保最多的风险。

（2）社会风险。社会风险是指由于个人或团体的行为或不行为使社会生产及人们的生活受到损失的风险。如人的过失行为、不当行为及故意行为等都有可能对他人的财产或身体造成损失或伤害。

（3）政治风险。政治风险又称为国家风险，是指在对外投资和贸易过程中，因政治原因或订约双方所不能控制的原因，债权人可能遭受损失的风险。如进出口贸易因发生战争、内乱而中止货物进口引发的损失；因进口国实施进口或外汇管制，对输入货物加以限制或禁止输入而造成的损失等，都属于政治风险。

（4）经济风险。经济风险是指在生产和销售等经营活动中，由于受各种市场供求关系、经济贸易条件等因素变化或经营者决策失误，对前景预期出现偏差等导致经营失败的风险。比如企业生产规模的增减、价格的涨落和经营的盈亏。

（5）技术风险。技术风险是指伴随着科学技术的发展、生产方式的改变而对人们生产与生活产生威胁的风险。如核辐射、空气污染和噪音等。

2. 按照风险的性质划分，风险可以分为纯粹风险和投机风险

（1）纯粹风险。纯粹风险是指只有损失机会而无获利可能的风险。其所致的结果有两种：损失和无损失。自然灾害和意外事故的发生、人的生老病死等现象的发生，都属于纯粹风险。

（2）投机风险。投机风险是指既可能产生收益也可能造成损失的不确定的状态，其可能产生的结果有三种：损失、无损失和盈利。例如赌博、股票的买卖等都属于典型的投机风险。

3. 按照风险损害的对象划分，风险可以分为财产风险、人身风险、责任风险和信用风险

（1）财产风险。财产风险是个人、家庭或企业对其所有的、适用的和保管的财产发生贬值、损毁或灭失的风险

（2）人身风险。人身风险是指可能导致人的伤残、死亡的风险。这些风险会造成人们经济收入的减少或支出的增加，影响本人或其所赡养的亲属生活的安定。

（3）责任风险。责任风险是指个人或团体因行为的过失，造成他人的财产损失或人身伤害，依据法律、合同或道义应负的经济赔偿责任的风险。

（4）信用风险。信用风险是指人们在经济交往中，权利人和义务人之间由于一方违约或犯罪而导致对方经济损失的风险。

二、风险管理概述

随着社会生产力的飞速发展，现实生活中大量风险事故的发生造成了巨大的人身和财产损失，特别是大量纯粹风险造成的后果更为严重。如何减少风险造成的损失、对风险实施有效的控制和管理、获得最大的安全保障已是人类考虑的重要课题，风险管理也就成为人类生存必须要采取的措施。

推动风险管理发展的两大历史事件

1948年，美国钢铁工人工会与厂方就养老金和团体人身保险等损失问题进行谈判。厂方不接受工会所提出的条件，导致钢铁工人长达半年之久的罢工。

1953年，美国通用汽车的密歇根州得佛尼的一个汽车变速箱工厂因发生火灾而损失惨重。

罢工和火灾提醒人们，科学技术迅猛发展的同时，我们要重视科学技术所带来的巨大风险，重视对引起事故的各种风险因素进行科学、规范的分析和管理。

这两大历史事件引起了美国政界与学术界对风险管理的高度重视，从而推动了风险管理理论的进一步发展。

（一）风险管理的定义

风险管理是研究风险发生规律和风险控制技术的一门新兴管理学科，各管理单位通过风险识别、风险估测、风险评价，并在此基础上优化组合各种风险管理技术，对风险实施有效的控制，妥善处理风险所导致的后果，期望达到以最小的成本获得最大安全保障的目标。

（二）风险管理的程序

风险管理是一个连续的过程，包括风险识别、风险估测、风险评价、选择风险管理技术和风险管理效果评价等环节。

1. 风险识别

风险管理的第一步是对风险进行识别，是指企业对面临的以及潜在的风险加以判断、归类，以及鉴定风险性质的过程。风险识别是风险管理的基础，也是较为复杂和困难的工作。企业面临的风险是多种多样、错综复杂的。有现实的，也有潜在的；有内部的，也有外部的。有的是明显的，有的则是容易被忽视的。所有的这些风险是否在一定时期和某一特定条件下客观存在，存在的条件是什么，以及损害发生的可能性等，这些问题都要在风险识别环节中予以解决。风险识别主要包括感知风险和分析风险。前者靠感性认知和经验判断，后者需要利用科学的方法进行分析，归类整理。

2. 风险估测

风险估测是指在风险识别的基础上，通过对收集的大量详细损失资料加以分析，运用概率论和数理统计办法，估测和预测风险发生的频率和损失程度。风险频率是指一定时期内一定规模的风险单位可能发生损失的次数。损失程度是指一次事故可能造成损失的大小。风险估测是对风险进行量化分析，为风险管理者进行风险决策，为最佳风险管理技术提供可靠的科学依据。

3. 风险评价

风险评价是指在风险识别和风险估测的基础上，把风险发生的概率、损失严重的程度，结合其他因素综合起来考虑，得出系统发生风险的可能性及其危害程度，并与公认的安全指标进行比较，确认系统的危险等级，并决定是否需要采取相应的措施，以及采取何种程度的控制措施。风险评价是通过定性、定量分析风险的性质以及比较处理风险所支出的费用，来确定风险是否需要处理和处理的程度。

4. 选择风险管理技术

选择风险管理技术是风险管理的第四步，也是最为重要的环节。它是根据风险评价结果，为实现风险管理目标选择并实施最佳风险管理技术。风险管理技术分为控制型和财务型两大类。前者的目的是降低损失频率和减少损失程度，重点在于改变引起意外事故和扩大损失的各种条件。后者的目的是以提供基金和订立保险合同等方式，消化发生损失的成本，即对无法控制的风险所做的财务安排。

5. 风险管理效果评价

风险管理效果评价是指对风险管理技术适用性及其收益性情况的分析、检查、修正和评估。在风险管理过程中会遇到很多问题。如随着时间和环境的变化，新的风险因素会不断出现，旧的风险因素会消失。过去对付风险有效的方法，现在看来却未必有效，还有人为的失误等，都会影响风险

保险管理的技术

管理的成效。通过对风险管理效果的评价，可以使风险管理者及时发现错误、纠正错误、减少成本，控制计划的执行，调整工作方法，总结经验，改进风险管理，最终达到以最小风险成本取得最大安全保障的目标。

步骤二　个人风险分析

一、个人风险态度的种类

根据对风险的偏好或厌恶程度，可以将所有人区分为风险厌恶型、风险中立型和风险偏好型三大类。可以借助效用理论形象地来区分这三类人。

效用是指人们从商品中获得的满足程度，效用函数描述了不同财富水平与满足程度之间

的关系，通常表现为财富的增函数，即财富越多，个人所获得的效用就越大，反之就越小，这一假设对所有人都是合理的。区分个人风险偏好程度的关键在于财富的边际效用，即个人财富每增加一个经济单位所能获得的新增效用，在数学上可以用二阶导数来表示。

（一）风险偏好型

风险偏好型的人通常比较激进，喜欢或愿意承担风险。风险偏好型的人随着个人财富的增加，激进欲望也在不断增加，因财富增加所获得的边际效用逐渐上升。

（二）风险厌恶型

风险厌恶型的人通常比较保守，不愿意承担风险。风险厌恶型的人随着个人财富的增加而变得越来越保守，因财富增加所能获得的边际效用逐渐下降。

（三）风险中立型

风险中立型人的特点介于风险偏好型与风险厌恶型中间。随着个人财富的增加，风险中立型所获得的边际效用保持不变。

有关调查研究表明，多数人属于风险厌恶型。例如美国寿险营销和研究协会所做的一项调查中，有一个关于"被调查者是否愿意为了高收益而承担风险"的问题，需要用 1～10 这十个数字来回答，其中 1 表示不愿意，10 表示

动动脑

你是哪种类型呢？

非常愿意。结果 45% 的人回答 1、2 或 3，只有 11% 的人回答是 8、9 或 10，剩下的 44% 回答在 4～7 之间。这与许多其他调查结果是吻合的，安全性确实是人类最基本的要求。

二、影响个人风险承受能力的因素

许多研究表明，风险承受能力与个人财富、教育程度、年龄、性别、出生顺序、婚姻状况和就业状况等因素密切相关。

（一）个人财富

富人是否因为钱多而愿意承担更多的风险呢？在回答该问题之前，我们首先来区分绝对风险承受能力和相对风险承受能力这两个概念。绝对风险承受能力由一个人投入到风险资产的财富金额来衡量，而相对风险承受能力由一个人投入到风险资产的财富比例来衡量。一般地，绝对风险承受能力随着财富的增加而增加，因为富人将拥有更多的财富投资到每项资产上，而相对风险承受能力未必随着财富的增加而增加。另外，财富获得的方式也是影响人们风险承受能力偏好的一个因素。财产继承人和财富创造者相比，后者的风险承受能力高于前者，而前者比后者更乐于听取理财师的建议。

（二）教育程度

一般地，风险承受能力随着正规教育的增加而增加。学历和风险承受能力存在明显的正相关性，但这还无法完全解释清楚正相关性，可能由于教育程度和收入、财富的相关性导致高学历者具有较高的风险承受能力，而非学历本身所致，也可能是因为高学历比较熟悉可供选择的各种投资渠道。

（三）年龄

风险承受能力通常和年龄成负相关的关系，即平均来说，年龄越大，风险承受能力越低。某研究的调查对象是共同基金的投资者，问他们是否同意以下观点：年龄越大，越不愿

意承担投资风险（要求用 0，1，…，10 做出回答，其中 0 代表"完全不同意"，10 代表"完全同意"）。结果发现，总体平均分数是 7.6，说明被调查者基本同意该观点。将被调查投资者按风险承受能力大小分为低、中、高风险承受能力三类群体（平均年龄分别为 42 岁、51 岁和 60 岁），分别考察他们对该观点所持的态度，结果发现差别很大，低风险承受者的同意程度最高（平均分数为 8.6），高风险承受者的同意程度最低（平均分数为 6.7），中等风险承受者居中。

（四）性别

人类对男性和女性心理差别的研究已有很长时间了。在妇女解放运动前，几乎所有人都认为在生活各方面，男性的风险承受能力均高于女性。近期研究结果却有所不同，年老的已婚女性确实比同龄的已婚男性更不愿意承担财务风险，但年轻男性和女性之间对财务风险偏好的差异却很小或几乎没有。

> **动动脑**
>
> 你认为是男性还是女性更适合理财？

（五）出生顺序

出生顺序对风险承受能力也有一定的影响，长子（女）通常比其弟弟妹妹更不愿意承担风险。一个合理的解释是，父母对长子（女）小时候的生活控制较多，并教育他们必须为人可靠和承担责任。对孩子来说，这意味着尽量不去承担不必要的风险。

（六）婚姻状况

未婚者的风险承受能力可能高于已婚者，也可能低于已婚者，关键在于是否考虑了已婚者双方的就业情况以及经济上的依赖程度。如果一个人觉得自己的行为将对能否继续带领对方造成负面影响，就会更加谨慎行事。双薪家庭中的夫妻的风险承受能力高于未婚者，因为双方都有相当的经济独立能力，双份收入可以增加风险承受能力。

（七）就业状况

个人的就业状况也会影响风险承受能力。风险承受能力的一个重要方面体现在对工作的安全性需要上，失业可能性越大，职业风险越大。安全保障程度高的职业，即使工资报酬较低，对风险厌恶者也可能很有吸引力。一般地，公共管理部门能够提供较高的安全保障，经验数据表明，公共管理企业的职员与私营企业的职员相比，前者的风险厌恶程度更高。专业人员（如内科医生、律师、注册会计师、精算师）在投资决策上的风险偏好高于非专业人员（如农民、非熟练工、牧民）。通常，风险承受能力随着文化知识和专业熟练程度的增加而增加。

实践证明，一个人在同一职位待的时间越长，晋升机会越小。由于对经济安全的需要，很多风险厌恶者一直待在同一单位的同一职位上，几乎没有任何提升机会，而风险追求者则经常改变工作，不断寻找条件更好、符合个人发展的就业机会。风险厌恶者比较容易被那些提供固定收入的职位和公司所吸引，而风险追求者倾向于选择依据个人工作绩效提供浮动报酬的公司，愿意承担较大的风险。

三、个人和家庭所面临的风险分析

（一）人身风险分析

人身风险是指日常生活中以及经济活动过程中，个人或家庭成员的生命或身体遭受的损害，或因此而造成的经济收入能力的降低或灭失的风险，包括死亡、残疾、生病、退休、衰老等损失形态。人身风险事故的发生可能造成个人或家庭经济收入减少、中断或利益受损，也可能导致相关当事人精神上的忧虑、悲伤、痛苦和创伤。

在人类所面临的各种人身风险中，疾病风险是一种直接危及个人生存利益、可能给家庭造成严重危害的特殊风险。一是疾病会给个人的生活和工作带来困难、造成损失，甚至失去生命；二是疾病对个人和家庭而言都是无法回避的；三是疾病的种类繁多，引起疾病的原因复杂多变，生活方式、心理因素、环境污染、社会等多种因素都可能引起诸多难以认识和消除的疾病。疾病和残疾都会使家庭遭受收入损失和医疗费用增加的双重威胁。如果患病者或残疾者是家庭的主要收入来源，则由此造成的家庭财务压力将远高于死亡情形。

（二）财产风险分析

个人或家庭都拥有或者使用一定的财产，当这些财产被损坏或损毁时，就会遭受一定的财产损失。当发生财产损失时，个人或家庭可能面临财产的灭失，通常包括财产价值的直接损失和丧失使用权的相关损失两大类。

（1）财产价值的直接损失。当财产直接被损坏或损毁后，财产本身将遭受价值减损。例如，水灾可能冲毁住宅、大楼等建筑物，浸泡家具、电器等个人财产，财产所有者必须重建、重修和重置遭受损坏和损毁的财产。

（2）丧失使用权的相关损失。例如，当火灾导致家庭住宅受损而无法继续居住，或者因附近的建筑受损而无法继续安全地住在原处时，家庭成员必须寻找临时住所，直到重建或重修以后才能回到原处，这就会导致额外生活费用的增加，这些都是与财产使用权暂时丧失相关的损失。此外，如果原有住宅的部分房间用于出租，则住房受损后，该家庭还将发生租金收入损失。

（三）责任损失风险

责任损失风险的基础是个人、家庭或任何机构造成他人、家庭或机构伤害时，对受害方的经济损失后果负有法律责任。其中，伤害包括身体伤害、财产损坏、精神折磨、声誉损失、侵犯隐私等多种形式。除个人行为可能导致法律责任外，他人或机构的行为也可能导致个人承担法律责任。此外，在法律诉讼过程中，个人或家庭即使最后不负法律责任，也可能发生辩护费用等损失。

任务二　分析家庭保险产品

✿ 任务描述

学生在了解了个人和家庭风险的基础上，了解家庭财产保险产品、人身保险产品，通过完成本任务，能够熟悉各保险产品的特点和适用性。

步骤一　了解保险的基本内容

一、保险的概念

关于保险的概念，至今国内外学者见解不一，但对保险的解释一致的观点是从经济的角度和法律的角度进行阐述的。从经济的角度讲，保险是分摊意外事故和提供经济保障的一种财务安排（人身保险还具有储蓄和投资的作用），通过保险，少数被保险人的损失由包括受损者在内的所有被保险人分摊，是一种非常有效的财务安排。从法律的角度讲，保险是一种合同行为，是一方同意补偿一方损失的一种合同安排，提供损失补偿的一方是保险人，接受损失赔偿的另一方是被保险人。投保人通过履行交付保险费的义务，换取保险人为其提供保险经济保障的权利，体现民事法律关系主体之间的权利和义务关系。

目前，在保险学中，保险的含义有广义和狭义之分。

广义的保险是指集合具有同类风险的众多单位和个人，以合理计算风险分担金的形式，向少数因该风险事故发生而受到经济损失的成员提供经济保障的一种行为，因此广义的保险包括商业保险、社会保险、相互保险和合作保险等。

狭义的保险，即商业保险。《中华人民共和国保险法》第二条明确指出，本法所称保险，是指投保人根据合同约定，向保险人支付保险费，保险人对于合同约定的可能的事故因其发生所造成的财产损失承担保险金责任，或者当其被保险人死亡、伤残、疾病或者达到合同约定的年龄、期限时承担给付保险金责任的商业保险行为。

提醒

本章"保险"是指商业保险。

从理财规划的角度讲，保险是理财的一种手段，是问题转移的最佳方案之一，它虽然不能为人们解决所有的燃眉之急，但至少当人们遇到困难的时候，可以为其提供有利的帮助。

二、保险的特征

（一）经济性

保险是一种经济保障活动。其经济性主要体现在保险活动的性质、保障对象、保障手段、保障目的等方面。保险经济保障活动是整个国民经济活动的一个有机组成部分。保险所保障的财产和人身直接或间接属于社会生产中的生产资料和劳动力这两大经济要素。保险的保障最终都必须采取货币的形式进行补偿或给付。无论从政府宏观控制角度还是从企业微观经营角度讲，保险都是有利于经济发展的。

（二）商品性

保险的广告通过媒介在社会中广泛传播，许多人都有与保险代理人打交道的经历。保险是一种商业活动，存在一个提供什么样产品的问题。保险与银行、证券一样，归属于金融服务业，其产品是无形的服务。对个人来说，这种服务与你去电影院看个电影、买盘磁带来听音乐所享受的服务相似，但它带来的不是精神上的愉悦，而是减轻你精神上的焦虑。

（三）互助性

保险是一定条件下分担了个别单位和个人所不能承担的风险，从而形成了一种经济互助关系。这种经济互助关系通过保险人用多数投保人缴纳的保费而建立起来的保险基金补偿或给付少数人发生的风险损失而得以体现。这种经济互助关系体现了"一人为众，众为一人"的经济理念。

（四）契约性

保险是一种合同行为，投保人购买保险和保险人出售保险实质上是双方在法律地位平等的基础上，经过自愿的要约与承诺，达成一致意见并签订合同，双方都要根据保险合同规定各自享有一定权利和承担一定的义务。

（五）科学性

保险是一种科学处理风险的有效措施，现代保险经营以概率论和大数法则等科学的数理理论为基础。保险费率的厘定、保险准备金的提存等都是以精密的数理计算为依据的，最大程度地保障了被保险人和保险人双方的利益。

三、保险的分类

（一）按保险政策不同可分为商业保险、社会保险和政策保险

1. 商业保险

商业保险就是指保险人按商业原则经营，以营利为目的，同被保险方建立起的一种等价的保险关系。保险人经营保险目的是为了营利，而投保人投保是出于保险费低于未来的预期损失，双方都出于经济利益的考虑。商业保险就是通常意义上的保险。

2. 社会保险

社会保险是国家通过立法对社会劳动者暂时或永久丧失劳动能力或失业时提供一定的物质帮助，以保障其基本生活的一种社会保障制度。当劳动者遭遇生育、年老、疾病、伤残和失业等风险时，国家以法律的形式为其提供基本的生活保障，将某些社会风险损失转移于政府或者某些社会组织。

> **动动手**
>
> 查一查社会保险的缴费方式。

无论商业保险多么发达，社会保险对一个国家来说都是必不可少的。在现实生活中，有许多风险是商业保险所不能解决的，如大规模的失业、贫困等问题，不属于商业保险的可保范围，并且商业保险无力承担，只能依靠社会保险的办法来解决。

3. 政策保险

政策保险是指为贯彻一定的国家政策，以国家政策为后盾所建立的一种不以营利为目的的保险关系，开办政策保险是因为有些保险业务不便进入社会保险，也难以完全按照商业保险方式来经营，如进出信用保险、农业保险等。

社会保险

（二）按保险标的不同可分为财产保险与人身保险

1. 财产保险

财产保险是指以财产及其相关利益为保险标的的保险。最初的商业财产保险仅保有形的物质财产。随着社会经济的不断发展，各主体之间的责任关系、信用关系、保证关系变得越来越重要，这些与财产相关的经济利益、责任、信用等无形的财产也发展成为保险标的。一般财产保险按广义划分为财产损失保险、责任保险和信用保险、保证保险。

2. 人身保险

人身保险是以人的生命和身体为保险标的的保险。以生存、年老、伤残、疾病、死亡等人身风险为风险事故，被保险人在保险期间因保险事故的发生或生存到保险期满，保险人依照合同对被保险人给付约定的保险金。由于人的价值无法用货币衡量，具体保险金额是根据被保险人的生活需要和投保人所支付的保险费来确定的。在这一点上，人身保险带有强烈的储蓄色彩。随着商品经济和市场经济的不断发展以及人们对人身保险不断扩大的需求，人身保险从非分红型保险到分红保险的传统人身保险逐渐发展到现在的非传统的、带有投资理财功能的现代人身保险。

步骤二 了解财产保险的内容

知识链接：保险资金应加大国家战略导向及服务实体经济发展领域的投资布局

保险资金运用的期限长、资金稳定，符合基础设施投资的资金需求，能够为中小企业的融资与发展做出重要贡献。同时，应发挥保险企业的风险保障功能，为企业投资项目提供安全与稳定的保险保障。党的二十大报告指出，坚持把发展经济的着力点放在实体经济上，推进新型工业化，加快建设制造强国、质量强国、航天强国、交通强国、网络强国、数字中国。所以，保险资金应加大在符合国家战略导向及服务实体经济发展领域的投资布局，大力服务国家创新发展战略，支持先进制造产业发展；加大对落后地区的保险资金投入力度，通过经济杠杆更好地撬动地方经济发展，给予保险政策和保险资源倾斜，促进地区间经济的协调发展；加大服务中国式现代化的保险保障能力，在货运保险、企业财产保险、科技保险等领域加大支持力度，保障供应链安全，积极推进服务产业升级转型。

一、财产保险的概念

财产保险，是指以各种财产物资和有关利益为保险标的，以补偿投保人或被保险人的经济损失为基本目的的一种社会化的经济补偿制度。作为现代保险业的两大部类之一，财产保险通过各保险公司的社会化经营，客观上满足着人类社会除自然人的身体与生命之外的各种风险保障需求，是当代社会不可缺少的一种风险管理机制和经济补偿制度。

根据经营业务的范围，保险可以分为广义财产保险与狭义财产保险。其中，广义财产保险是包括损失保险、责任保险、信用保证保险等业务在内的一切非人身保险业务。狭义财产保险则仅指各种财产损失保险，它强调保险标的是各种具体的财产物资。

二、家庭财产保险

（一）概念

家庭财产保险是以城乡居民的家庭财产为保险对象，主要保险标的包括房屋及其附属设备、家具、家用电器、衣物等生活用品，以及农村家庭中的农具、已收获的农副产品。

（二）保险责任

1. 基本责任

基本责任包括：火灾、爆炸、雷电、冰雹、雪灾、洪水、海啸、地震、地陷、崖崩、龙卷风、冰凌、泥石流、空中运行物体的坠落，以及外来的建筑物和其他固定物体的坍塌；暴风或暴雨使房屋主要结构（外墙、屋顶、屋架）倒塌造成保险财产的损失；因防止灾害蔓延或因施救、保护所采取必要的措施而造成保险财产的损失和支付的合理费用等。

2. 特约盗窃责任

特约盗窃责任是基本责任之外的一种附加责任。经被保险人和保险人双方特别约定，凡放在保险地址的保险财产遭受盗窃的损失，或者存放在保险地址的保险标的遭受盗窃损失的，由保险人负责赔偿。特约盗窃责任需要另行加收保险费。

（三）保险金额

普通家庭财产保险中，室内财产的保险金额由投保人根据家庭财产保险标的的实际价值自行确定，室内及室内附属设备、室内装潢的保险金额则由被保险人根据购置价或是厂家自行确定。

（四）赔偿处理

现行家庭财产保险一般规定房屋及附属设备、室内装潢采用比例赔偿方式，室内财产采用第一危险赔偿方式。

1. 房屋及室内附属设备、室内装潢

（1）全部损失。保险金额等于或高于保险价值时，其赔偿金额以不超过保险价值为限；保险金额低于保险价值时，按保险金额赔偿。

（2）部分损失。保险金额等于或高于保险价值时，按实际损失计算赔偿金额；保险金额低于保险价值时，应根据实际损失或恢复原状所需修复费用乘以保险金额与保险价值的比例计算赔偿金额。

房屋及室内附属设备、室内装潢的保险价值为出险时的重置价值。

2. 室内财产

家庭室内财产采用第一危险赔偿方式。第一危险赔偿方式把保险财产价值分为两部分：一部分是与保险金额相等的部分，成为第一危险责任，发生的损失称为第一损失；另一部分为超过保险金额的部分，成为第二危险责任，发生的损失为第二损失。保险人对第一危险责任负责，只赔偿第一损失，也就是说，只要损失在保险金额之内，保险人都承担赔偿责任。但保险金额的多少，只取决于保险金额与损失价值，而不考虑保险金额与财产价值之间的比例关系。

> **动动脑**
>
> 室内财产保险金额5万，保险金额3万，损失2万赔偿多少？

（五）家庭财产保险的主要险种

为了满足不同投保人的需要，市场常见的家财险有以下几种：

1. 保障型家庭财产保险

保障型家庭财产保险是单纯的具有经济损失补偿性质的险种，期限是一年，保险期满后需要重新续保。主要保障因火灾、爆炸、自然灾害、意外事故等造成的家庭财产损失，分普通家庭财产保险与组合型家庭财产保险两种。组合型家庭财产保险在普通家庭财产保险基础上，将附加条款、家庭成员意外伤害和居家责任、家庭雇佣责任等进行任意组合，保障范围更广，也更灵活，便于居民根据需要进行选择。

保障型家庭财产保险的保费一般较低，不会占用太多的家庭资金；但只有发生保险损失时才能得到保险公司的赔偿，没有投资收益。

2. 储金型家庭财产保险

储金型家庭财产保险也被称为两全险，是居民通过向保险公司交纳保险储金的形式获得保险保障，保险公司将被保险人所交保险储金的利息作为保险费，在保险期满时将原来所交的保险储金全部退还被保险人的一种保险。

与普通家庭财产保险不同的是，投保家庭财产两全险，在被保险人的财产遭受自然灾害或意外事故造成损失时，既能得到及时的经济补偿，而且在保险期满时，不论损失赔偿与否，都能足额领回原来交付的保险储金。但应当注意的是，相对于银行储蓄来讲，两全险到期给付金额不及银行到期后连本带利金额多，所以，千万不可把它当作银行储蓄，为拿利息

而购买该产品。

3. 投资型家庭财产保险

投资型家庭财产保险是一种具有经济补偿和到期还本性质的险种，保险期限一般在 2 ～ 5 年。该类型产品不仅有保障型家庭财产保险的保障功能，而且还兼顾投资的用途。投保此类型险种除拥有相应的保障责任外，如遇银行利率调整，随一年期银行存款利率同步、同幅度调整，分段计息，无论是否发生保险赔偿，期满均可获得本金和收益。

投资型家庭财产保险的优点是投保人可以达到转移风险和投资理财的双重保障；缺点是一次性缴纳费用较高，资金流动性不强，投保时家庭应当确保有一定数量的闲散资金且在保险期内不急用，否则一旦退保会造成一定的经济损失。

4. 其他专项家财险

这类险种主要是由保险人在一张保单上承保被保险人某一种财产或某一种风险责任的保险，如家用煤气、液化气设备专项保险，家庭建房保险，家用电器专项保险等。

三、责任保险

（一）责任保险的概念

责任保险是以被保险人依法对第三者应承担的民事损害赔偿责任作为保险标的保险。赔偿责任是指公民或法人因疏忽行为或过失行为损害他人财产和人身而依法应对受害人承担的民事损害赔偿责任。《中华人民共和国民法通则》中规定的民事责任主要包括违约责任和侵权责任。责任保险承保的民事责任主要包括违约责任和侵权责任。

（二）责任保险的承保方式

1. 法定责任保险和自愿责任保险

法定责任保险即通过制订有关法律法规而强制实施的责任保险。如很多国家都将汽车第三者责任险、雇主责任险作为法定保险。我国从 2006 年 7 月 1 日起也将机动车辆第三者责任保险实行法定投保。

自愿责任保险是企业和个人根据自己的需要及交付保费的能力选择投保相应的责任保险，在责任保险中，大多数都是自愿保险。

2. 附属责任保险和专门责任保险

附属责任保险，即作为财产保险的基本责任之一或附加责任予以承保的责任保险。这类责任保险实际上是从属于某种财产保险而不作为一种独立的责任保险，也不为其制定专门保单。属于这种承保方式的责任保险主要有飞机保险中的旅客责任保险，船舶保险中的碰撞责任保险以及建工险、安工险中的第三者责任。只要投保了该类财产的某一险种，与其相关的责任风险则作为财产险的基本责任包含在责任范围内了。

专门责任保险，即指保险人单独设计专门保单以承保的责任保险。它与上述附属责任保险不同之处主要在于它与特定的物质标的没有保险意义上的直接联系，这类责任保险是保险人为满足投保人需求而特别制定条款、设计保单以专门承保被保险人的责任风险。目前我国保险市场上存在的专门责任保险基本上可以划分为四类：产品责任保险、职业责任保险、公众责任保险和雇主责任保险。一般所指的责任保险也即指这四类责任保险。

动动脑

举出产品责任保险的案例。

（1）产品责任保险。产品责任保险是指因销售、供应、修理、保养或试验任何有缺陷的产品致使用户或他人遭受人身伤害或财产损失，有关方依法应承担的赔偿责任。产品责任是在20世纪初才以法律形式确定的一种赔偿依据。由于现代商品交换的高度发展以及消费者索赔意识日益增强，频频发生产品责任风险，使产品责任保险变得越来越重要。

（2）职业责任保险。职业责任保险是承保各种专业技术人员因工作上的束缚或过失造成第三者损害的赔偿责任保险。职业责任保险产生于19世纪末西方保险市场上的医生职业责任保险。20世纪初产生了独立的会计师责任保险业务。自20世纪60年代以来，因职业过失而引起的诉讼案在西方国家日益增多，职业责任保险的业务量也随之大大增加，品种从单一的医生职业责任发展到包括医生、律师、会计师、建筑师、工程师等在内的数十种不同职业责任保险。在我国，近几年部分发达地区也出现了某些职业责任保险业务。

（3）公众责任保险。公众责任保险的概念起源于英国，是指保险人对法人或公民因疏忽过失行为致使公众利益受到损害而承担经济赔偿责任提供保障的责任保险。公众责任保险也用来承保人们在日常生产生活中的法律责任，或扩展承保被保险人按契约规定承担的赔偿责任。

（4）雇主责任保险。雇主责任是指雇主对其雇员在受雇期间执行任务时，因发生意外事故或因职业病而造成人身伤残或死亡时依法应承担的经济赔偿责任。雇主责任保险则是以被保险人的雇主责任为保险标的的保险。投保了雇主责任险，雇主对雇员在受雇期间发生的责任事故依法应承担的赔偿责任，就可转嫁给保险人负责。

步骤三　了解人身保险的内容

知识链接：发展多层次、多支柱养老保险体系

党的二十大报告指出：完善基本养老保险全国统筹制度，发展多层次、多支柱养老保险体系。发展包括个人养老金在内的多层次、多支柱养老保险体系是我国的既定方针。商业养老保险在第三支柱养老保险中占有重要地位。保险行业的特点是长期负债经营，可发挥风险保障的功能优势，开发更多的具有长寿风险兜底功能的商业养老保险产品，通过长期终身保障等方式，帮助参保人合理安排养老金收入，有效实现资金安全性、收益性、长期性管理要求。在产品供给方面，第三支柱养老保险产品在功能性上应充分体现养老属性，在领取阶段对客户领取年龄、周期等各方面提供便利，实现与预期生命周期等长的养老现金流匹配，真正通过时间价值来实现养老资金稳健增值。

一、人身保险概述

（一）人身保险的概念

人身保险是以人的寿命和身体为保险标的的一种保险。人身保险的投保人按照保险合同约定向保险人缴纳保险费，当被保险人在保险合同期限内发生死亡、伤残、残疾等保险事故或达到人身保险合同约定的年龄、期限时，由保险人依照合同约定承担给付保险金责任。

（二）人身保险的分类

按承保风险划分，人身保险可分为人寿保险、意外伤害保险和健康保险。

（三）人身保险合同的主要条款

由于人身保险合同具有许多不同于财产保险合同的自身特点，所以人身保险合同也存在许多不同于财产保险合同的特定条款。

1. 不可抗辩条款

不可抗辩条款，又称不可争辩条款，是指自人身保险合同订立时起，超过法定时限（通常是 2 年）后，保险人将不得以投保人在投保时违反如实告知义务（如隐瞒、误告、遗漏或不实说明等）为理由，主张保险合同无效或拒绝给付保险金。一旦 2 年届满后，保险人就不能以此为理由解除保险合同或拒绝给付保险金。合同订立的头 2 年为可抗辩期。

2. 年龄误告条款

年龄误告条款主要是针对投保人申报的被保险人年龄不真实，而真实年龄又不符合合同限制年龄的情况而设立的。法律与保险合同中一般均规定年龄误告条款，要求保险人按被保险人真实年龄对保险费或保险金进行调整。

3. 宽限期条款

所谓宽限期，是指在人身保险合同中分期支付保险费的情形下，投保人在支付了首期保险费后，对到期没有缴纳保险费的投保人给予一定时间的优惠，让其在宽限期内补交续期手续费。在宽限期内，保险合同继续有效，如果在此期间发生保险事故，保险人仍要负给付保险金责任，但要从保险金扣除当期应缴的保险费和利息。如果超过宽限期，保险合同效用中止。

4. 中止、复效保险合同

保险合同在有效期间，由于缺乏某些必要条件而使合同暂时失去效力，成为合同中止，一旦在法定或约定的时间内（通常是 2 年）所需条件得到满足，合同可以恢复原来的效力，成为合同复效。

5. 自动垫缴保费条款

投保人在缴纳保险费时，由于经济原因或其他因素不能按期支付保险费，但又想保证保险合同效力，而保险人也想尽量增加保单持续率，在这种情况下，自动垫缴保费条款产生了。自动垫缴保费条款必须是在投保人与保险人事先约定在保单上注明的前提下方可有效，否则将不发生作用。

6. 不丧失价值条款

该条款规定，保单所有人享有保单现金价值的权利，不因保险合同效力的变化而丧失。也就是说，即使保单失效了，保单上的现金价值所有权不变。

7. 保单贷款条款

长期性人身保险合同，在积累一定的保险费产生现金价值后，投保人可以在保险单的现金价值数额内，以具有现金价值的保险单作为质押，向其投保的保险人或第三者申请贷款，习惯上称为保单贷款或保单质押贷款。保单贷款条款只适用于人寿保险中的两全保险和终身保险。

8. 自杀条款

在很多人寿保险合同中，都将自杀列入保险条款，但规定在保险合同生效较长期限后发生的被保险人自杀行为，保险人才承担给付保险金责任，通常是 2 年，以防止被保险人预谋保险金而签订保险合同。

 动动脑

未成年人是否适用自杀条款？

9. 受益人条款

人身保险的受益人由被保险人或者投保人指定。投保人指定受益人时须经过被保险人的同意。被保险人为无民事行为能力或者限制民事行为能力的，可以由其监护人指定受益人。

二、人寿保险

人寿保险是以被保险人的寿命为保险标的，以死亡或生存为给付保险金条件的人身保险业务。

人寿保险可以分为传统人寿保险和创新型人寿保险。

（一）传统人寿保险

1. 死亡保险

死亡保险，通常简称寿险，是以被保险人在保险有效期内死亡为保险金给付条件的人寿保险。死亡保险按照保险期限的不同分为定期寿险和终身寿险。

> **动动脑**
>
> 定期寿险和终身寿险的区别。

（1）定期寿险。定期寿险提供特定期间的死亡保障。只有被保险人在保险有效期内死亡，保险人才承担保险金给付责任。如果被保险人生存至保险期限届满或合同约定的年龄，保险合同即告终止，保险人不承担任何给付责任。

定期寿险的保费较低，适用于经济能力较差的个人与家庭，或在特定期间内对被保险人的生命具有经济利益的人投保，如合作人之间。同时强调保险保障功能，偏重死亡保障。

（2）终身寿险。终身寿险，是指从保险合同生效之日起，被保险人在任何时间内死亡，保险人向受益人给付保险金，或被保险人生存到100岁，保险人向被保险人给付保险金。在终身寿险中，死亡给付是一种必然事件。

2. 生存保险

生存保险是以被保险人在保险期满或达到某年龄时仍然生存为给付保险金条件的一种人寿保险。如果被保险人在约定的期限或达到约定的年龄前死亡，保险人不承担给付保险金责任，也不退还保险费。纯粹的生存保险一般都不单独办理，保险人也不设计只提供生存保险的保单。它往往与其他险种结合。

3. 两全保险

两全保险又称生死两全，是将定期死亡保险和生存保险结合起来的保险形式。也就是被保险人在保险合同规定的年限内死亡，或合同规定期限届满时仍生存，保险人按照合同均承担给付保险金责任的保险。因此两全保险的保险费率较高，具有储蓄的性质。

（二）创新人寿保险

1. 变额寿险

变额人寿保险是保险费固定、保险金额可以变动的长期性人寿保险，即死亡保险金额随着投资账户中投资结果变动不断调整的保险产品。

人寿保险公司将客户交付的保险费分为保障和投资两个部分，多数为投资部分。设立单独的账户，其中投资资金通过投资专家投资运作，获取较高的投资回报，使客户收益，但是投资部分的回报率不是固定的，保险金额随投资收益的变化而变化。

2. 万能寿险

万能寿险是一种缴费灵活、保险金额可以根据规定进行调整、保单持有人在交纳一定的首期保费后，也可以按自己的意愿选择任何时候交纳任何金额的保费，只要保单的现金价值足以支付保单的相关费用即可，有时甚至可以不交保费。而且保单持有人可以在具备可保性前提下，提高保额，也可以根据自己的需要降低保额。

3. 变额万能人寿保险

变额万能人寿保险，简称变额万能寿险，是针对将寿险保单的现金价值视为投资的保单所有人设计的，是融合了变额寿险的投资灵活性和万能寿险的保费缴纳灵活性而形成的新险种。

三、人身意外伤害保险

（一）意外伤害保险的含义

意外伤害是指在被保险人没有预见到或违背被保险人意愿的情况下，突然发生的外来致害物对被保险人的身体形成明显、剧烈伤害的客观事实。我国寿险公司条款中对"意外伤害"的界定是：遭受外来的、突发的、非本意的、非疾病的使被保险人身体受到剧烈伤害的客观事件。具体包括三个要点：

（1）客观上有意外事故发生，事故原因是意外的、突发的、非本意的、不可预见的。

（2）被保险人因客观事故造成人身死亡或残疾。

（3）事故发生是被保险人伤亡或者残疾的原因。

（二）意外伤害保险保险金的给付

人身意外伤害保险属于定额给付性保险。由于意外伤害事故可能造成不同的损害结果，保险人给付保险金的形式也就不同。

1. 死亡保险金的给付

按照我国人身意外伤害保险条款规定，死亡保险金数额为保险金额的100%。

2. 残疾保险金的给付

残疾保险金的给付比较复杂。保险公司要将残疾分为暂时性残疾和永久性残疾，并只对永久性残疾承担给付责任。所以，在给付前要对被保险人的残疾状况进行认定，然后再确定残疾程度，残疾程度一般以百分率表示。残疾保险金的数额由保险金额和残疾程度两个因素确定，其计算公式为：

$$残疾保险金 = 保险金额 \times 残疾程度百分率$$

知识补充 4 – 1

根据意外伤害容易产生医疗费用的特点，有些意外伤害保险险种以附加合同的方式将医疗费用一并承保，即被保险人因遭受意外伤害符合有关规定可报销的医疗费用，保险人在扣除免赔额后，按一定比例给付医疗保险金。

四、健康保险

（一）健康保险的概念

健康保险是指以被保险人身体为保险标的，保险人承担被保险人在保险期限内，因患疾病、生育或发生意外事故受到伤害时所导致的医疗费用或收入损失进行补偿的一种保险。

（二）个人健康保险产品

1. 医疗保险

医疗保险是健康保险最重要的组成部分，保险的目的在于使被保险人因疾病、生育或意外伤害发生后，其治疗时所支出的医疗费用能够得到补偿。医疗保险所承保的医疗费用一般包括手术费、药费、诊疗费、护理费、各项检查费和住院费及医院杂费等。

> **动动脑**
>
> 医疗保险与其他人身保险有什么不同？

2. 疾病保险

疾病保险是指被保险人罹患合同约定的疾病时，保险人按照合同约定的保险金额给付保险金，以补偿被保险人损失的保险。疾病保险并不考虑被保险人的实际医疗费用支出，而是依照保险合同约定给付保险金。

3. 失能收入损失保险

失能收入损失保险在国外也称为收入保障保险，或称为丧失工作能力保险。它是指在保险合同有效期内，因疾病或意外事故的发生导致被保险人残疾、或部分或全部丧失工作能力、或短期或永久丧失工作能力而造成其正常收入损失时，由保险人按合同约定的方式定期给付保险金的保险。

任务三　配置家庭保险产品

⚘ 任务描述

在学会识别家庭风险和熟悉家庭保险产品的基础上，通过本任务的学习，要求学生针对不同家庭的情况，选择合适的保险产品进行合理配置，能够制定家庭保险理财计划。

步骤一　保险规划的基本原则、步骤及应用

一、保险规划的基本原则

由风险管理的一般理论可知，个人购买保险主要是为了个人或家庭生活的经济安全与稳定，将某些重大的风险转移给保险公司，在发生保险事故时获得充分的损失融资和经济保障。在购买保险时，通常需要遵循以下原则：

> **动动脑**
>
> 举例说明家庭风险中哪些可以自留，哪些需要转移。

（一）转移风险原则

任何人在投保之前必须全面系统分析自身或家庭面临的各种风险，明确哪些风险可以回避、预防和抑制，哪些

风险可以自留，哪些风险可以通过非保险方式转移，然后将其余的风险转移给保险公司。

（二）量力而行的原则

保险是一种经济行为，属于经济活动范畴，投保人必须付出一定的保费才能获得相应的保险保障。投保险种越多，保险金额越高；保险期限越长，所需的保费越多。因此，投保时一定要充分考虑个人和家庭的经济购买力，尽量做到在可接受保障的范围内保险费支出最低，防止保险过多或保险不足。

（三）高额损失优先原则

从现实来看，损失的严重性是衡量风险程度非常重要的一个指标。一般来说，较小的损失可以不必购买保险，而程度严重的损失是适合购买保险的。

（四）合理搭配险种的原则

投保人身保险可以在保险项目上进行一定的组合，如购买 1～2 个主险附加意外伤害保险、重大疾病保险，可以得到全面保障。但是在全面考虑所有需要投保的项目时，还需要进行综合安排，应避免重复投保，使用于投保的资金得到最有效的运用。

二、保险规划的基本步骤

（一）确定保险标的

确定保险标的是购买保险的首要任务，保险标的可以是财产及相关利益，也可以是人的生命和身体。投保人在购买保险时通常要考虑三个问题：

1. 适合性

在购买保险时，应将那些风险发生概率较小而造成损失较大的风险作为投保的标的。

2. 经济支付能力

保险规划与保费的预算可以考虑通过"双十"原则来制定。所谓"双十原则"是指应有的保险金额一般为家庭年支出的 10 倍，合理的保费一般为家庭年收入的 10%。

3. 选择性

保险市场险种和产品十分丰富，而且创新不断，不可能所有的保险都购买，况且没有必要都买。因此，在购买力存在预算约束的情况下，成年人或家庭中主要收入者的保险应该优于子女或纯粹的受抚养人。另外，年轻人应侧重于保障型的险种，随着年龄的增长，应该将投保的重点转向健康保险和具有储蓄功能的保险。

（二）选择保险产品

全面细致地分析不同保险标的所面临的风险及需要投保的险种，综合考虑各类风险发生的概率、可能造成损失的严重程度、个人的风险承受能力等因素，选择适合的保险产品，有效地管理和化解个人或家庭面临的风险。

保险规划中优先保险人的确定

（三）确定保险金额

保险金额的确定应该以财产的实际价值或人的生命经济价值为依据。

财产的价值比较容易估算。对于家具、家电、房屋等，投保人可以根据财产的实际价值自行确定，也可以按照重置价值来确定，对于珠宝等则需要专家的评估来确定。

对人身保险而言，人的价值是无法估算的。但是，从保险的角度，我

保险规划中保险金额的确定

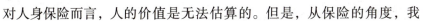

们可以根据性别、年龄、收入、消费、财富情况等计算人的生命价值。

（四）确定保险期限

对于财产保险、意外伤害和短期健康保险来说，通常为中、短期保险产品，人寿保险期限一般很长，有的长达几十年。

（五）确定合适的保险公司

由于保险产品是一种无形的、复杂的金融产品，既有短期的，也有长达几十年的，因而选择一家经营稳健、信誉良好、管理规范、服务周到的保险公司是至关重要的。

（六）定期审查和调整保险计划

随着生命周期的变化，客户面临的风险和风险承受能力会发生变化，这就需要调整客户的保险计划，调整风险管理方案。

> **动动脑**
>
> 　列举你所知道的保险公司名称。

三、保险规划的基本应用

由于人身保险规划是风险管理和保险规划最为复杂也是最为重要的组成部分，本部分着重以人身保险为基础，针对不同年龄和不同收入阶层讨论购买人身保险的规划。

（一）生涯规划与保险规划

生涯规划就好像人生的行程图。个人方面的重要决策是学业和事业规划以及何时退休的计划；就家庭而言，包括何时结婚、何时生子的家庭计划，以及配合家庭成员的居住计划。家庭、居住、事业、退休等生涯规划在人生的不同阶段实现，具有明显的时间性。为此，根据年龄将生涯规划分为六个时期，如表 4-1 所示。

表 4-1　生涯规划与理财活动

阶段	学业/事业	家庭形态	理财活动	保险规划
探索期 （15～24 岁）	升学或就业 进行从业选择	以父母家庭为生活重心	求学深造 提高收入	意外险、寿险，父母为受益人
建立期 （25～34 岁）	在职进修 确定职业方向	择偶结婚，有学前子女	量入节出 攒首付款	寿险、储蓄险，受益人为配偶
稳定期 （35～44 岁）	提升管理技能 进行创业评估	子女上小学/中学	偿还房贷 筹教育金	养老险、依房贷余额保额递减的定期寿险
维持期 （45～54 岁）	晋升为中层管理	子女上大学/深造	收入增加 筹退休金	养老保险、投资型保险
高原期 （55～60 岁）	晋升为高层管理者	子女独立、就业	负担减轻 准备退休	长期看护险、退休年金
退休期 （60 岁以后）	担任名誉顾问 经验传承	子女结婚	享受生活 规划遗产	领取退休年金

（二）收入水平

按照经济收入状况，将消费者分为高收入阶层、高薪阶层和中低收入阶层三个细分市场，分析各自的主要风险，介绍合适的保险规划。

1. 高收入阶层

高收入阶层是指率先致富的一部分经商者、演艺界明星、体育明星等，他们收入极高，花销当然也较高，意外事故可能造成重大的财务波动，因此，必须合理安排意外伤害保险，转嫁较大的财务风险。高额的寿险保单往往是高收入阶层的身价、地位的重要体现，同时无论富人，还是穷人，健康是每个人的追求，但对于高收入阶层而言，疾病的高额花费和疾病期间收入的损失将会更高。

综合而言，高收入阶层主要应考虑定期保障型保险，如意外伤害保险、健康保险、终身保险等险种，保费支出可以是年收入的20%。

2. 高薪阶层

高薪阶层主要是指企业高级职员、高级知识分子等，他们的物质生活和精神生活都比较优越、充实，生活水平较高，但还是会担心到年老时收入减少，生活水平下降或患病时支付不起高额的医疗费用等。这部分个人或家庭对人身保险的需求比较强烈，而且也具有较高的保险购买力。

该阶层消费者主要考虑养老保险、终身保险、健康保险、医疗保险、万能保险、意外伤害等，保险金额总体上低于高收入阶层，保险费支出可以是家庭收入的10%～20%。

3. 中低收入阶层

中低收入阶层的人口比例最大，从事的职业比较广泛，他们收入较低，抵御风险的能力较低，因此，他们是寿险公司主要的客户。低保费、高保障的险种是他们的首选。如保障型的人寿保险和短期的意外伤害保险。另外该阶层的消费者应对疾病风险的能力也比较弱，还应考虑健康保险。除此以外，该阶层消费者一般比较关注本金的返还，可选择储蓄保险。

综合而言，中低收入阶层应该主要考虑定期保障型保险。健康保险、医疗保险、分红保险、储蓄保险等险种，保费支出通常是家庭收入的3%～10%。

步骤二　保险策划书的撰写

一、保险策划书的内容

1. 理财策划摘要

保险理财策划摘要一般列在策划书的最前面，它浓缩了整个保险策划的精华，涵盖了策划的要点，以求一目了然，以便客户能在最短的时间内评审策划并做出判断。

2. 现状分析

（1）目前家庭基本状况概述。

（2）家庭理财目标确定。

（3）家庭财务状况分析。

3. 方案设计

（1）经济金融现状分析。

（2）家庭风险属性定性评估。

（3）理财目标可行性分析及策划建议。

4. 行动计划

（1）执行计划。

（2）理财工具推荐。

（3）温馨贴士。

二、案例分析

（一）案例介绍

今年32岁的小娜是个准妈妈，通过自己和先生的努力，已然迈入了"中产"的行列。小两口面临的主要问题，就是为富足生活而理性规划未来。作为数据分析师的小娜每月收入为12 000元。她的先生每月最低也能拿到20 000元，一家人每月基本的生活开销在6 000元左右，购物、娱乐等每个月大概要花1 000元，另外还有500元左右的医疗费支出，再扣去每月3 000元左右的房贷，夫妻二人每个月结余在23 000元左右。年末，小娜能拿到24 000元税前年终奖金。有30 000元左右用于一家人旅游和孝敬父母。目前夫妇双方经常往返于上海和南京之间，以后也会在两地轮流居住。几年前，小娜趁在香港出差之际签订了一份投资型寿险，其中寿险保障额度100万，每年为此缴纳2万元保费，缴费期限为25年。夫妻二人计划25年以后退休，他们希望保持现在的生活水平。

（二）案例分析

现代人越来越现实，正如小娜夫妇那样，他们在事业有成时能够很理性地去考虑未来生活的安排，希望能保持现在的生活水平，将幸福生活继续到未来。能够及时意识到这一点，说明他们是非常有风险意识的年轻人，保持稳定收入、提前安排应该是维持家庭财务健康的主要保证。小娜夫妇现有风险保障包括两个方面：

（1）社会保险：小娜的公司为她买了社会保险和补充医疗保险，但先生只有基本的社会保险。

（2）商业保险：小娜有一份在香港签订的投资型寿险。

（三）风险保障安排调整

小娜虽然每年要花2万元购买保险，但对于内地居民来说，境外投保存在很多不可控的风险，所以建议小娜尽快将该保单作退保或减额交清处理，以避免更大的损失。小娜丈夫并无商业保险，实际上小娜夫妇连最起码的保障都不完备。因此建议：

（1）加强意外保障：由于目前夫妇双方经常往返于上海和南京之间，以后也会在两地轮流居住。所以建议投保人身意外伤害保险各50万元保额，年交保费合计2 000元。

（2）注意安排重疾保障。夫妇双方都已超过32岁，因此可以投一份10万~20万保额的重大疾病保险，当然，小娜也可以就当前女性疾病提前化的趋势，建议担保附加女性疾病保险。

（3）重新安排医疗保障，减少日常医疗费用支出。小娜家庭每月医疗费500元左右，一年下来是一笔不小的开支，在核保可以通过的情况下，建议投保附加医疗保险。

（4）筹备养老保障。由于目前两人收入较高，因此可以考虑结余部分资金来做养老保险，当然也可以通过基金投资的形式来储备养老金。

（5）可以附加一定额度的定期寿险。该产品的优势在于费率低、保障高，可用于防范因意外或疾病发生导致购房贷款归还的风险。

同时考虑到两人的收入基本相当，因此建议选购保险时双方互为投保人和被保险人，并在小家庭内合理分配保险额度。待孩子出生后，可以每年用2 000元左右的保费替孩子购买意外和健康保险。

项目小结 >>>>

（1）风险有广义和狭义两种定义，广义的风险一般是指某种事件发生的不确定性；狭义的风险即危险，指不幸事件发生的不确定性。风险的特征包括客观性、普遍性、损害性、偶然性、可测性和可变性。风险按性质可分为纯粹风险与投机风险；按风险标的分为财产风险、责任风险、信用风险和人身风险。

（2）风险管理是指各管理单位完成风险识别、风险估测、风险评估，并在此基础上优化组合各种风险管理技术对风险实施有效的控制和妥善处理风险所致的结果，期望实现以最小的成本获得最大安全保障的目标。

（3）个人或家庭面临的财产保险主要是指个人和家庭的财产由于自然灾害和意外事故而造成的损失，或指由于人们在主观上的过错，而给其他人的财产或人身带来损害的，则应该按照法律规定承担赔偿责任的风险。主要包括家庭财产保险、各种责任保险等。

（4）人身保险主要的品种包括人寿保险、人身意外伤害保险和健康保险。人寿保险以人的生存、死亡作为给付条件。人身意外伤害保险是指被保险人在保险期限内，因遭受意外伤害而在责任期限内死亡或残疾时，保险人按照合同约定的给付比例给付保险金。健康保险对被保险人因疾病或意外所发生的医疗费用或收入损失给予补偿。

（5）保险理财是个人理财的一部分，理财规划师在为客户进行保险理财规划时，通常应该遵循转移风险、量力而行、高损优先、合理搭配的原则。

（6）保险规划的步骤包括确定保险标的、选择保险产品、确定保险金额、确定保险期限、选择保险公司、定期审查与调整保险计划。

知识巩固 >>>>

一、单项选择题

1. 下列不属于风险特征的是（　　　）。

A. 客观性　　　　　B. 不确定性　　　　　C. 普遍性　　　　　D. 纯粹性

2. 人寿保险是以人的（　　　）为保险标的的保险。

A. 身体　　　　　B. 死亡　　　　　C. 生命　　　　　D. 身体或生命

3. 人身意外伤害保险残疾保障的确定，除了保险金额外，还要考虑（　　　）。

A. 残疾程度　　　B. 被保险人年龄　　C. 被保险人职业　　D. 事故发生概率

4. 医疗保险中保险金额属于（　　　）。

A. 给付性质　　　　　　　　　　　B. 补偿性质

C. 给付和补偿性质　　　　　　　　D. 均不是

5. 甲某的父母都是农村户口，没有社会养老保险和社会医疗保险，二老现在均已58岁，身体硬朗，甲某拟为父母购买商业保险，首选定期寿险。下列关于甲某为父母购买的定期寿险的说法，错误的是（　　　）。

A. 定期寿险属于死亡保险

B. 定期寿险的保费相对低廉

C. 定期寿险可满足特定生命周期的保障需求

D. 定期寿险是储蓄性保险

6. 李某投保某保险公司的人身意外伤害附加意外伤害医疗保险，保险金额为5万元，在保险期间，李某被操场飞来的篮球砸伤，治疗费用3万元，请问李某可以从保险公司获赔（　　）。

A. 3万元　　　　　　　　　　　　　B. 2万元

C. 双方协商确定　　　　　　　　　　D. 5万元

二、判断题

1. 商业保险的保险费通常是由个人、企业和政府三方面合理负担。　　　　（　　）

2. 人身保险合同被保险人既可以是自然人，也可以是法人。　　　　　　（　　）

3. 高龄者不可以投保意外伤害保险。　　　　　　　　　　　　　　　　（　　）

4. 财产保险的标的是各种物质财产及有关的利益。　　　　　　　　　　（　　）

5. 某一风险的发生具有必然性。　　　　　　　　　　　　　　　　　　（　　）

6. 纯粹风险所导致的结果有三种：即损失、无损失和盈利。　　　　　　（　　）

三、思考题

1. 风险的特点有哪些？

2. 风险管理的步骤包括哪些？

3. 家庭财产保险的赔偿方式是什么？

4. 什么是两全保险？

5. 什么是职业责任保险？

6. 保险理财规划应该遵循的原则是什么？

7. 保险理财的基本步骤包括哪些？

能力提升 ▶▶▶▶

张先生，40岁，某民营企业经理，每月税后收入10 000元；张太太，35岁，另一民营企业员工，每月税后收入4 000元。两人均有三险一金，儿子9岁，在上小学四年级。张先生一家三口每月生活费需约6 000元，其中张先生需约3 000元，张太太需约2 000元，儿子需约1 000元。儿子现在每年的教育费用支出约5 000元，张先生希望儿子未来能在国内接受大学教育，现在初中每年的学费3 000元，高中每年学费7 000元，大学每年学费和住宿费等共需15 000元。另外，张太太父母现年60岁，均无收入来源，张太太每月赡养父母支出需约1 000元。资产方面，张先生有自用住房和10万元的金融资产（存款和基金）；负债方面，张先生尚有房屋贷款30万元。另外，张先生的社保个人账户上有12万元，张太太有5万元。从张先生所在城市社保部门了解到，如果退休前死亡的，其社保个人账户可以继承，供养的直系亲属享受丧葬补助费和一次性抚恤金。丧葬补助费支付标准为其死亡时当地上一年度城镇职工月平均工资的3倍，约1万元，可获得一次性抚恤金约2万元。张先生和张太太预计他们的工资增长率和年平均通货膨胀率3%相当，儿子学费增长率大约是5%，财务贴现率取4%，预期寿命80岁。一旦不幸身故，身后费用大约需要3万元。试分析张先生、张太太的人寿保险。

项目评价 >>>>>

知识巩固与能力提升（40 分）	得分：

计分标准：
得分 = 1 × 单选题正确个数 + 1 × 判断题正确个数 + 2 × 思考题正确个数 + 24 × 能力提升题正确个数

学生自评（20 分）	得分：

计分标准：初始分 = 2 × A 的个数 + 1 × B 的个数 + 0 × C 的个数得分 = 初始分/24 × 20

专业能力	评价指标	自测结果	要求 （A 掌握；B 基本掌握；C 未掌握）
家庭风险认知	1. 风险的概念及特征 2. 风险管理的程序 3. 个人和家庭所面临的风险	A☐　B☐　C☐ A☐　B☐　C☐ A☐　B☐　C☐	熟悉风险的含义及特点，掌握风险管理的程序，能够判断个人和家庭所面临的风险
家庭保险产品	1. 保险的概念及特征 2. 保险的类型 3. 财产保险的基本内容 4. 人身保险的基本内容	A☐　B☐　C☐ A☐　B☐　C☐ A☐　B☐　C☐ A☐　B☐　C☐	熟悉个人理财业务的内容，掌握个人理财业务的基本流程
配置家庭保险产品	1. 保险规划的基本原则 2. 保险规划的基本应用 3. 保险策划书的撰写	A☐　B☐　C☐ A☐　B☐　C☐ A☐　B☐　C☐	能够遵循保险规划的基本原则，按照正确的保险规划步骤，对客户进行保险规划，并撰写保险策划书
职业道德思想意识	1. 正确的风险意识 2. 正直诚信	A☐　B☐　C☐ A☐　B☐　C☐	专业素质、思想意识得以提升，德才兼备

小组评价（20 分）	得分：

计分标准：得分 = 10 × A 的个数 + 5 × B 的个数 + 3 × C 的个数

团队合作	A☐　B☐　C☐	沟通能力	A☐　B☐　C☐

教师评价（20 分）	得分：

教师评语	
总成绩	教师签字

项目五 熟悉和开展证券理财业务

学习目标

知识目标

1. 了解股票、债券和基金的含义及特征；

2. 了解互联网基金的发展；

3. 熟悉股票、债券和基金的相关法律法规；

4. 熟悉股票、债券和基金在个人理财中的作用。

能力目标

1. 运用分析技术分析股票、债券和基金投资价值；

2. 会进行各种证券的交易；

3. 能够建立合理的证券投资组合。

素质目标

1. 树立正确的投资理念；

2. 体会法治社会主义核心价值观。

3. 能够建立合理的证券投资组合；

学习导航

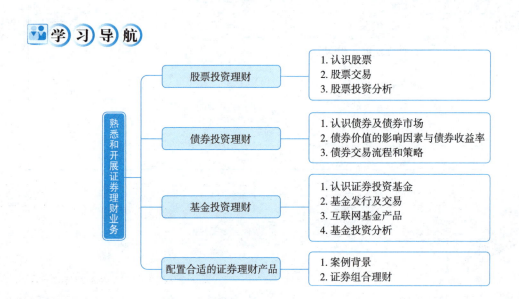

案例导入：炒股新手不宜仓促入市

2014 年，王先生对身边不少的朋友通过股票买卖在短期内迅速获得财富积累羡慕不已，在未作任何准备、严重缺乏投资基础知识和经验的情况下，拿出省吃俭用攒下的 20 万元仓促入市。王先生东打听、西打听，在盲目听信他人的介绍后，买了一大堆杂七杂八的股票，半年时间下来，账面亏损已达 4 万元，导致神情恍惚、寝食难安，严重影响了原本规律的生活。

像王先生这样缺乏投资经验的投资人该如何参与证券投资呢？

任务一　股票投资理财

❀ 任务描述

股票认知主要了解股票投资理财的相关基础知识。通过本任务的学习，学生可以对股票有一个系统化、理论化的认知，掌握不同种类股票的特点及股票价值与价格之间的关系，熟悉股票的相关法律法规，树立正确的投资理念，体会法治社会主义核心价值观。

步骤一　认识股票

一、股票的含义及特征

（一）股票的含义

股票是股份证书的简称，是股份公司为筹集资金而发行给股东作为持股凭证并借以取得股息和红利的一种有价证券。每股股票都代表股东对企业拥有一个基本单位的所有权。这种所有权是一种综合权利，如参加股东大会权、投票表决权、参与公司的重大决策权、获得股息或红利权等，但也要承担公司运作错误所带来的风险。每个股东所拥有的公司所有权份额的大小，取决于其持有的股票数量占公司总股本的比重。

（二）股票的特点

1. 不可偿还性

股票的不可偿还性是指股票投资资金的不可偿还性。股票是一种无偿还期限的有价证券，投资者认购了股票后，就不能再要求退股，只能到二级市场卖给第三者，不能要求发行公司偿还股票的投资。股票的转让只意味着公司股东的改变，并不减少公司资本。从期限上看，只要公司存在，它所发行的股票就存在，股票的期限等于公司存续的期限。

2. 参与性

股票投资者是公司的权益投资者，即公司的股东。股东有权出席股东大会，选举公司董事会，参与公司重大决策。股票持有者的投资意愿和享有的经济利益，通常是通过行使股东参与权来实现的。股东参与公司决策的权利大小，取决于其所持有的股份的多少，股东按照自己所持有的股份数参与股东代表大会。从实践中看，只要股东持有的股票数量达到能左右决策结果所需的实际数时，就能掌握公司的决策控制权。

3. 收益性

收益性是指股票投资者拥有对公司经营收益的分配权，可以根据公司章程从公司领取股息和红利，从而获得投资的经济利益。持有股票就有权享有公司收益，这既是股票持有者投资公司的目的，也是公司发行股票的必备条件。股票的收益性，还表现在股票投资者可以获得价差收入或实现资产保值增值。通过低价买入和高价卖出股票，投资者可以赚取价差利润。

4. 流通性

股票的流通性是指股票在不同投资者之间的可交易性。流通性通常以可流通的股票数量、股票成交量以及股价对交易量的敏感程度来衡量。可流通股数越多，成交量越大，价格对成交量越不敏感（价格不会随着成交量一同变化），股票的流通性就越好，反之就越差。股票的流通，使投资者可以在市场上卖出所持有的股票，取得现金。

5. 价格波动性和风险性

股票作为交易对象在交易市场上，同商品一样，有自己的市场行情和市场价格。由于股票价格要受到诸如公司经营状况、供求关系、银行利率、大众心理等多种因素的影响，其波动有很大的不确定性。正是这种不确定性，有可能使股票投资者遭受损失。

> **动动脑**
>
> 股份拆分后股份总量增加对股票发行企业有什么影响？

6. 股份的可伸缩性

股份的可伸缩性是指股票所代表的股份既可以拆分，又可以合并。股份的拆分，即是将原来的一股拆分为若干股。股份拆分并没有改变资本总额，只是增加了股份总量和股权总数。股份的合并，即是将若干股股票合并成较少的几股或一股。股份合并一般是在股票面值过低时采用。公司实行股份合并主要出于：公司资本减少，公司合并或使股票市价由于供应减少而回升。

股票的含义及特点

二、股票分类

（一）按股票所代表的权益和风险不同，划分为普通股、优先股和后配股

普通股是指在公司的经营管理和盈利及财产的分配上享有普通权利的股份，代表满足所有债权偿付要求及优先股东的收益权与求偿权要求后对企业盈利和剩余财产的索取权。普通股构成公司资本的基础，是股票的一种基本形式。目前，在上海证券交易所和深圳证券交易所上进行交易的股票都是普通股。

优先股相对于普通股。优先股在利润分红及剩余财产分配的权利方面优先于普通股。优先股的优先权主要表现在两个方面：第一，优先分配权。在公司分配利润时，持有优先股票的股东比持有普通股票的股东分配在先，但是享受固定金额的股利，即优先股的股利是相对固定的。第二，优先求偿权。若公司清算，分配剩余财产时，优先股在普通股之前分配。

> **动动手**
>
> 查阅我国最新的关于优先股的政策。

后配股是在利益或利息分红及剩余财产分配时相比于普通股处于劣势的股票，一般是在普通股分配之后，对剩余利益进行再分配。如果公司的盈利巨大，后配股的发行数量又很有

限，则购买后配股的股东可以取得很高的收益。发行后配股，一般所筹措的资金不能立即产生收益，投资者的范围又受到限制，因此利用率不高。

（二）按股票上市地点，划分为 A 股、B 股、H 股、N 股和 S 股

A 股，是指人民币普通股票，由我国境内上市的公司发行，供境内机构、组织或个人（不含港澳台地区投资者）以人民币认购和交易的普通股票。2013 年 4 月 1 日起，港澳台地区投资者在境内投资可开立 A 股账户。A 股不是实物股票，以无纸化电子记账，实行"T + 1"交割制度，有涨跌幅（10%）限制。

B 股的正式名称是人民币特种股票。它是以人民币标明面值，以外币认购和买卖，在中国境内（上海、深圳）证券交易所上市交易的外资股票。B 股公司的注册地和上市地都在境内，2001 年前投资者限制为境外人士，2001 年之后开放境内个人居民投资 B 股。

H 股，也称国企股，指注册地在中国内地、上市地在中国香港的外资股票。（因 Hong Kong 的首字母而得名 H 股。）H 股为实物股票，实行"T + 0"交割制度，无涨跌幅限制。中国地区机构投资者可以投资 H 股，内地个人投资者可以通过开通港股账户或港股通账户进行 H 股投资。

N 股，是指在我国境内注册成立并获得我国证券监督管理委员会和美国证券管理机构批准，在美国纽约证券交易所上市的公司股票。

S 股，是指那些主要生产或者经营等核心业务在中国内地、而企业的注册地在海外，在海外交易所（如新加坡交易所）上市挂牌的企业股票。

（三）按股票投资主体，划分为国有股、法人股和社会公众股

国有股指有权代表国家投资的部门或机构以国有资产向公司投资形成的股份。包括公司现有国有资产折算成的股份。由于我国大部分股份制企业是由原国有大中型企业改制而来，因此国有股在公司股权中占有较大的比重。

法人股指企业法人或具有法人资格的事业单位和社会团体以其依法可经营的资产向公司非上市流通股权部分投资所形成的股份。根据法人股认购的对象，可将法人股进一步分为境内发起法人股、外资法人股和募集法人股三个部分。

动动脑

大小非解禁对股票价格及股票市场有什么影响？

社会公众股是指我国境内个人和机构，以其合法财产向公司可上市流通股权部分投资所形成的股份。

知识补充 5 - 1 股权分置改革简介

A 股市场上的上市公司的股票分为流通股与非流通股。股东所持向社会公开发行的股票且能在证券交易所上市交易，称为流通股；而公开发行前股票暂不上市交易，称为非流通股。这种同一上市公司股票分为流通股和非流通股的股权分置状况，为中国内地证券市场所独有。2005 年 4 月 29 日，经国务院批准，中国证监会发布《关于上市公司股权分置改革试点有关问题的通知》，启动了股权分置改革的试点工作。经过两批试点，取得了一定经验，具备了转入积极稳妥推进的基础和条件。2005 年 8 月 23 日，中

国证监会、国资委、财政部、中国人民银行、商务部联合发布《关于上市公司股权分置改革的指导意见》；同年9月4日，中国证监会发布《上市公司股权分置改革管理办法》，我国的股权分置改革进入全面铺开阶段。

步骤二　股票交易

一、股票交易市场

股票交易市场是已经发行的股票按市价进行转让、买卖和流通的市场，包括交易所市场和场外交易市场两部分。由于它是建立在发行市场基础上的，因此又称为二级市场。相比而言，股票交易市场的结构和交易活动比发行市场更为复杂，其作用和影响也更大。

1. 证券交易所

证券交易所是由证券管理部门批准的，为证券的集中交易提供固定场所和有关设施，并制定各项规则以形成公正合理的价格和有条不紊秩序的正式组织。证券交易所作为进行证券交易的场所，本身并不持有证券，也不进行证券的买卖，主要作用是为交易双方成交创造或提供条件，并对双方的交易行为进行监督。

> **动动脑**
>
> 证券交易所和证券公司的区别是什么？

2. 场外市场

场外市场是相对于证券交易所而言的，广义而言，凡是在证券交易所以外进行的证券交易都可称为场外交易。由于这种交易最早是在各证券商的柜台上进行的，因此也称柜台交易（OTC）。与证券交易所交易相比，场外市场没有固定的交易场所，其交易是由自营商来组织，其价格是通过买卖双方协议达成的。一般是由证券自营商挂出各种证券的买入价和卖出价，卖者和买者以此价与自营商进行交易。场外交易市场不像证券交易所

北京证券交易所简介

有较高的上市条件，而且管制少，灵活方便，因而成为中小企业和具有发展潜质的公司证券流通的主要场所。

3. 第三市场

第三市场是指原来在证券交易所上市的证券在场外交易所形成的市场。第三市场最早出现在20世纪60年代的美国。在美国长期以来证券交易所都实行固定佣金制，而且对于大宗交易也没有折扣佣金，导致买卖大宗上市证券的机构投资者和个人投资者通过场外市场交易上市证券以降低其交易费用。但在1975年，美国的证券交易委员会宣布取消固定佣金制，由交易所会员自行决定佣金，从而使第三市场的吸引力降低了。

4. 第四市场

第四市场是指大机构投资者不经过经纪人或自营商，彼此之间利用电脑网络直接进行大宗证券交易所形成的市场。这种交易方式最大限度地降低了交易费用，它的存在和发展一方面对证券交易所和场外市场产生了巨大的竞争

> **动动手**
>
> 我国目前的多层次资本市场体系是什么？

压力，另一方面也给证券市场的监督带来了更大的难度。

二、股票交易程序

1. 开立证券账户

证券账户可以视为投资者进入股票交易市场的通行证，只有拥有它，才能进场买卖证券。

想为自己开设证券账户，应该具备怎样的条件和需要准备哪些资料呢？

根据《中华人民共和国证券法》规定，证券交易场所、证券公司和证券登记结算机构的从业人员，证券监督管理机构的工作人员以及法律、行政法规规定禁止参与股票交易的其他人员，在任期或者法定期限内，不得直接或者以化名、借他人名义持有、买卖股票或者其他具有股权性质的证券，也不得收受他人赠送的股票或者其他具有股权性质的证券。

自然人开立的证券账户为个人账户。开立个人账户时，投资者必须持有效的身份证件（一般为居民身份证）到开户代理机构办理证券账户开立业务。个人投资者在开立证券账户时，应载明登记日期和个人的姓名、性别、身份证号码、家庭地址、职业、学历、工作单位、联系电话等，并签字或盖章。如果请人代办，还须提供经公证的委托代办书、代办人有效身份证明文件。

目前，中国证券登记结算有限责任公司（以下简称"中国结算"）构建了以投资者为核心的多层次证券账户体系，在现有沪深 A、B 股等证券账户基础上，为投资者设立了一码通账户，作为记录投资者身份信息以及证券资产的总账户，现有证券账户作为投资者用于投资交易的子账户，并在一码通账户与子账户之间建立关联关系。对于新开户投资者，在其首次开户时，中国结算依据其提交的一码通及相应证券账户开户申请，一并为其开立一码通账户和相应的证券账户，建立并确认关联关系。

> **动动手**
>
> 请查找见证开户的流程。

开户代理机构可根据中国结算有关规定采取临柜、见证或中国结算认可的其他非现场方式为自然人、普通机构投资者办理证券账户开立业务。开户代理机构还可以根据中国结算有关规定采取网上方式为自然人投资者办理证券账户开立业务。证券账户开立流程如图 5 - 1 所示。

图 5 - 1　现场开户流程图

2. 开立资金账户

投资者委托买卖股票，须事先在证券经纪商处开立证券交易结算资金账户，资金账户用于投资者证券交易的资金清算，记录资金的币种、余额和变动情况。

开立资金账户时，需提交本人身份证和银行卡，如为他人代办开户手续，还应提交委托人签署的授权委托书和身份证，投资者在资金账户中的存款可随时提取，证券经纪商按活期存款利率定期计付利息并自动转入投资者的资金账户，投资者委托买入时，资金账户要有足够的余额。资金账户开立流程如图5-2所示。

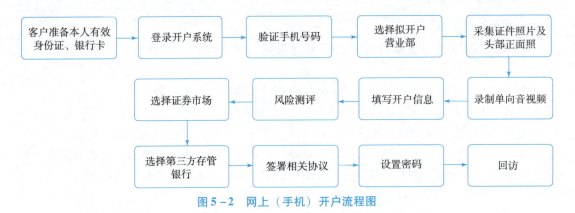

图5-2 网上（手机）开户流程图

3. 委托买卖

投资者开立了证券账户和资金账户、与会员签订证券交易委托协议后，就可以在证券营业部办理委托买卖手续。所谓委托买卖是指证券经纪商接受投资者委托，代理投资者买卖股票，从中收取佣金的交易行为。投资者可以通过书面或电话、自助终端、互联网等自助委托方式委托会员买卖证券。电话、自助终端、互联网等自助委托应当按相关规定操作，通过自助委托方式参与证券买卖的，投资者应当与证券经纪商签订自助委托协议。

4. 委托受理

证券商受理委托包括审查、申报与输入三个基本环节。目前除这种传统的方式外，还有两种方式：一是审查、申报、输入三环节一气呵成，客户采用自动委托方式输入电脑或手机，进行审查确认后，直接进入沪深交易所内计算机主机；二是证券商接受委托审查后，直接进行电脑输入。

5. 撮合成交

现代证券市场的运作是以交易的自动化和股份结算与证券往来的无纸化为特征，电脑撮合集中交易作业的程序是：证券商的买卖申报由终端机输入，每一笔委托由委托序号、买卖区分、证券代码、委托手续、委托限价、有效天数等几项信息组成。电脑根据输入的信息进行竞价处理，按"价格优先、时间优先"的原则自动撮合成交。

> **动动手**
>
> 查阅时间优先、价格优先原则。

6. 清算与交割

清算是指证券买卖双方在证券交易所进行的证券买卖成交之后，通过证券交易所将证券商之间证券买卖的数量和金额分别予以抵消，计算应收证券、应付证券和应付股金差额的一种程序。

交割是指投资者与受托证券商就成交的买卖办理资金与股份清算业务的手续，深沪两地交易均根据集中清算净额交收的原则办理。

7. 过户

过户即办理清算交割后，将原卖出证券的户名变更为买入证券的户名。对于记名证券来讲，只有办妥过户者才是整个交易过程的完成，才表明拥有完整的证券所有权。目前在两个证券交易所上市的个人股票通常不需要股民亲自去办理过户手续。

知识补充 5 – 2　OTC

OTC（Over the Counter Market，场外交易市场，又称柜台交易市场），和交易所市场完全不同，OTC 没有固定的场所，没有规定的成员资格，没有严格可控的规则制度，没有规定的交易产品和限制，主要是交易对手通过私下协商进行的一对一的交易。场外交易主要出现在金融业，特别是银行等金融机构十分发达的国家。

现时最大的 OTC 市场在新加坡，除了提供各类外汇、指数和期货交易外，还有摩根士丹利的台湾、香港等参考指数以供投资。在欧洲的 OTC 交易，比传统交易所的交易发展更为蓬勃，成为现代投资的新宠儿。

OTC 方式与撮合方式的差异主要表现在：一是信用基础不同，OTC 方式以交易双方的信用为基础，由交易双方自行承担信用风险，需要建立双边授信后才可进行交易，而撮合方式中各交易主体均以中国外汇交易中心为交易对手方，交易中心集中承担了市场交易者的信用风险；二是价格形成机制不同，OTC 方式由交易双方协商确定价格，而撮合方式通过计算机撮合成交形成交易价格；三是清算安排不同，OTC 方式由交易双方自行安排资金清算，而撮合方式由中国外汇交易中心负责集中清算。

步骤三　股票投资分析

一、股票投资基本分析

股票投资基本分析法通过对决定股票内在价值和影响股票价格的宏观经济形势、行业发展、公司经营状况等进行分析，评估股票的投资价值和合理价值，与股票市场价进行比较，形成买卖的建议。

（一）宏观方面

通过研究一个国家的经济政策，找出市场的内在价值，并与市场实际价值作比较，从而挑选出最具投资价值的股票。

1. 经济周期

从长期和根本上看，股票市场价格波动也在很大程度上反映了宏观经济状况的变化。从国外证券市场历史走势中不难发现，股票市场的变动趋势大体上与经济周期相吻合。在经济繁荣时期，企业经营状况好，盈利多，其股票价格也在上涨；经济不景气时，企业收入减少，利润下降，也将导致其股票价格不断下跌。

> **动动手**
> 查询我国国民生产总值及人均水平在世界的排名。

2. 国民收入

人均国民收入水平上升时，说明宏观经济运行情况良好，证券市场的前景较好；当国民收入向企业和个人倾斜时，说明企业的投资能力、居民的投资与消费能力都会提高，会促进经济的进一步增长，有利于上市公司的发展，增加证券市场的资金供给。

3. 财政政策

财政是国家为实现其职能的需要对一部分社会产品进行的分配活动，它体现着国家与其有关各方面发生的经济关系。其大小取决于物质生产部门以及其他行业的发展状况、经济结构的优化、经济效益的高低以及财政政策的正

动动脑

试分析现阶段适合投资哪个行业的股票？

确与否。财政支出主要用于经济建设、公共事业、教育、国防以及社会福利。国家合理的预算收支及措施会促使股价上涨，重点使用的方向也会影响到股价。财政规模和采取的财政方针对股市有着直接影响。如果财政规模扩大，只要国家采取积极的财政方针，股价就会上涨；相反，国家财政规模缩小，或者显示将要紧缩财政的预兆，则投资者会预测未来不景气而减少投资，因而股价就会下跌。虽然股价反应的程度会依当时的股价水准而有所不同，但投资者可根据财政规模的增减，作为评判股价转变的根据之一。

4. 利率

在影响股票市场走势的诸多因素中，利率是一个比较敏感的因素。一般来说，利率上升，可能会将一部分资金吸引到银行储蓄系统，从而减少股票市场的资金量，对股价造成一定的影响。同时，由于利率上升，企业经营成本增加，利润减少，也相应地会使股票价格有所下跌。反之，利率降低，人们出于保值增值的内在需要，可能会将更多的资金投向股市，从而刺激股票价格的上涨。同时，由于利率降低，企业经营成本降低，利润增加，也相应地促使股票价格上涨。

5. 汇率

随着各国开放度的不断提高，股市受汇率的影响也日益扩大。如果一国采取促进本币升值的货币政策，股价便会上涨，一旦其货币贬值，股价即随之下跌。但最直接的是对进出口贸易的影响，本国货币升值受益的多半是进口业，即依赖海外供给原料的企业；若本国货币贬值，由于出口业竞争力降低，导致经济利益受损。但不论货币升值或是贬值，对公司业绩以及经济局势的影响各有利弊，因此不能单凭汇率的升降去买入或卖出股票，这样做就会过于简单化。

6. 通货膨胀

通货膨胀是影响股票市场价格的一个重要宏观经济因素，这一因素对股票市场趋势的影响比较复杂，它既有刺激股票市场的作用，又有压抑股票市场的作用。通货膨胀主要是由于过多地增加货币供应量引起的。货币供应量与股票价格一般呈正比关系，即货币供给量增大会使股票价格上升；反之，货币供给量缩小则会使股票价格下降。多数情况下，股市会受多种因素的综合影响。

（二）公司因素

公司因素即上市公司的运营对股票价格的影响。

1. 公司竞争地位分析

优胜劣汰是市场经济的规律，在本行业中无竞争优势的企业，注定要随着时间的推移逐渐萎缩及至消亡。只有确立了竞争优势，并且不断地通过技术更新和管理提高来保持这种竞争优势的企业才有长期投资价值。衡量公司竞争地位的因素包括技术水平、市场开拓能力、市场占有率、项目储备及新产品开发能力。

2. 资本与规模效益

有些行业，比如汽车、钢铁、造船是资本密集型行业。这些行业往往是以"高投入，

大产出"为行业基本特征的。由资本的集中程度而决定的规模效益是决定公司收益、前景的基本因素。以中国的汽车工业为例，中国汽车工业三巨头——一汽、二汽、上海大众迄今仍未达到国际上公认的规模经济产量。而截至 1996 年底，在深、沪两地交易所挂牌的其他汽车生产企业在规模上又稍逊一筹。因而在进行长期投资时，这些身处资本密集型行业又无法形成规模效益的厂家，一般是不在考虑范围之内的。

3. 公司的盈利能力及增长性分析

衡量公司现实的盈利能力，以及通过分析各种资料而对公司将来的盈利能力做出预测是投资者要掌握的一项重要方法。衡量公司盈利能力的指标有资产利润率、销售利润率及每股收益率。

4. 财务分析

财务分析就是投资者通过对股份公司的财务报表进行分析和解释，来掌握该公司的财务情况、经营效果，进而了解财务报告中各项变动对股票价格有利和不利的影响，最终做出投资某一股票是否有利和安全的准确判断。财务分析的对象是财务报表，财务报表主要包括资产负债表、财务状况变动表和资产及利润分配表。从这三种表中应着重分析以下三项主要内容：公司的获利能力、公司的偿还能力及公司的经营效率。

二、股票投资技术分析

股票投资技术分析是相对于基本分析而言的。技术分析则是透过图表或技术指标的记录，研究市场过去及现在的行为反应，以推测未来价格的变动趋势。以下几种常用的股票投资分析技术：

1. K 线分析

K 线能够全面透彻地观察到市场的真正变化。我们从 K 线图中既可看到股价（或大市）的趋势，同时也可以了解到每日市况的波动情形。K 线的意义在于它可以记录行情的历史，是迄今为止用来表现股价走势最精练的表达形式，提供了投资者辨别多空双方力量大小的工具，方便投资者和政策制定者据其判断行情未来的涨跌情况，为决策提供参考。

2. 趋势线分析

趋势线反映的是证券价格的基本走势，主要有两种，即上升趋势线和下降趋势线。趋势线均具有压力线和支撑线。其高点与高点连接所形成的趋势线称压力线，低点与低点连接所形成的趋势线称支撑线。压力线对以后价格的上涨有压制作用，支撑线对以后价格的回落有一定的支撑作用。但是，对未来股价走势的分析也是以短期行情变化为目标，不过在许多时候也必须把它放在长期的行情中去分析理解。

3. 形态理论

形态指的是股价变化移动所呈现出的各种图形，即股价移动的曲线。形态理论认为决定价格移动的基本因素是市场中多空双方力量的对比，股价应该在多空双方取得均衡的位置上下波动，即保持平衡，原有的平衡被打破后，股价将寻找新的平衡位置（上升或下降），如此循环反复。

4. 道氏理论

"道氏理论"是一种技术理论，它是根据价格模式研究，推测未来价格行为的一种方法。道氏理论的形成经历了几十年。1902 年，在查尔斯·道去世以后，威廉姆·彼得·汉密尔顿（William Peter Hamilton）和罗伯特·雷亚（Robert Rhea）继承了道氏理论，并在其后有关股市的评论写作过程中，加以组织与归纳而成为今天我们所见到的理论。

"道氏理论"的内涵是股票会随市场的趋势同向变化。股票的变化表现为三种趋势：主要趋势、中期趋势及短期趋势。主要趋势：持续一年或以上，大部分股票将随大市上升或下跌，幅度一般超过20%；中期趋势：与基本趋势完全相反的方向，持续期超过三个星期，幅度为基本趋势的三分之一至三分之二；短期趋势：只反映股票价格的短期变化，持续时间不超过六天。

5. 缺口理论

缺口是指股价在快速大幅变动中有一段时间没有任何交易，显示在股价趋势图上是一个真空区域，这个区域称为"缺口"，通常又称为跳空。当股价出现缺口，经过几天，甚至更长时间的变动，然后反转过来，回到原来缺口的价位时，称为缺口的封闭，又称补空。缺口分普通缺口、突破缺口、持续性缺口和消耗性缺口四种。从缺口发生的部位大小，可以预测走势的强弱，确定是突破，还是已到趋势的尽头。它是判断各种形态时最有力的辅助材料。

任务二　债券投资理财

✷ 任务描述

本任务主要了解债券投资理财的相关基础知识，通过本任务内容的学习，学生可以对债券及债券市场有一个系统化、理论化的认知，掌握不同种类债券的特点及债券价格的影响因素，熟悉债券的相关法律法规，树立正确的投资理念，体会法治社会主义核心价值观。

步骤一　认识债券及债券市场

一、债券产品的界定

债券是政府、金融机构、工商企业等机构筹措资金时，向投资者发行的承诺按照规定利率支付利息，并按约定条件偿还本金的债务凭证。债券的本质是债的证明书，具有法律效力。债券投资人与发行人之间是一种债权债务关系，债券发行人是债务人，投资人是债权人。债券作为一种重要的融资手段和个人金融理财工具，具有偿还性、流通性、安全性、收益性等特点。

二、债券理财产品的类别

（一）按发行主体划分

1. 政府债券

政府债券是政府为筹集资金而发行的债券。主要包括国债、地方政府债券等，其中最主要的是国债。国债因其信誉好、利率优、风险小而又被称为"金边债券"。除了政府部门直接发行的债券外，有些国家把政府担保的债券也

债券的票面要素

动动手

查阅资料，国债为什么叫"金边债券"？

划归为政府债券体系，称为政府保证债券。这种债券由一些与政府有直接关系的公司或金融机构发行，并由政府提供担保。

2. 金融债券

金融债券是由银行和非银行金融机构发行的债券。在我国，金融债券主要由国家开发银行、进出口银行等政策性银行发行。金融机构一般有雄厚的资金实力，信用度较高，因此金融债券往往有良好的信誉。

> **动动手**
>
> 查询我国债券市场上，现在发行的金融债券和企业债券有哪些？

3. 公司（企业）债券

公司债券是指公司依照法定程序发行、约定在一定期限还本付息的有价证券。在国外，没有企业债券和公司债券的划分，统称为公司债。在我国，公司债券按照《公司债券发行与交易管理办法》规定执行，公司债券监管机构为中国证券监督管理委员会，发债主体为按照《中华人民共和国公司法》设立的公司法人。在实践中，其发行主体多为上市公司，其信用保障是发债公司的资产质量、经营状况、盈利水平和持续盈利能力等。公司债券在证券登记结算公司统一登记托管，可申请在证券交易所上市交易，其信用风险一般高于企业债券。

（二）按债券形态分类

1. 实物债券（无记名债券）

实物债券是一种具有标准格式实物券面的债券。它与无实物票券相对应，简单来说，债券是纸质的而非电脑里的数字。在其券面上，一般印有债券面额、债券利率、债券期限、债券发行人全称、还本付息方式等各种债券票面要素。实物债券不记名，不挂失，可上市流通。实物债券由于其发行成本较高，现已逐步消失。

2. 凭证式国债

凭证式国债是指国家采取不印刷实物券，而用填制"国库券收款凭证"的方式发行的国债。我国从 1994 年开始发行凭证式国债。凭证式国债具有类似储蓄、又优于储蓄的特点，属于储蓄式国债的一种。从购买之日起计息，可记名，可挂失，但不能上市流通。与储蓄类似，但利息比储蓄高。

储蓄国债知识读本

3. 记账式债券

记账式债券指没有实物形态的票券，以电脑记账方式记录债权，通过证券交易所的交易系统发行和交易。记账式国债购买后可以随时在证券市场上转让，流动性较强，就像买卖股票一样，中途转让除可获得应得的利息外（市场定价已经考虑到），还可以获得一定的价差收益（不排除损失的可能），这种国债有付息债券与贴现债券两种。

> **知识补充 5 - 3　储蓄国债与记账式国债**
>
> 储蓄国债和记账式国债的相同之处：均为财政部发行并还本付息的人民币国债。储蓄国债和记账式国债主要不同之处：
>
> 1. 发行对象不同。储蓄国债面向个人投资者发行；记账式国债面向全社会发行，

个人投资者可以通过记账式柜台交易试点、商业银行和证券交易所市场购买部分期次记账式国债。

2. 利率确定方式不同。当前，储蓄国债利率由财政部和中国人民银行比照储蓄存款基准利率，结合金融市场情况确定；记账式国债利率通过记账式国债承销团成员招投标确定。近年来，同期限记账式国债利率一般低于储蓄国债利率。

3. 流通属性不同。储蓄国债不可以上市流通，记账式国债可以上市流通。

4. 变现方式不同。储蓄国债可以按照有关规定，通过提前兑取、质押贷款等方式变现。记账式国债可通过上市交易、回购等方式变现，交易价格随市场变化波动。

5. 到期前终止投资的收益预知程度不同。储蓄国债投资者可通过提前兑取方式提前终止投资。储蓄国债提前兑取条件在发行时就已明确规定，因此投资者提前兑取所能获得的收益是可以预知的，不承担市场利率变动带来的价格风险。记账式国债投资者可通过二级市场卖出方式提前终止投资，但二级市场交易价格跟随金融市场变化而波动，有可能高于或低于发行面值。因此，购买记账式国债于到期前卖出，收益是不能预知的，投资者要承担市场利率变动带来的价格风险。

（三）按是否可转换划分

1. 可转换债券

可转换债券是指在特定时期内可以按某一固定的比例转换成普通股的债券，它具有债务与权益双重属性，属于一种混合性筹资方式。由于可转换债券赋予债券持有人将来成为公司股东的权利，因此其利率通常低于不可转换债券。若将来转换成功，在转换前发行企业既达到了低成本筹资的目的，转换后又可节省股票的发行成本。在深、沪证券交易所上市的可转换债券是指能够转换成股票的企业债券，兼有股票和普通债券双重特征。

2. 不可转换债券

不可转换债券是指不能转换为普通股的债券，又称为普通债券。由于其没有赋予债券持有人将来成为公司股东的权利，所以其利率一般高于可转换债券。

（四）按付息的方式划分

1. 零息债券

零息债券，也叫贴现债券，是指债券券面上不附有息票，在票面上不规定利率，发行时按规定的折扣率，以低于债券面值的价格发行，到期按面值支付本息的债券。从利息支付方式来看，贴现国债以低于面额的价格发行，可以看作是利息预付，因而又可称为利息预付债券、贴水债券，是期限比较短的折现债券。

2. 定息债券

定息债券是将利率印在票面上并按期向债券持有人支付利息的债券。该利率不随市场利率的变化而调整，因而定息债券可以较好地抵制通货紧缩的风险。

3. 浮息债券

浮息债券的息票率是随市场利率变动而调整的利率。因为浮息债券的利率同当前市场利率挂钩，而当前市场利率又考虑到了通货膨胀率的影响，所以浮息债券可以较好地抵制通货膨胀风险。其利率通常根据市场基准利率加上一定的利差来确定。浮息债券往往是中长期债券。

知识补充 5 - 4　上海证券交易所发行人申请债券上市的条件

上海证券交易所发行人申请债券上市的条件有：

1. 符合《证券法》等法律、行政法规规定的公开发行条件；
2. 经有关部门注册并依法完成发行；
3. 债券持有人符合本所投资者适当性管理规定；
4. 本所规定的其他条件。

本所可以根据市场情况，调整债券上市条件。

《中华人民共和国证券法》第十四条规定，公开发行公司债券，应当符合下列条件：

1. 具备健全且运行良好的组织机构；
2. 最近三年平均可分配利润足以支付公司债券一年的利息；
3. 国务院规定的其他条件。

三、债券市场的种类

债券市场是发行和买卖债券的场所。债券市场是金融市场的一个重要组成部分。根据不同的分类标准，债券市场可分为不同的类别。最常见的分类有以下几种：

1. 根据债券的运行过程和市场的基本功能，可将债券市场分为发行市场和流通市场

债券发行市场，又称一级市场，是发行单位初次出售新债券的市场。债券发行市场的作用是将政府、金融机构以及工商企业等为筹集资金向社会发行的债券，分散发行到投资者手中。

债券流通市场，又称二级市场，指已发行债券买卖转让的市场。债券一经认购，即确立了一定期限的债权债务关系，但通过债券流通市场，投资者可以转让债权，把债券变现。

债券发行市场和流通市场相辅相成，是互相依存的整体。发行市场是整个债券市场的源头，是债券流通市场的前提和基础。发达的流通市场是发行市场的重要支撑，流通市场的发达是发行市场扩大的必要条件。

2. 根据市场组织形式，债券流通市场又可进一步分为场内交易市场和场外交易市场

证券交易所是专门进行证券买卖的场所，如我国的上海证券交易所和深圳证券交易所。在证券交易所内买卖债券所形成的市场，就是场内交易市场，这种市场组织形式是债券流通市场的较为规范的形式。交易所作为债券交易的组织者，本身不参加债券的买卖和价格的决定，只是为债券买卖双方创造条件，提供服务，并进行监管。

场外交易市场是在证券交易所以外进行证券交易的市场。柜台市场为场外交易市场的主体。许多证券经营机构都设有专门的证券柜台，通过柜台进行债券买卖。在柜台交易市场中，证券经营机构既是交易的组织者，又是交易的参与者。此外，场外交易市场还包括银行间交易市场，以及一些机构投资者通过电话、电脑等通信手段形成的市场等。目前，我国债券流通市场由三部分组成，即沪深证券交易所市场、银行间交易市场和证券经营机构柜台交易市场。

3. 根据债券发行地点的不同，债券市场可以划分为国内债券市场和国际债券市场

国内债券市场的发行者和发行地点同属一个国家，而国际债券市场的发行者和发行地点不属于同一个国家。

知识补充5-5　银行间债券市场与交易所债券市场

银行间债券市场是指依托中国外汇交易中心暨全国银行间同业拆借中心（简称同业中心）和中央国债登记结算公司（简称中央登记公司）的，包括商业银行、农村信用联社、保险公司、证券公司等金融机构进行债券买卖和回购的市场。经过近几年的迅速发展，银行间债券市场已成为我国债券市场的主体部分。记账式国债的大部分、政策性金融债券都在该市场发行并上市交易。银行间债券市场品种日益丰富。国债、地方政府债、央行票据、金融债、短期融资券、中期票据、企业债、私募中票等品种均通过银行间市场进行交易。

交易所债券市场是以非银行金融机构和个人为主体的场内市场，该市场采用连续竞价方式交易，债券的托管与结算都在中国证券登记结算公司。在交易所交易的债券品种有国债、公司债、可转债、跨市场企业债等。除机构投资者外，个人投资者也可以通过交易所市场进行投资交易，像买卖股票一样在交易所买卖债券。场内债券交易的数量较小，一般以手（1 000 元面额）为单位。场内交易主要是通过交易所竞价系统进行担保交收。

从交易的金额上来看，银行间市场属于大宗交易市场，每个交易日有数百亿的现券交易在银行间市场成交；而现券交易也大多以 1 000 万作为基本单位。交易能力是否强、交易效率是否高，也会影响到投资者的业绩。个人投资者在选择基金进行投资时，基金公司的交易实力也是不可忽视的要素。相比于交易所债市，银行间债市才是我国债券交易的主场，其债券托管量已经超过 2 600 亿元，占总体债券存量的93%。也就是说，93%的债券只能通过银行间市场进行交易。

步骤二　债券价值的影响因素与债券收益率

一、影响债券价值的内部因素

1. 待偿期

债券的待偿期越短，债券的价格就越接近其终值，所以债券的待偿期越长，其价格就越低。另外，待偿期越长，发债企业所要遭受的各种风险就可能越大，所以债券的价格也就越低。

2. 票面利率

债券的票面利率也就是债券的名义利息率，债券的名义利率越高，到期的收益就越大，所以债券的售价也就越高。

3. 企业的资信程度

发债者资信程度高的，其债券的风险就小，因而其价格就高；而资信程度低的，其债券价格就低。所以在债券市场上，对于其他条件相同的债券，国债的价格一般要高于金融债券，而金融债券的价格一般又要高于企业债券。

4. 提前赎回规定

提前赎回条款是债券发行人所拥有的一种选择权。它允许债券发行人在债券发行一段时间以后，按约定的赎回价格在债券到期前部分或全部偿还债务。这种规定在财务上对发行人是有利的，因为发行人可以发行较低利率的债券取代那些利率较高的被赎回的债券，从而减少融资成本。而对于投资者来说，它的再投资机会受到限制，再投资利率也较低，这种风险是要补偿的。因此，具有较高提前赎回可能性的债券应具有较高水平的票面利率，也应具有较高水平的收益率，其内在价值也较低。

二、影响债券价值的外部因素

1. 市场利率

债券投资者的获利预期（投资收益率 R）是跟随市场利率的变化而变化的，若市场利率调高，则投资者的获利预期 R 也上升，债券的价格就会下跌；若市场的利率调低，则债券的价格就会上涨。这一点表现在债券发行时最为明显。

2. 供求关系

债券的市场价格还取决于资金和债券供给间的关系。在经济发展呈上升趋势时，企业一般要增加设备投资，所以它一方面因急需资金而抛出债券，另一方面它会从金融机构借款或发行公司债，这样就会使市场的资金趋紧而债券的供给量增大，从而引起债券价格下跌。而当经济不景气时，生产企业对资金的需求将有所下降，金融机构则会因贷款减少而出现资金剩余，从而增加对债券的投入，引起债券价格的上涨。而当中央银行、财政部门、外汇管理部门对经济进行宏观调控时也往往会引起市场资金供给量的变化，其反映一般是利率、汇率跟随变化，从而引起债券价格的涨跌。

3. 物价波动

当物价上涨的速度较快或通货膨胀率较高时，人们出于保值的考虑，一般会将资金投资于房地产、黄金、外汇等可以保值的领域，从而引起资金供应的不足，导致债券价格的下跌。

4. 政治因素

政治是经济的集中反映，并反作用于经济的发展。当人们认为政治形势的变化将会影响到经济的发展时，如政府换届，国家的经济政策和规划将会有大的变动，从而促使债券的持有人做出买卖交易决策。

影响债券价格的
外部因素

5. 投机因素

在债券交易中，人们总是想方设法地赚取价差，而一些实力较为雄厚的机构、大户就会利用手中的资金或债券进行技术操作，如拉抬或打压债券价格，从而引起债券价格的变动。

动动脑

查阅资料，债券市场有哪些投机行为？

三、债券收益率

1. 票面收益率

票面收益率又称名义收益率，是指债券年利息收入与债券票面金额的比值。票面收益率反映了债券投资者以票面金额的价格买进债券，持有至期满并以票面金额的价格卖出的收益率。

2. 直接收益率

债券直接收益率又称本期收益率、当前收益率，指债券的年利息收入与买入债券的实际价格之比率。

债券直接收益率反映了投资者投资成本带来的收益，忽略了资本损益（买入和卖出之间的差额），不能全面反映投资者的实际收益。

例如：某债券票面金额为 1 000 元，投资者以 920 元的市场价格买进，年利息收入 80 元，则直接收益率为 80/920 × 100% = 8.7%。

3. 持有期收益率

债券持有期收益率是指买入债券后持有一段时间，又在债券到期前将其出售而得到的收益，包括持有债券期间的利息收入和资本损益与买入债券的实际价格之比率。

不同计息方式的债券的持有期收益率的计算公式不同，付息债券由于定期支付利息的特点，其收益不仅包括了资本损益，还包括了利息收入。

其计算公式为：债券持有期间的收益率 = [年利息收入 + （卖出价格 – 买入价格）/持有年数]/买入价格 × 100%。

知识补充 5 – 6　国债净价交易

国债净价交易，就是一种在现券买卖时，以不含有自然增长应计利息的价格报价并成交的交易方式。也就是将国债成交价格与国债的应计利息分解，让交易价格随行就市，而应计利息则根据票面利率按天计算，从而使国债的持有人享有持有期间应得的利息收入。因此，在净价交易条件下，由于国债交易价格不含应计利息，其价格形成及变动能够更加准确地体现国债的内在价值、供求关系及市场利率的变动趋势。

学思育政 5 – 1　警惕投资理财陷阱

那些收益高到离谱的投资理财项目是真的吗？凡是自称超高收益、稳赚不赔的投资理财基本都是骗局。银保监会原主席郭树清曾在陆家嘴金融论坛上警示投资者说："理财产品收益超过 6% 就要打问号了，超过 8% 就已经很危险了，超过 10%，那就要做好损失全部本金的准备。"投资理财切忌盲目跟风，也不能随意轻信他人，更不能过分追求高收益。在理财前，要多看多研究，正确认知理财行为所蕴含的风险。对于"天天返利""保本保收益""收益可达 20% 以上"等诱惑性信息一定要保持高度警惕。同时，在产品的挑选上，一定要选择正规渠道的正规产品。

四、债券的信用评级

债券的信用评级是将债券发行人的信誉和偿债的可靠程度公布给投资者，使投资者尽量避免由于掌握信息不全面或判断不准确而造成损失，以保护债券投资者的利益。债券信用评级的主要内容是对债券的发行质量、发行人的资信状况以及投资者所承担的投资风险等进行评价，而对债券的市场价格、收益率等内容不予评价。这种信用评级，是为投资者购买债券和证券市场债券的流通转让活动提供信息服务。

目前国际上公认的最具权威性的信用评级机构，主要有美国标准普尔公司和穆迪投资服务公司。上述两家公司负责评级的债券很广泛，包括地方政府债券、公司债券、外国债券等。由于它们拥有详尽的资料，采用先进科学的分析技术，又有丰富的实践经验和大量专门人才，因此它们所做出的信用评级具有很高的权威性。

> **动动手**
>
> 查阅国内外评级公司对我国国债的信用评级情况。

美国标准普尔公司和穆迪投资服务公司都是独立的私人企业，不受政府的控制，也独立于证券交易所和证券公司。它们所做出的信用评级不具有向投资者推荐这些债券的目的，只是供投资者决策时参考。因此，它们对投资者负有道义上的义务，但并不承担任何法律上的责任。

知识补充 5-7 标准普尔简介及评级体系

标准普尔（S&P）作为金融投资界的公认标准，提供被广泛认可的信用评级、独立分析研究、投资咨询等服务。标准普尔提供的多元化金融服务中，标准普尔 1 200 指数和标准普尔 500 指数已经分别成为全球股市表现和美国投资组合指数的基准。该公司同时为世界各地超过 22 万家证券及基金进行信用评级。标准普尔已成为一个世界级的咨询品牌与权威的国际分析机构。标准普尔的服务涉及各个金融领域，主要包括：对全球数万亿债务进行评级；提供涉及 1.5 万亿美元投资资产的标准普尔指数；针对股票、固定收入、外汇及共同基金等市场提供客观的信息、分析报告。标准普尔的以上服务在行业均保持领先的位置。此外，标准普尔也是通过全球互联网网站提供股市报价及相关金融内容最主要的供应商之一。

（一）长期债券信用等级，共设 10 个等级，分别为 AAA、AA、A、BBB、BB、B、CCC、CC、SD/D 和 NP，其中长期信用等级的 AA 至 CCC 级可用"＋"和"－"号进行微调（如表 5-1 所示）。

表 5-1 长期债券信用评级

级别	评定
AAA	最高评级，偿还债务能力极强
AA	偿还债务能力很强，与最高评级差别很小
A	偿还债务能力较强，但相对于较高评级的债务/发债人，其偿债能力较易受外在环境及经济状况变动的不利因素的影响
BBB	目前有足够偿债能力，但若在恶劣的经济条件或外在环境下，其偿债能力可能较脆弱
BB	相对于其他投机级评级，违约的可能性最低，但持续的重大不稳定情况或恶劣的商业、金融、经济条件可能令发债人没有足够能力偿还债务

续表

级别	评定
B	违约可能性较 BB 级高，发债人目前仍有能力偿还债务，但恶劣的商业、金融或经济情况可能削弱发债人偿还债务的能力和意愿
CCC	目前有可能违约，发债人须依赖良好的商业、金融或经济条件才有能力偿还债务。如果商业、金融、经济条件恶化，发债人可能会违约
CC	目前违约的可能性较高。由于其财务状况，目前正受监察。在受监察期内，监管机构有权审定某一债务较其他债务有优先偿付权
SD／D	当债务到期而发债人未能按期偿还债务时，纵使宽限期未满，标准普尔亦会给予 D 评级，除非标准普尔相信债款可于宽限期内清还。此外，如正在申请破产或已做出类似行动以致债务的偿付受阻时，标准普尔亦会给予 D 评级。当发债人有选择地对某些或某类债务违约时，标准普尔会给予 SD 评级（选择性违约）
NP	发债人未获得评级

（二）短期债券信用等级共设 6 个等级，分别为 A-1、A-2、A-3、B、C 和 SD／D（见表 5-2）。

表 5-2　短期债券信用评级

级别	评定
A-1	偿还债务能力较强，为标准普尔给予的最高评级。此评级可另加" + "号，以表示发债人偿还债务的能力极强
A-2	偿还债务的能力令人满意，不过相对于最高的评级，其偿债能力较易受外在环境或经济状况变动的不利影响
A-3	目前有足够能力偿还债务，但若经济条件恶化或外在因素改变，其偿债能力可能较脆弱
B	偿还债务能力脆弱且投机成分相当高。发债人目前仍有能力偿还债务，但持续的重大不稳定因素可能会令发债人没有足够能力偿还债务
C	目前有可能违约，发债人须依赖良好的商业、金融或经济条件才有能力偿还债务。由于其财务状况，目前正受监察。在受监察期内，监管机构有权审定某一债务较其他债务有优先权
SD／D	当债务到期而发债人未能按期偿还债务时，即使宽限期未满，标准普尔亦会给予 D 评级，除非标准普尔相信债务可于宽限期内偿还。此外，如正在申请破产或已做出类似行动以致债务的付款受阻，标准普尔亦会给予 D 评级。当发债人有选择地对某些或某类债务违约时，标准普尔会给予 SD 评级（选择性违约）

步骤三　债券交易流程与策略

一、债券交易流程

个人投资者可持本人有效身份证件到国债代销机构网点购买储蓄国债（凭证式），该类国债需在发行期内购买，每期储蓄国债（凭证式）具体发行期以财政部和中国人民银行发行文件规定为准。

购买储蓄国债（电子式）前，个人投资者需通过国债代销机构营业网点柜台或网上银行渠道开立债券托管账户，并同时指定一个本人在该网点开立的人民币个人结算账户作为资金清算账户。个人投资者开户，应遵守《个人存款账户实名制规定》（中华人民共和国国务院令第285号）等关于实名制的有关要求。已开立记账式国债债券托管账户的个人投资者，仅需增加储蓄国债（电子式）功能。根据财政部和中国人民银行的有关要求，目前网上银行仅允许办理储蓄国债（电子式）的开户、购买、查询业务，提前兑取、质押贷款、非交易过户、资金清算账户变更等业务需通过营业网点柜台办理。

交易所交易债券交易流程与股票交易流程类似，投资者需要选择证券公司进行开户，签订证券交易委托协议，开立证券账户和资金账户。投资者可通过书面或电话、自助终端、互联网等自助委托方式委托证券公司买卖债券，证券公司按照投资者委托的时间先后顺序及时向证券交易所申报，以上海证券交易所为例，竞价交易中，债券交易的申报数量应当为1手或其整数倍，债券质押式回购交易的申报数量应当为100手或其整数倍，债券买断式回购交易的申报数量应当为1 000手或其整数倍，债券交易和债券买断式回购交易以人民币1 000元面值债券为1手，债券质押式回购交易以人民币1 000元标准券为1手。之后，证券交易所按照价格优先、时间优先的原则撮合成交，成交之后，进行债券的清算、交割及过户。

二、债券投资策略

从总体上来看，债券投资策略可以分为消极型投资策略和积极型投资策略两种，每位投资者可以根据资金来源和用途来选择适合自己的投资策略。在决定投资策略时，投资者应该考虑自身整体资产与负债的状况以及未来现金流的状况，期望达到收益性、安全性与流动性的最佳结合。

（一）投资前的风险记证

对于债券投资过程中可能遇到的各种风险，投资者应利用各种方法和手段去规避风险、转嫁风险，减少风险损失，力求获取最大收益。在投资之前，应通过各种途径，充分了解和掌握各种信息，从宏观和微观两方面去分析投资对象可能带来的各种风险。

从宏观角度，必须准确分析各种政治、经济、社会因素的变动状况，了解经济运行的周期性特点、各种宏观经济政策，尤其是财政政策和货币政策的变动趋势；关注银行利率的变动以及影响利率的各种因素的变动，如通货膨胀率、失业率等指标。

从微观角度，既要从总体上把握国家的产业政策，又要对影响国债或企业债券价格变动的各种因素进行具体的分析。对企业债券的投资者来说，了解企业的信用等级状况、经营管理水平、产品的市场占有情况以及发展前景、企业各项财务指标等都是十分必要的。

（二）几种债券投资策略

1. 购买持有策略

购买持有策略也称买入并持有策略，是指按确定的恰当的资产配置比例构造了某个投资组合后，在适当持有期内不改变资产配置状态，保持这种组合。买入并持有策略是消极型的长期再平衡方式，适用于有长期计划水平并满足于战略性资产配置的投资者。

在该策略下，投资组合完全暴露于市场风险之下，它具有交易成本和管理费用较小的优势，但也放弃了从市场环境变动中获利的可能，同时还放弃了因投资者的效用函数或风险承受能力的变化而改变资产配置状态，从而提高投资者效用的可能。因此，买入并持有策略适用于资本市场环境和投资者的偏好变化不大，或者改变资产配置状态的成本大于收益时的状态。

一般而言，采取买入并持有策略的投资者通常忽略市场的短期波动，而着眼于长期投资。就风险承受能力来说，由于投资者投资于风险资产的比例与其风险承受能力正相关，一般社会投资大众与采取买入并持有策略的投资者的风险承受能力不随市场的变化而变化，其投资组合也不随市场的变化而变化。因此，买入并持有战略的投资组合价值与股票市场价值保持同方向、同比例的变动，并最终取决于最初的战略性资产配置所决定的资产构成。投资组合价值线的斜率由资产配置的比例决定。

2. 梯形化投资策略

投资期限梯形化是指投资者将自己的资金分散投资在不同期限的债券上，投资者手中经常保持短期、中期、长期的债券，不论何时，总有一部分即将到期的债券，当它到期后，又把资金投资到最长期的证券中去。假定某投资者拥有 10 万元资金，他分别用 2 万元去购买 1 年期、2 年期、3 年期、4 年期和 5 年期的各种债券，这样，他每年都有 2 万元债券到期，资金收回后再购买 5 年期债券，循环往复。这种方法简便易行、操作方便，能使投资者有计划地使用、调度资金。

3. 分散化投资策略

投资种类分散化是指投资者将自己的资金分别投资于多种债券，如国债、企业债券、金融债券等。各种债券的收益和风险是各不相同的。如果将资金集中投资于某一种债券可能会产生种种不利后果。如把所有资金全部用来购买国债，这种投资行为尽管非常安全、风险很低，但由于国债利率相对较低，这样做使得投资者失去投资企业债券所能得到的高收益；如果全部资金用来投资于高收益的低等级企业债券，收益可能会很高，但由于缺乏安全性，很可能会遇到经营风险和违约风险，最终连同高收益的承诺也可能变为一场空。而投资种类分散化的做法可以达到分散风险、稳定收益的目的。

4. 短期化投资策略

投资短期化是指投资者将资金全部投资于短期证券上。采取短期化投资既能使债券具有高度的流动性，又能取得高于银行存款的收益。由于所投资的债券期限短，企业一旦需要资金时，能够迅速转让，满足生产经营的需要。采取这种投资方式能保持资金的流动性和灵活性。

5. 三角投资策略

三角投资策略就是利用国债投资期限不同所获本息不同的原理，使得在连续时段内进行的投资具有相同的到期时间，从而保证在到期时收到预定的本息和。这个本息和可能已被投资者计划用于某种特定的消费。三角投资法和梯形投资法的区别在于，虽然投资者都是在连续时期（年份）内进行投资。但是，三角投资法在不同时期投资的债券的到期期限是相同的，而不是债券的期限相同。

6. 逐次等额买进摊平投资策略

投资者对某种债券投资时，该债券价格具有较大的波动性，并且无法准确地预期其波动的各个转折点，投资者可以运用逐次等额买进摊平操作法进行投资。该方法就是在确定投资于某种债券后，选择一个合适的投资时期，在这一段时期中定期定量地购买债券，不论这一时期该债券价格如何波动都持续地进行购买，这样可以使投资者的平均成本低于平均价格。运用这种操作法，每次投资时，要严格控制所投入资金的数量，保证投资计划逐次等额进行。

学思育政 5 – 2

党的十八大以来，我国资本市场发展实现了"量"的稳步提升和"质"的持续优化，特别是随着科创板的设立、注册制平稳落地，市场化、法治化、国际化稳步推进，一个逐步走向规范、透明、开放、有活力、有韧性的中国资本市场正在成为我国经济结构转型和高质量发展的新引擎。党的二十大报告提出，健全资本市场功能，提高直接融资比重，为资本市场以服务实体经济为根基，促进资本、科技与实体经济的高质量循环指明了方向。只要我们以金融高质量发展作支撑，不断优化资本市场的发展质量与运行效率，通过金融"活水"持续浇灌实体经济，就能构建具有中国特色的创新型金融新生态。

任务三　基金投资理财

◎ 任务描述

通过基金基本知识和原理的学习，学生可以对基金有一个系统化、理论化的认识，掌握基金投资的风险及投资基金的作用，能够进行基金产品的选择和基金公司的选择，并建立基金投资组合，合理安排基金申购、赎回时机，熟悉基金行业相关规定，树立正确的投资理念，体会法治社会主义核心价值观。

步骤一　认识证券投资基金

一、基金的概念

基金发源地在英国，是在 18 世纪末、19 世纪初产业革命的推动下出现的。基金有广义和狭义之分，从广义上说，基金是指为了某种目的而设立的具有一定数量的资金，如信托投资基金、保险基金、退休基金、各种基金会的基金。狭义上来说，基金主要是指证券投资基金。而证券投资基金就是通过发售基金份额募集资金形成独立的基金财产，由基金管理人管理、基金托管人托管，以资产组合方式进行证券投资，基金份额持有人按其所持份额享受收益和承担风险的投资工具。

在不同的国家和地区，证券投资基金的称谓也不尽相同。例如，英国和我国香港称之为"单位信托基金"，美国称之为"共同基金"，日本和我国台湾地区称之为"证券投资信托基金"。

二、证券投资基金的特点

1. 集合理财，专业管理

它将零散的资金巧妙地汇集起来，交给专业机构投资于各种金融工具，以谋取资产的增值。基金对投资的最低限额要求不高，投资者可以根据自己的经济能力决定购买数量，有些基金甚至不限制投资额大小，完全按份额计算收益的分配。因此，基金可以最广泛地吸收社会闲散资金，汇成规模巨大的投资资金。在参与证券投资时，资本越雄厚，优势越明显，而且可能享有大额投资在降低成本上的相对优势，从而获得规模效益的好处。

基金资产由专业的基金管理人负责管理。基金管理人配备了大量的投资专家，他们不仅掌握了广博的投资分析和投资组合理论知识，而且在投资领域也积累了相当丰富的经验。基金可以说是专门为中小投资者设计的间接投资工具，大大拓宽了中小投资者的投资渠道。

2. 利益共享，风险共担

基金投资者是基金的所有者。基金投资人共担风险，共享收益。基金投资收益在扣除由基金承担的相关费用后的盈余全部归基金投资者所有，并依据各投资者所持有的基金份额比例进行分配。为基金提供服务的基金托管人、基金管理人只能按照约定收取一定的托管费、管理费，并不参与基金收益的分配。

3. 严格监管，信息透明

为切实保护投资者的利益，增强投资者对基金投资的信心，中国证监会对基金业实行比较严格的监管，对各种有损投资者利益的行为进行严厉的打击，并强制基金进行较为充分的信息披露。在这种情况下，严格监管与信息透明也就成为基金的一个显著特点。

4. 独立托管，保障安全

基金管理人负责基金的投资操作，本身并不经手基金财产的保管。基金财产的保管由独立于基金管理人的基金托管人负责。这种相互制约、相互监督的制衡机制对投资者的利益提供了重要的保护。

基金的买卖程序非常简便。对封闭式基金而言，投资者可以直接在二级市场交易，买卖程序与股票相似。对开放式基金而言，投资者既可以向基金管理人直接申购或赎回基金，也可以通过商业银行、证券公司、独立的基金销售机构等代理销售机构申购或赎回。

5. 组合投资，分散风险

证券投资基金具有组合投资、分散风险的好处。投资学上有一句谚语"不要把全部鸡蛋放在同一个篮子里"，但中小投资者通常无力做到这一点。如果投资者把所有资金都投资于一家公司的股票，一旦这家公司破产，投资者便可能损失惨重。而证券投资基金通过汇集众多中小投资者的小额资金，形成雄厚的资金实力，可以同时把投资者的资金分散投资于各种股票，使某些股票跌价造成的损失可以用其他股票涨价的盈利来弥补，分散了投资风险。

三、证券投资基金的投资风险

证券投资基金是一种集中资金、专家管理、分散投资、降低风险的投资工具，但投资者

投资于基金仍有可能面临风险。证券投资基金投资存在的风险主要有:

1. 市场风险

基金主要投资于证券市场,证券市场价格会因经济因素、政治因素、投资心理和交易制度等各种因素的影响而产生波动,导致基金份额净值发生变化,从而给基金投资者带来风险。证券市场风险主要包括政策风险、经济周期风险、利率风险、购买力风险、产业风险、信用风险、上市公司经营风险、流动性风险、国际竞争风险等,这些风险会给基金投资者带来不同程度的影响。

2. 管理风险

基金可能因为基金管理人和基金托管人的管理水平、管理手段和管理技术等因素,而影响基金收益水平。

3. 技术风险

当计算机、通信系统、交易网络等技术保障系统或信息网络支持出现异常情况时,可能导致基金日常的申购或赎回无法按正常时限完成、注册登记系统瘫痪、核算系统无法按正常时限显示基金净值、基金的投资交易指令无法及时传输等风险。

4. 巨额赎回风险

这是开放式基金所特有的风险。若因市场剧烈波动或其他原因而连续出现巨额赎回,并导致基金管理人出现支付困难时,基金投资者申请赎回基金份额,可能会遇到部分顺延赎回或暂停赎回等风险。

5. 其他风险

战争、自然灾害等不可抗力可能导致基金资产面临遭受损失的风险,以及证券市场、基金管理人及基金销售代理人可能因不可抗力无法正常工作,从而有影响按正常时限完成基金的申购和赎回的风险。

四、证券投资基金的种类

1. 根据募集方式不同,证券投资基金可分为公募基金和私募基金

公募基金,是指公开募集基金,即向不特定对象募集资金、向特定对象募集资金累计超过二百人,以及法律、行政法规规定的其他情形。它具有公开性、可变现性、高规范性等特点。

私募基金,指以非公开方式向特定投资者募集基金资金,并以证券为投资对象的证券投资基金。它具有非公开性、募集性、大额投资性、封闭性和非上市性等特点。

2. 根据运作方式的不同,证券投资基金可分为封闭式基金和开放式基金

封闭式证券投资基金,是指基金份额总额在基金合同期限内固定不变,基金份额持有人不得申请赎回的基金。封闭式基金成立后一般会上市,在封闭期内,如果投资者要把持有的基金份额变现,则不能要求基金公司赎回,只能通过证券交易所转让给第三者。

开放式证券投资基金,是指基金份额总额不固定,基金份额可以在基金合同约定的时间和场所申购或者赎回的基金。开放式基金成立后,投资者可以在场外随时进行申购和赎回,如果投资者要把持有的基金份额变现,则可以随时向基金公司提出赎回申请;如果投资者想购买基金份额,则可以随时向基金公司提出申购申请。

封闭式基金与
开放式基金的区别

3. 根据组织形式的不同，证券投资基金可分为公司型证券投资基金和契约型证券投资基金

公司型证券投资基金，简称公司型基金，是指按照《公司法》的规定，以公司形式组成的、具有独立法人资格并以营利为目的、以发行股份的方式募集资金而设立的一种基金。我国目前基金市场上并无此类基金。

契约型证券投资基金，简称契约型基金。是指按照信托契约原则，将投资者、管理人、托管人三者作为基金的当事人，通过签订基金契约、发行受益凭证而设立的一种基金。契约型基金是通过基金契约来规范基金当事人之间的关系和

> **✓ 动动手**
>
> 　　查阅支付宝中的基金定投产品。

行为，基金投资者是基金资产的实际所有者，基金管理人负责基金资产的管理和投资运作，基金托管人作为基金资产的名义持有人，负责基金资产的保管，并对基金管理人进行监督，基金管理人和基金托管人共同对基金投资者负责。我国目前证券市场上的基金全部都是契约型基金。

4. 根据投资对象的不同，证券投资基金可分为股票基金、债券基金、货币市场基金、基金中基金、混合基金等

股票基金是指80%以上的基金资产投资于股票；债券基金是指80%以上的基金资产投资于债券；货币市场基金是指仅投资于货币市场工具的基金；基金中基金是指80%以上的基金资产投资于其他基金份额；投资于股票、债券、货币市场工具或其他基金份额，并且股票投资、债券投资、基金投资的比例不符合前规定的，为混合基金。

5. 根据投资目标的不同，证券投资基金可划分为成长型基金、收入型基金与平衡型基金

成长型基金是基金中最常见的一种，它追求的是基金资产的长期增值。为了达到这一目标，基金管理人通常将基金资产投资于信誉度较高、有长期成长前景或长期盈余的公司的股票。成长型基金又可分为稳健成长型基金和积极成长型基金。

收入型基金主要投资于可带来现金收入的有价证券，以获取当期的最大收入为目的。收入型基金资产成长的潜力较小，损失本金的风险相对也较低，一般可分为固定收入型基金和股票收入型基金。固定收入型基金的主要投资对象是债券和优先股，尽管收益率较高，但长期成长的潜力很小，而且，当市场利率波动时，基金净值容易受到影响。股票收入型基金的成长潜力比较大，但易受股市波动的影响。

平衡型基金将资产分别投资于两种不同特性的证券上，并在以取得收入为目的的债券及优先股和以资本增值为目的的普通股之间进行平衡。这种基金一般将25%～50%的资产投资于债券及优先股，其余的投资于普通股。平衡型基金的主要目的是从其投资组合的债券中得到适当的利息收益，与此同时又可以获得普通股的升值收益。投资者既可获得当期收入，又可得到资金的长期增值，通常是把资金分散投资于股票和债券。平衡型基金的特点是风险比较低，缺点是成长的潜力不大。

步骤二　证券投资基金发行及交易

一、证券投资基金的发行

证券投资基金的发行也叫基金募集，它是指基金管理公司根据有关规定向基金主管部门提交募集文件、经注册后发售基金份额（对于开放式基金为首次发售基金份额）、募集基金的行为。对于公开发行基金，不论是封闭式基金还是开放式基金，基金的发行一般都要经过申请、注册、发售、备案、公告五个步骤。

二、证券投资基金的交易价格

基金交易方式因基金性质不同而不同。封闭式基金因有封闭期规定，在封闭期内基金规模稳定不变，既不接受投资者的申购又不接受投资者的赎回。因此，为满足投资者的变现需要，封闭式基金成立后通常申请在证券交易所挂牌，交易方式类似股票，即在投资者之间转手交易。而开放式基金因其规模是"开放"的，在基金存续期内其规模是变动的，除了法规允许自基金成立日始一定期限内（即建仓期）依基金契约和招募说明书规定只可接受申购不办理赎回外，其余时间如无特别原因，应在每个交易日接受投资者的申购与赎回。因此，开放式基金的交易方式为场外交易，在投资者与基金管理人或其代理人之间进行交易，投资者可至基金管理公司或其代理机构的营业网点进行基金券的买卖，办理基金份额的申购与赎回。

（一）开放式基金的净值及交易价格

开放式基金的价格是指基金持有人向基金公司申购或赎回基金单位的价格。基金的价格随基金设立的方式和基金类别的不同而有所差异，但基金各种价格确定的价值基础还是基金的资产净值。

1. 基金资产净值

基金资产净值（Net Asset Value，NAV）是指在某一时点一个基金单位实际代表的价值。投资基金是集聚众多投资者的资金又分散投资于金融市场的各种金融工具。而在证券市场上，股票、债券等金融工具的价格不断在变动，时升时降，基金的资产价值必定也随之增加或减少。因此，对于基金在某一时点的资产净值进行估算，才能及时反映基金资产状况。

基金资产净值的计算公式为：

$$基金资产净值 = （总资产 - 总负债）/基金单位总数$$

基金的总资产是指基金拥有的所有资产的价值，包括现金、股票、债券、银行存款和其他有价证券。基金的总负债是指基金应付给基金管理人的管理费和基金托管人的托管费等必要的开支即基金融资形成的负债。每基金单位的净资产价值，以计算日的基金净资产价值除以基金单位总数计算得到。

2. 基金交易未知价原则

除了基金首次发行时认购价格确定为 1 元外，开放式基金的买卖通常是采取"未知价法"，即投资者提交委托申请时，并不知道其基金净值。所以，投资者按照金额进行申购（申购多少钱的基金），按照份额赎回（赎回多少份的基金），基金交易时按照 T 日的净值成交，通常情况下

动动脑

基金交易为什么要采取"未知价原则"？

T + 1 日确认交易结果。（注：T 日为申购交易日，周末和节假日不属于 T 日，T 日以股市收市时间为界，每天 15:00 之前提交的交易按照 T 日晚上基金公司公布的净值成交，15:00 之后提交的交易将按照 T + 1 交易日的净值成交，比如星期五 15:00 之后提交的交易视为下周一的交易，T 日为下周一，以下周一基金公司披露的净值成交。）

（二）封闭式基金的交易及交易价格

1. 封闭式基金的交易价格

封闭式基金上市后，其交易价格主要受下列因素的影响：

第一，基金的份额净值。这是基金交易价格的价值基础，基金的交易价格就以基金单位的资产净值为中心上下波动。

第二，基金的供求关系。因为封闭式基金的发行单位有限，投资者对基金单位的需求有可能高于或者低于市场的供应量，会因此导致基金交易价格的溢价或者折价。

第三，市场的异常因素。如投资者对基金的不正确认识和人为的炒作，都有可能造成基金价格的上下波动。

2. 封闭式基金的折价率

由于在交易所上市交易的原因，封闭式基金的交易价格并不一定等同于其资产净值，而是由市场买卖力量的均衡决定的。当封闭式基金的市场价格高于其资产净值时，市场称之为溢价现象；反之，当封闭式基金的市场价格低于其资产净值时，市场称之为折价现象。折价率是以基金份额净值为参考，单位市价相对于基金份额净值的一种折损。因此，封闭式基金折价率的定义如下：封闭式基金折价率是指封闭式基金的基金份额净值和单位市价之差与基金份额净值的比率。封闭式基金折价率折价幅度的大小会影响到封闭式基金的投资价值。除了投资目标和管理水平外，封闭式基金折价率是评估封闭式基金的一个重要因素，对投资者来说，高折价率的封闭式基金存在一定的投资机会。

由于封闭式基金运行到期后是要按净值偿付的或清算的，所以封闭式基金折价率越高的封闭式基金，潜在的投资价值就越大。

三、基金交易流程

图5-3介绍了通过银行申购或赎回基金的流程。

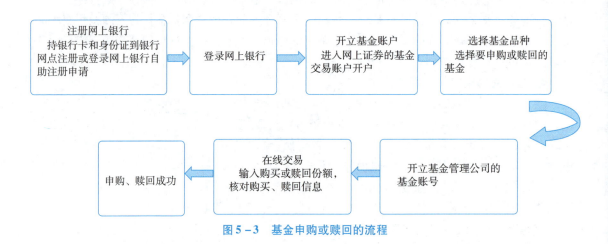

图5-3　基金申购或赎回的流程

步骤三　了解互联网基金产品

一、互联网基金的发展及概念

1. 互联网基金的发展

2013 年被称为互联网金融元年，这一年支付宝与天弘基金管理有限公司合作，推出了"余额宝"服务，开创了新的基金营销模式，自此基金进入了互联网基金时代。随着互联网金融的进一步发展，各基金公司纷纷与互联网企业进行跨界合作，抓住投资者分散、不同用途的闲置资金，推出不同的互联网基金产品，这些产品降低了基金投资门槛，缩短了基金申购赎回时间，同时，与传统的证券投资基金相比，又具备较强的流动性特征。

余额宝刚推出时，其对接的是天弘基金管理有限公司旗下的天弘增利宝货币市场基金这一只产品，目前对接已经扩展到近三十只货币市场基金产品。根据 Wind 的数据，截至 2022 年 3 月，在蚂蚁的余额宝平台上出售的货币市场基金管理的资产总额为 2.58 万亿元，同比增长 21%。

> ☑ 动动手
>
> 查一查目前余额宝对接的都有哪些基金？收益如何？

> **知识补充 5 – 8　余额宝发展大事记**
>
> 2013 年 12 月 31 日，余额宝的客户数达到 4 303 万人，规模为 1 853 亿元。2014 年底余额宝规模增长至 5 789 亿元，较 2013 年底增涨 3 倍之余。在 2015 年一季度央行首次大规模降准、股市走牛的背景下，余额宝规模不降反增了 1 327.88 亿元，至 7 117.24 亿元，环比增幅达 23%。2017 年 6 月底余额宝规模已达到 1.43 万亿元，超过了招商银行 2016 年年底的个人活期和定期存款总额，并直追 2016 年中国银行的个人活期存款平均余额 1.63 万亿元。
>
> 2017 年 5 月 27 日起，个人持有余额宝的最高额度调整为 25 万元，而相比此前，余额宝的个人账户持有上限为 10 万元。2017 年 8 月 11 日，天弘基金发布公告称，自 2017 年 8 月 14 日起，将余额宝个人交易账户持有额度上限调整为 10 万份（货币基金 1 份即 1 元），已有存量不受影响。12 月 8 日起，余额宝设定单日申购总额为 2 万元，个人交易账户持有额度 10 万元维持不变。
>
> 2018 年 2 月 1 日起，余额宝设置每日申购总量，每日 9 点限量发售，自动转入功能暂停。2018 年 5 月开始接入多只基金，截至 2018 年第四季度，13 家基金公司货币市场基金转入余额宝。2019 年 4 月 10 日起取消余额宝个人交易账户持有额度及单日申购额度限制。

在余额宝之后，微信联合华夏基金推出了微信理财通，苏宁金融推出了零钱宝，百度、网易、京东等纷纷联合基金公司推出了各种"宝宝"类产品，这些产品以低门槛、高便捷性及相对收益优势吸引了大批客户。近年来，我国互联网基民尤其是移动互联网基民人数正呈稳步上升趋势，其更偏向于通过第三方渠道购买基金，其中支付宝、微信、京东金融为主要的交易渠道。

2. 互联网基金的概念

2015 年，人民银行、证监会等十个部门联合发布《关于促进互联网金融健康发展的指导意见》（银发〔2015〕221 号，以下简称《指导意见》），对互联网基金销售业务进行了规定：基金销售机构与其他机构通过互联网合作销售基金等理财产品的，要切实履行风险披露义务，不得通过违规承诺收益方式吸引客户。基金管理人应当采取有效措施防范资产配置中的期限错配和流动性风险。基金销售机构及其合作机构通过其他活动为投资人提供收益的，应当对收益构成、先决条件、适用情形等进行全面、真实、准确表述和列示，不得与基金产品收益混同。第三方支付机构在开展基金互联网销售支付服务过程中，应当遵守人民银行、证监会关于客户备付金及基金销售结算资金的相关监管要求。第三方支付机构的客户备付金只能用于办理客户委托的支付业务，不得用于垫付基金和其他理财产品的资金赎回。互联网基金销售业务由证监会负责监管，但并未明确互联网基金的概念，学术界目前也未有统一的关于互联网金融概念的界定。

结合实践，我们认为互联网基金是在云计算、大数据等现代信息技术背景下，以用户体验为核心，通过第三方支付机构与基金公司、基金销售机构的合作，以互联网为渠道实现交易的一种新型基金理财方式。

二、互联网基金的特点

1. 效率高，成本低

互联网基金以互联网平台和大数据分析为基础开展业务，可以对客户进行精准画像，从而进行产品选择。相比传统的基金销售模式，效率更高且成本更低，提高了投资者的投资效率。

2. 操作便捷，人人参与

互联网基金业务操作过程简便快捷，能够使投资者获得极佳的使用体验，同时，多数互联网基金产品的投资门槛低。以余额宝为例，起投金额为 0.01 元，基本上人人可投。

三、互联网基金的发展趋势

2019 年 10 月，证监会发布了《关于做好公开募集证券投资基金投资顾问业务试点工作的通知》，公募基金投资顾问业务试点正式落地。专业基金投顾机构可以接受客户委托，在客户授权的范围内，按照协议约定为客户做出投资基金的具体品种、数量和买卖时机的选择，并代替客户进行基金产品申购、赎回、转换等交易申请。

截至目前，共有 18 家机构取得试点资质，包含基金公司、银行、证券公司以及第三方基金销售机构。其中 5 家公募基金已经全部上线公募投顾业务，5 家中南方、嘉实、中欧、华夏在自建 APP 与天天基金同步上线，易方达仅在天天基金上线了易方达基金投顾。蚂蚁（杭州）基金的"帮你投"由美国先锋领航集团（Vanguard 集团）与蚂蚁基金于 2020 年一同打造推出公募投顾服务，销售先锋领航的组合产品，通过大数据、云计算对客户的风险收益偏好进行分析并确定不同风险等级的投资组合，客户只需要选择符合自己预期收益和风险等级的组合产品即可。未来，

《关于做好公开募集证券投资基金投资顾问业务试点工作的通知》

📒 **动动手**

尝试体验支付宝中的"帮你投"服务，观察自己合适和投资组合。

互联网基金将会与金融科技融合的更紧密，发展也将会更智能、更便捷。

步骤四　证券投资基金投资分析

一、基金的选择

1. 基金的业绩

要分析基金的表现，不能单纯地看该基金的回报率，还要结合合适的基准来进行比较。所谓合适的基准，是指相关指数和其他投资于同类型证券的基金。只有同类基金才有可比性，参照物一定要相同。同时，在考查基金业绩时不仅要看该基金最近一段时间的回报率有多高，还要结合多个回报率指标来看该基金业绩是否具有持续性。之后还要结合该基金的业绩来看取得此业绩的背后需要承担多大的风险，也就是说要度量该基金的风险，在知道基金的收益和风险以后，可以计算出该基金的风险调整后收益，从而可以看出该基金在风险和收益之间的平衡状况。

2. 基金的资产配置和具体持仓

通过对基金的资产配置和持仓状况进行分析，可以看出基金的持仓是否符合国家产业政策，是否符合市场的热点，进而可以看出该基金的业绩是如何取得的，以及业绩是否具有可持续性。同时，投资者还必须分析基金资产配置中组合的风险分散程度，如果基金投资过分集中，风险会很大。除非是追求高收益、高回报的投资者，否则就不要投资持股太集中的基金。

3. 基金的投资目标和投资风格

投资目标因基金的不同而不同，投资者应衡量个人目标和基金的投资目标，即资金的投向是否大致上吻合。

对于稳健型投资者来说，在选择基金时，更关注的是本金的安全性，希望在锁定风险的同时，获得长期稳定的收益，因此可重点关注以下两种投资风格的基金。

（1）重点投资高股息、高债息品种的基金，或者本身热衷于分红的基金。投资这一类型的基金不仅可以把握资本利得机会，同时可以获得稳定的股息与债息收入。投资者在选择这一类型的基金时，可以重点观察基金招募说明书中对分配原则的规定，特别是看基金分配的比例。

（2）指数型基金。该类型的基金是一种以拟合目标指数、跟踪目标指数变化为原则，实现与市场同步成长的基金品种。指数基金的投资采取拟合目标指数收益率的投资策略，分散投资于目标指数的成分股，力求股票组合的收益率拟合该目标指数所代表的资本市场的平均收益率。在牛市行情已经确立的前提下，投资指数型基金风险较小，可获得市场的平均收益率。

4. 基金规模

一般来说，规模大的基金有其好处，包括有较多资源及研究，以及较少费用比率等。但是，证券市场是经常波动的。规模大的基金投资于规模大、业绩稳定的大公司，具有优势，所以大基金能做到业绩稳定、风险小。然而大型基金往往碍于其低流动性，不能像小型基金容易入货及出货，因而运作风险加大。小规模基金在这方面具有优势，而且小规模基金在投资成长性好的小公司时，具有更大的优势。

5. 注意风险偏好

对于积极成长型投资者来说，风险偏好和风险承受能力都较强，投资基金时希望在承担较大风险的情况下获取较高的超额收益，因此可重点关注以下投资风格的基金。

（1）具有高成长性的小市值公司股票的基金。虽然这类型的基金风险较大，但是由于所投资的公司具有高成长性，投资者在承担风险的同时，还能追求超额回报。

（2）秉承价值投资理念的基金。目前，我国证券市场仍有很多值被低估的优质股，市场仍将以价值投资为主导，投资者可重点关注秉承价值投资理念的基金。它们主要投资于内在价值被低估的上市公司的股票，或与同类型上市公司相比具有更高相对价值的上市公司股票，通过对投资组合的动态调整来分散和控制风险，在注重基金资产安全的前提下，追求基金资产的长期稳定增值。

（3）ETF指数型基金或LOF基金。投资这一类型的基金不仅能够获得净值增长带来的收益，还能利用基金自身所特有的套利机制在场内和场外进行套利，当基金净值高于场内交易价格时，可以在交易所买进该基金，同时在场外进行赎回，获得套利收益。

知识补充 5–9　ETF 指数型基金和 LOF 基金的区别

1. 基金投资策略不同。ETF指数型基金通常采用完全被动式管理方法，以拟合某一指数为目标；LOF基金则是在普通的开放式基金基础上增加了交易所的交易方式，它可以是指数型基金，也可以是主动管理型基金。

2. 申购和赎回的标的不同。ETF指数型基金与投资者交换的是基金份额与一篮子股票，而LOF基金的申购和赎回是基金份额与现金的对价。

3. 一级市场的参与门槛不同。只有资金庞大的投资者（基金份额通常要求在100万份以上）才能参与ETF指数型基金一级市场的申购、赎回交易；LOF基金在此方面没有特殊要求，中小投资者均可参与。

二、基金公司的选择

投资者在选择基金公司时，应从以下几个方面进行分析：

1. 基金公司的业绩

基金公司业绩的好坏是投资者选择基金公司的重要因素。对于投资者来说，获利的根本保证是基金业绩表现良好，而表现好的基金公司通常有良好的专业判断能力，这样才能在不断的投资过程中为投资者创造收益。

2. 基金公司的组织结构

组织结构的合理性对于一个基金公司来说非常重要。对于专业的资产管理来说，任何一个环节出问题都可能会带来很大的风险。分工明确、各部门间顺畅的运作以及一定的制衡机制等都是评价一个公司组织结构是否合理的标准。有的公司组织结构严密，设有专门的投资决策委员会，层次分明，个人失误的可能性减少，但也因每遇到重要决策，均需逐级请示批准，导致在激烈的竞争中处于劣势。而有些公司组织结构简单，反而灵活易变，但也很容易因个人失误导致整个决策的失败。

3. 基金公司的持续经营能力

基金是一种中长期的投资，因此选择基金公司时，也应着眼于基金公司的持续经营能力的高低，要将考察基金公司业绩的期限拉长到 3～5 年，不仅要看其在牛市中的表现是否良好，还要看其在熊市中的表现，综合分析该基金公司的投资价值。

4. 基金公司的投研团队特别是基金经理的水平

基金公司研究人员的数量、经验、稳定性以及专业知识结构都将决定公司整体的研究水平，是相当重要的指标。而基金经理是直接进行资产管理和投资决策环节中最重要的一员，基金经理的从业经历、选股哲学、稳定性都会影响基金的绩效。建议投资者了解该基金经理的基本数据与资历、其风格和过往业绩，以及将该公司旗下其他基金的运作业绩作为参考。

三、构建适合自己的基金组合

单纯投资一只基金，风险就会集中到这一只基金上，净值发生亏损时直接造成损失。而投资多只基金，虽然一只基金发生亏损，但另外几只基金在盈利，从而减少损失。构建适合自己的基金组合能有效达到平衡收益与风险的目的。要构建出适合自己的基金组合，需要关注以下几个问题：

1. 确定投资目标

为什么投资？投资要达到什么目标？需要多少资金？回答这些问题是投资过程的第一步，也是最艰难的一步。

首先，个人的投资目标和风险承受能力可能不一致。例如，投资者需要借助激进的投资方式，如买进小盘成长型基金获取高收益以实现投资目标，却无法承受在一个季度内亏损 20% 的风险。这时，投资者必须接受这个风险水平或调整投资目标。

其次，时间因素也有重要影响。如果投资目标是 30 年后退休养老，投资者就可承受较大的收益波动，因为可分散风险的期间较长，即使投资出现亏损，还有时间可以等待基金净值的回升。如果离投资目标为期不远，那么投资者应注重保有已获得的收益，而不要为了赚取更多收益去冒险，应该多投资于债券基金、货币市场基金，少投资于股票基金。

2. 制定核心组合

针对每个投资目标，投资者应选择三至四只业绩稳定的基金，构成核心组合，这是决定整个基金组合长期表现的主要因素。大盘平衡型基金适合作为长期投资目标的核心组合，至于短期投资目标的核心组合，选择短期和中期波动性较大的基金则比较适合。一种可借鉴的简单模式是，集中投资于几只可为投资者实现投资目标的基金，再逐渐增加投资金额，而不是增加核心组合中基金的数目。

制定核心组合时，应遵从简单的原则，注重基金业绩的稳定性而不是波动性，即核心组合中的基金应该有很好的分散化投资并且业绩稳定。投资者可首选费率低廉、基金经理在位期间较长、投资策略易于理解的基金。此外，投资者应时时关注这些核心组合的业绩是否良好。如果其表现连续三年落后于同类基金，应考虑更换。

3. 非核心组合的基金

在核心组合之外，不妨买进一些行业基金、新兴市场基金以及大量投资于某类股票或行业的基金，以实现投资多元化，并增加整个基金组合的收益。小盘基金也适合进入非核心组合，因为其比大盘基金波动性大。例如核心组合是大盘基金，非核心搭配则是小盘基金或行业基金。

但是，这些非核心组合的基金也具有较高的风险，因此对其要小心限制，以免对整个基金组合造成太大影响。

4. 基金数目并不重要

在组合中持有多少基金为好，这并没有定律。需要强调的是，整个组合的分散化程度，远比基金数目重要。如果投资者持有的基金都是成长型的或是集中投资在某一行业，即使基金数目再多，也没有达到分散风险的目的。相反地，一只覆盖整个股票市场的指数基金可能比多只基金构成的组合更为分散风险。

投资者应定期观察组合中各基金的业绩表现，将其风险和收益与同类基金进行比较。如果在一段时期内（例如三年）基金的表现落后于同类基金，应考虑更换。风险承受能力不强的投资者，可将投资在债券基金和股票基金之间重新配置。

四、申购和赎回时机选择

1. 股市是经济的晴雨表，如果股票市场有效，股市表现的好坏大致反映了经济发展的景气状况

经济发展具有周期性循环的特征，一个经济周期包括繁荣、衰退、萧条和复苏几个阶段。一般来说，在经济周期衰退至谷底到逐渐复苏到有所扩展阶段，投资股票型基金最合适。当明确锁定经济处于发展的谷底阶段，应提高债券基金、货币基金等低风险基金的投资比重。如果经济处于发展的复苏阶段，应加大股票基金的投资比重。当经济发展逐渐衰落的时候，要逐步获利了结，转换加大稳健收益类的基金产品。综合国内目前的股票市场和经济发展的情况，未来几年都会有很好的发展预期。

2. 基金募集的热度

股市中的一个屡试不爽的道理就是行情在情绪乐观高涨中结束，在悲观中展开。当平时不买股票的人开始谈论股票获利的可能性、当买卖股票成为全民运动时，距离股市的高点就已经为时不远了。相反，当散户们纷纷退出市场，市场可能就要开始反弹了。其实，判断市场的冷与热，从基金募集的情形就可以窥出一斑。经验显示，募集很好的基金通常业绩不佳，募集冷清的基金收益率反而比较高。这是因为投资人总是勇于追涨杀跌，怯于逢低介入。

3. 注意基金营销的优惠活动，节省交易费用

目前，基金公司在首发募集或者持续营销活动期间，为了吸引投资者，通常采用一些购买优惠活动。尤其是要注意在持续营销活动中，基金公司一般选择业绩优良的基金，投资这些基金通常比较安全。

4. 申购基金要摆脱基金净值的误区

投资基金的时候，投资者通常觉得，净值低的基金比较容易上涨，其实这完全是一种错觉，净值的高低与是否容易上涨没有直接的联系。基金投资的是很多只股票的集合，基金经理会随时根据个股股价的合理性、公司经营的竞争力及其所在行业的景气程度和市场变化来调整投资组合，随时可以选择更具有潜力的股票替换原有的股票。所以，选择基金不应看净值的高低而定，而是要根据市场的趋势来判断。

任务四　配置合适的证券理财产品

⚙ 任务描述

学生在了解了股票、债券、证券投资基金基本投资理论的基础上，通过完成本任务，初步掌握证券理财产品的配置方法，能够运用股票、债券和证券投资基金分析技术建立合理的投资组合并评判的投资价值。

一、案例背景

1. 家庭成员

妻子小丽，27 岁，西安市某单位会计师；先生小陈，30 岁，西安市某单位管理人员；儿子东东，2 岁。

2. 理财目标

近期：买新房，首要需求是购房，现居住的旧房面积过小，不能满足需要，所以近期想买一套新房，旧房现在市值 80 万元。

中期：3 年内买车，小丽和小陈经常外出旅游，如果有车就会方便很多，并且考虑到儿子今后上幼儿园和小学需要接送，因此筹划在 3 年内买车，计划购买 20 万元级别的车型。

远期：8～10 年后投资房产。西安市房价近年上涨了许多，许多人投资房地产赚了钱，小丽也制定了一个中远期目标，即 8～10 年后计划投资 80 平方米的房产用于出租，作为培养孩子的教育基金费用，在儿子高中毕业以后，可一次性卖出房产，作为孩子上大学的费用。

收入中上等并无负债。

3. 家庭现有资产状况

小丽及小陈的月收入分别为 5 500 元和 8 500 元，家庭每个月的生活费为 5 000 元，每个月大约结余 9 000 元，每年用于旅游、社交等方面的费用支出大约在 3 万元。目前，家有活期存款 3 万元、定期存款 10 万元和公积金存款 4 万元，还有股票类基金 4.7 万元和债券类基金 2.4 万元、理财产品 4 000 元。小丽为自己购买了一份保额为 10 万元的重大疾病险，为儿子买了一份保额为 20 万元的综合险，每年的保险费支出为 8 000 元。

请问，如果小丽要想实现这些目标，该如何安排资金？如何规划一些投资品种？

二、家庭财务状况分析

个人或家庭资产负债如表 5-3 所示。

表5-3　家庭资产负债表

日期：2023年12月31日　　　　　　　　　　　　　　　　姓名：小丽家庭

资产			金额/元	负债		金额/元
金融资产	货币型资产	现金与活期存款	30 000	家庭负债	住房贷款	
		定期存款	100 000		消费贷款	
		其他类型存款	40 000		车辆贷款	
	投资型资产	基金	71 000		助学贷款	
		理财产品	4 000		信用卡贷款	
					其他贷款	
实物资产		房产	800 000			
资产总计			1 045 000	负债总计		0
净资产				1 045 000		

2023年个人或家庭年度流量如表5-4所示。

表5-4　个人或家庭年度流量表（2019年度）

年收入		金额/元	占比/%	年支出	金额/元	占比/%
工资和薪金	小陈	102 000	60.71	日常生活支出	60 000	61.22
	小丽	66 000	39.29	商业保险费用	8 000	30.62
				其他支出	30 000	8.16
收入合计		168 000	100	支出合计	98 000	100
年结余				70 000		

财务比率分析如表5-5所示。

表5-5　财务比率分析

财务比率	比率/%
结余比率	41.67
投资与净资产比率	7.18
清偿比率	100.00
资产负债率	0.00
流动性比率	3.67

三、投资建议

建议证券资产配置如表5-6所示。

表 5 - 6　建议证券资产配置

产品类别	产品介绍	建议占比/%	预计平均收益率/%
股票	鉴于小丽家庭投资习惯，建议选择大盘蓝筹股进行投资，既能保证相对稳健收益，又能承担相对地的投资风险	15	10
股票基金	因小丽家庭属于工薪阶层，没有多余时间用于股票投资分析，建议购买股票型基金	25	8
债券基金	近几年，国债有相对较高的收益率，且风险较低	40	5
债券	可选择资质较好的企业债进行投资	20	4.5
资产组合平均收益			6.55

客户双方正值事业上升期，生活收入及支出都将有所提高。通过家庭资产负债表和现金流量表分析可以看出：

1. 家庭财务状况良好，资产配置偏于保守

资产负债率 = 负债/资产 = 0，说明家庭的投资性格趋向保守，没有充分利用银行信贷工具。

流动性比率 = 流动性资产/每月支出 = 3.67，其家庭流动性资产可以满足 3.67 个月的开支，流动性合适。

净资产投资率 = 投资资产总额（生息资产）/净资产 × 100% = 7.18%，比例偏低。

2. 丈夫作为家庭主要收入来源，保障不够，对家庭资产稳定是一种风险

建议为丈夫投保意外险，数额 4 000 元/年。

3. 可以降低定期存款比例，保有 10 000 元活期加 20 000 元货币市场基金，足以满足家庭 6 个月生活所需，并保持一定的流动性

股票市场剧烈波动，为平衡风险，建议保留股票基金 20 000 元、债券型基金 30 000 元，赎回其他基金，加上部分定期存款及公积金，计 16 万元。

假设新房 150 万，旧房出售 80 万元加 10 万元（结余 6 万元）共计 90 万元用于支付新房首付，公积金贷款 60 万，贷款期限 30 年，每月还贷 2 719 元，可用双方公积金还贷。三年后，将有近 20 万结余，可以购买 20 万元左右的汽车。10 年后结余 46.2 万元，加之证券投资本金 8.2 万元，可用于购买投资型房产。

投资规划

项目小结 ▶▶▶▶

（1）股票是股份证书的简称，是股份公司为筹集资金而发行给股东作为持股凭证并借以取得股息和红利的一种有价证券。股票的特点包括不可偿还性、参与性、收益性、流通性、价格波动性和风险性。

（2）按股票所代表的权益和风险不同，划分为普通股和优先股；按股票上市地点，划分为 A 股、B 股、H 股、N 股和 S 股；按股票投资主体，划分为国有股、法人股和社会公众股。

（3）股票交易市场可以分为证券交易所、场外市场、第三市场、第四市场。股票交易程序包括开设证券账户、开设资金账户、委托买卖、委托受理、撮合成交、清算与交割和过户。

（4）股票投资受宏观因素和微观因素影响，股票投资技术包括：K线分析、趋势线分析、形态分析、道氏理论和缺口理论。

（5）债券理财产品类别按发行主体划分为政府债券、金融债券、公司（企业）债券；按债券形态分类实物债券、凭证式债券和记账式债券；按是否可转换划分可转换债券、不可转换债券；按付息的方式划分零息债券、定息债券和浮息债券。

（6）影响债券价值的因素分为内部因素和外部因素。内部因素有待偿期、票面利率、企业的资信程度、提前赎回规定；外部因素有市场利率、供求关系、物价波动、政治因素和投机因素。

（7）债券投资策略包括购买持有策略、梯形化投资策略、分散化投资策略、短期化投资策略、三角投资策略和逐次等额买进摊平投资策略。

（8）证券投资基金就是通过向社会公开发行基金单位筹集资金，并将资金用于证券投资的基金。证券投资基金的投资风险包括市场风险、管理风险、技术风险、巨额赎回风险和其他风险。

（9）证券投资基金根据运作方式的不同，分为封闭式基金和开放式基金；根据组织形式的不同，分为公司型证券投资基金和契约型证券投资基金；根据投资目标的不同划分为成长型基金、收入型基金与平衡型基金。

（10）互联网基金是指在云计算、大数据等现代信息技术背景下，以用户体验为核心，通过第三方支付机构与基金公司、基金销售机构的合作，以互联网为渠道实现交易的一种新型基金理财方式。有着效率高、成本低、操作便捷、人人参与的优点，是未来基金发展的方向。

（11）基金的选择要考虑基金产品和基金公司两个方面。基金产品选择时从基金的业绩、基金的资产配置和具体持仓、基金的投资目标和投资风格、基金规模等方面考虑；基金公司的选择主要考虑基金公司的业绩、基金公司的组织结构、基金公司的持续经营能力、基金公司的投研团队几方面来考虑。

知识巩固 ▶▶▶▶▶

一、单项选择题

1. 20世纪60年代，美国芝加哥大学财务学家（　　）提出了著名的有效市场假说理论。

　A. 尤金·法默　　　　　　　　　B. 沃仑·巴菲特

　C. 本杰明·格雷厄母　　　　　　D. 马柯维茨

2. 股票的市场价格一般是指（　　）。

　A. 股票的发行价格　　　　　　　B. 股票的账面价值

　C. 股票的票面价值　　　　　　　D. 股票在二级市场上交易的价格

3. 购买A股票10 000股，买进价10元，卖出价16元，交易费600元，这笔交易资本利得是（　　）元。

A. 59 400　　　　　B. 60 000　　　　　C. 60 600　　　　　D. 159 400

4. 当收盘价与开盘价相同时，就会出现（　　）。

A. 一字形　　　　　B. 十字形　　　　　C. 光脚阴线　　　　　D. T字形

5. 衡量ETF指数型基金或LOF基金的内在价值最根本的指标是（　　）。

A. 单位资产净值　　B. 市盈率　　　　　C. 基金总资产　　　　D. 基金年化收益率

6. 如投资组合收益呈完全负相关的两只股票构成，则（　　）。

A. 该组合的非系统性风险能完全抵消

B. 该组合的风险收益为零

C. 该组合的投资收益大于其中任一股票的收益

D. 该组合的投资收益标准差大于其中任一股票收益的标准差

7. 证券投资基金不包括（　　）。

A. 封闭式基金　　B. 开放式基金　　　C. 创业投资基金　　D. 债券基金

8. 证券投资基金中的（　　）基金，在完成募集后，基金份额可以在证券交易所上市。

A. 封闭式　　　　B. 开放式　　　　　C. 公司型　　　　　D. 契约型

9. 按照基金规模是否固定，证券投资基金可以划分为（　　）。

A. 私募基金和公募基金　　　　　　　B. 上市基金和不上市基金

C. 开放式基金和封闭式基金　　　　　D. 契约型基金和公司型基金

10. 在美国，证券投资基金一般被称为（　　）。

A. 共同基金　　　　　　　　　　　　B. 单位信托基金

C. 证券投资信托基金　　　　　　　　D. 集合投资计划

11. 以下不属于证券投资基金特征的是（　　）。

A. 集合投资，专业管理　　　　　　　B. 组合投资，分散风险

C. 收益平稳，风险较小　　　　　　　D. 独立托管，保障安全

12. 基金（　　）是基金产品的募集者和基金的管理者，其最主要职责就是按照基金合同的约定，负责基金资产的投资运作，在风险控制的基础上为基金投资者争取最大的投资收益。

A. 份额持有人　　B. 管理人　　　　　C. 托管人　　　　　D. 注册登记机构

13. 债券作为证明（　　）关系的凭证，一般是以有一定格式的票面形式来表现的。

A. 产权　　　　　B. 委托代理　　　　C. 债权债务　　　　D. 所有权

14. 债券票面利率是债券年利息与债券票面价值之比率，又称（　　）。

A. 到期收益率　　B. 实际收益率　　　C. 持有期收益率　　D. 名义利率

15. 一般来说，期限较长的债券票面利率定得较高，是由于（　　）。

A. 流动性强，风险相对较小　　　　　B. 流动性强，风险相对较大

C. 流动性差，风险相对较小　　　　　D. 流动性差，风险相对较大

16. 关于债券的票面价值，下列描述正确的是（　　）。

A. 在债券的票面价值中，只需要规定债券的票面金额

B. 票面金额定得较小，发行成本也就较小

C. 票面金额定得较大，有利于小额投资者购买

D. 债券票面金额的确定要根据债券的发行对象、市场资金供给情况及债券发行费用等因素综合考虑

17. 下列关于债券票面要素的描述正确的是（　　　）。

A. 为了弥补自己临时资金周转之短缺，债务人可以发行中长债券

B. 当未来市场利率趋于下降时，应选择发行期限较长的债券

C. 票面金额定得较小，有利于小额投资者购买，持有者分布面广

D. 流通市场发达，债券容易变现，长期债券不能被投资者接受

18. 下列各项不属于影响债券利率的因素的是（　　　）。

A. 筹资者资信　　　　　　　　　B. 债券票面金额

C. 债券期限　　　　　　　　　　D. 借贷资金市场利率水平

二、判断题

1. 在强式有效市场中，证券分析师能够设计某种操作策略以使投资者获得超过市场平均收益水平的收益。　　　　　　　　　　　　　　　　　　　　　　　　　（　　）

2. 道氏理论认为，工业平均指数和运输业平均指数必须相互加强。　（　　）

3. 缺口分析是技术分析的重要手段之一，可以根据不同的缺口形态预测行情走势的变化方向和变化力度。　　　　　　　　　　　　　　　　　　　　　　　　　　（　　）

4. 从理论上说，不论是分割还是合并，将增加或减少股东持有股票的数量，进而改变每位股东所持股东权益占公司全部股东权益的比重。　　　　　　　　　　　　　（　　）

5. 选择收益正相关的证券构建证券组合更能降低风险。　　　　　　（　　）

6. 成熟股票市场的证券价格是由股票引起的供求关系所决定，而像我国这样的新兴股票市场的证券价格在很大程度上由资本收益率的供求关系所决定。　　　　　　（　　）

7. 证券投资基金的管理者是基金的实际所有者。　　　　　　　　　（　　）

8. 凡向投资人募集资金而形成的资金集合体都可以称为证券投资基金。（　　）

9. 契约型基金的投资者既是基金持有人，又是公司的股东，可以参加股东大会，行使股东权利。　　　　　　　　　　　　　　　　　　　　　　　　　　　　　（　　）

10. 货币市场基金的份额净值固定在1元人民币，基金收益通常用每万份日收益和最近7日年化收益率表示。　　　　　　　　　　　　　　　　　　　　　　　　　（　　）

11. 持股集中度越低，基金的风险越高。　　　　　　　　　　　　　（　　）

12. ETF指数型基金份额的认购可用现金认购，也可用证券认购。　　（　　）

13. 储蓄国债（电子式）在发行时就对提前兑取条件做出规定，投资者提前兑取所能获取的收益是不可预知的，要求承担由于市场利率变动而带来的价格风险。　　　　（　　）

14. 国债是政府债券的一种，中央政府和地方政府发行的债券都可以称为国债。（　　）

15. 按偿还期限的长短，国债分为短期国债、中期国债和长期国债。其中，短期国债、中期国债属于有期国债，而长期国债属于无期国债。　　　　　　　　　　　（　　）

三、思考题

1. 简述影响股票投资市场的宏观经济指标。

2. 简述对股票投资风险的认识。

3. 个人投资人在投资股票时更关注股票收益的哪个方面？如果是机构投资人，他们的关注点又是什么？

4. 基金投资有哪些投资风险？

5. 如何看待互联网基金的发展？

6. 证券投资基金的作用有哪些。

7. 如何选择基金申购、赎回时机，对基金投资收益有什么影响？

8. 债券发行方式有哪些。

9. 债券信用评级对债券价格有什么影响？

能力提升 ▶▶▶▶

1. 计算题：某企业在 2018 年 1 月以每张 1 020 元的价格购买利随本清的公司债券。债券面值 1 000 元，期限 3 年，票面利率 10%，不计复利。购买时市场利率为 8%。不考虑所得税，评价债券是否值得购买？

2. 调查身边的同学，判断其风险承受能力和投资偏好，分析该同学可用于投资的资金和适合的投资品种。

项目评价 ▶▶▶▶

知识巩固与能力提升（40 分）			得分：
计分标准： 得分 = 1 × 单选题正确个数 + 1 × 判断题正确个数 + 1 × 思考题正确个数 + 4 × 能力提升题正确个数			
学生自评（20 分）			得分：
计分标准：初始分 = 2 × A 的个数 + 1 × B 的个数 + 0 × C 的个数得分 = 初始分/28 × 20			
专业能力	评价指标	自测结果	要求 （A 掌握；B 基本掌握；C 未掌握）
股票投资理财	1. 股票的含义及特征 2. 股票交易市场及流程 3. 股票投资分析	A□　B□　C□ A□　B□　C□ A□　B□　C□	熟悉股票的含义及特征，掌握股票的交易流程，能够运用基本面分析法、技术分析法等对股票进行投资分析
债券投资理财	1. 债券的含义及特征 2. 债券价值的影响因素与债券收益率 3. 债券交易流程与策略	A□　B□　C□ A□　B□　C□ A□　B□　C□	熟悉债券的含义及特征，掌握影响债券价值的因素，能够计算债券不同的收益率，熟悉债券的投资策略
基金投资理财	1. 证券投资基金的含义及特点 2. 证券投资基金的类型 3. 证券投资基金发行及交易 4. 互联网基金产品 5. 证券投资基金投资分析	A□　B□　C□ A□　B□　C□ A□　B□　C□ A□　B□　C□ A□　B□　C□	熟悉证券投资基金的含义及特征，能够区分证券投资基金的类型，掌握基金的发行及交易流程，了解互联网基金产品的发展，能够对证券投资基金进行投资分析
配置合适的证券理财产品	合适的证券理财产品规划	A□　B□　C□	能够结合客户的财务分析，提出合适的证券投资理财规划

续表

专业能力	评价指标	自测结果	要求 （A掌握；B基本掌握；C未掌握）
职业道德 思想意识	1. 正确的投资理念 2. 法治的社会主义核心价值观	A□　B□　C□ A□　B□　C□	专业素质、思想意识得以提升，德才兼备

小组评价（20分）			得分：
计分标准：得分=10×A的个数+5×B的个数+3×C的个数			
团队合作	A□　B□　C□	沟通能力	A□　B□　C□

教师评价（20分）		得分：
教师评语		
总成绩	教师签字	

项目六　熟悉和开展实物理财业务

学习目标

知识目标
1. 了解黄金、房地产和收藏品的含义及特征；
2. 了解黄金、房地产和收藏品在个人理财中的作用；
3. 熟悉股票、债券和基金的价值构成及影响因素。

能力目标
1. 能够分析黄金、房地产和收藏品的投资价值；
2. 会进行各种实物理财产品的交易。

素质目标
1. 树立"房住不炒"的政策理念；
2. 建立良好风险防范意识，养成审慎的职业品质。

学习导航

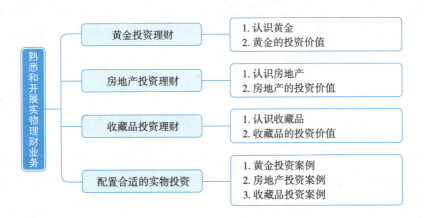

案例导入：黄金价格只会上涨吗

2007年，许小姐第一次通过银行投资黄金。她听从了建议，拿了5万元杀入金市。许小姐说："因为是第一次买，我对当时的价格记得非常清楚，129元1克。不过我没有持有到现在，大概去年的时候就卖光了。这中间我反反复复操作过多次，赚了多少我也不知道，但肯定是赚了。"许小姐表示，看了这段时间金价的疯狂之后，反而更坚定了对黄金的投资信心。

然而经过10余年700%的价格上涨后，一路上扬的金价突然下跌，使许多投资人遭遇到前所未有的打击，如何才能避免在黄金投资中铩羽而归呢？

任务一　黄金投资理财

✿ 任务描述

黄金认知主要了解黄金投资理财的相关基础知识，通过本部分内容学习，学生可以对黄金有一个系统化、理论化的认知，掌握不同种类黄金投资的特点及黄金价格影响因素。

步骤一　认识黄金

一、黄金及其属性

黄金是具备货币、金融和商品属性的一种贵金属，有"金属之王"之称，曾是财富和华贵的象征。随着社会的发展，黄金的经济地位和商品应用不断发生变化，它的金融储备、货币职能在调整，商品职能在回归。

（一）黄金的金融属性

由于黄金储备与保值资产的特性，对黄金还存在投资需求。对于普通投资者，投资黄金主要是在通货膨胀情况下，达到保值的目的。此外，人们还利用金价波动，入市赚取利润；另一方面，可在黄金与其他投资工具之间套利。如当美元贬值、油价上升时，黄金需求量便会有所增加，价格上涨；如当股市上涨，吸引大量资金，那么黄金需求可能会相应减少，价格下跌。目前，世界局部地区政治局势动荡，石油、美元价格走势不明，导致黄金价格波动比较剧烈，黄金现货及依附于黄金的衍生品种众多，黄金的投资价值凸显，黄金的投资需求不断放大。

黄金储备是央行用于防范金融风险的重要手段之一，也是衡量一个国家金融健康的重要指标。从目前各中央银行的情况来看，俄罗斯、中国、日本作为经济政治大国，黄金储备量偏少。作为一个在全球经济中有巨大影响力的国家，黄金储备一般占到外汇储备的10%。2006年年底，中国外汇储备达到10 000亿美元，而黄金储备却只有600多吨，仅占中国外汇储备总额的1.2%，远远低于发达国家的水平。从保值、增值和分散化投资的角度来看，中国将会调整外汇储备结构，实施多元化战备，包括提高黄金的储备比例。

（二）黄金的货币属性

马克思有一个著名的论断："金银天然不是货币，而货币天然是金银"。在人类文明发展的历史长河中，随着社会分工的出现和社会结构分化，以物质生活资料为基础的社会经济资源的分配变得十分重要。为了解决这一问题，先贤们探索出了设定某种（正式或非正式的）制度安排——交易媒介（货币）和交易制度（等价交换），来解决社会分工和社会结构分化后产生的社会经济资源的分配问题。货币和交易制度自产生以来始终是社会经济发展和资源有效配置的基础，并在此基础上产生了货币经济关系和货币金融关系。货币的制度设定要求币材的属性十分稳定，并且不容易获取。因为较容易获取的币材往往难以控制其流量和存量，从而使货币属性所要求的价值尺度不够稳定。人类在社会发展过程中选择贵金属或其他稀缺难得的资源作为币材，从而使黄金白银等贵金属在整个货币史中处于非常突出的地位。黄金作为货币的历史十分悠久，出土的古罗马亚历山大金币距今已有 2 300 多年，波斯金币距今已有 2 500 多年历史。现存中国最早的金币是春秋战国时楚国铸造的"郢爰"，距今也已有 2 300 多年的历史。但是这些金币只是在一定范围内、区域内流通使用的辅币。黄金成为一种世界公认的国际性货币是在 19 世纪出现的"金本位"时期。黄金仍是可以被国际接受的继美元、欧元、英镑、日元之后的第五大国际结算货币。

（三）黄金的商品属性

1. 饰品和用具

在科学技术和生产力水平比较低的年代，黄金的用途除了作为货币商品，黄金饰品（包括首饰、佛像装饰、宫廷及庙宇建筑装饰等）和用具（包括宫廷和达官贵人的生活用品和奢侈品）是其最基本的用途，还作为财富的象征和身份的标志，中外都是如此。当今世界黄金饰品随处可见，黄金用具则基本上成为历史陈迹。如中国出土文物金缕玉衣、黄金器皿和故宫的皇家黄金用品等。国外还有同类的黄金饰品或用具，如公元前 47 年古埃及被罗马帝国占领，罗马大帝恺撒凯旋时就展示了从埃及掠夺的 2 822 个金冠，每个金冠重 8 千克，共计 22.58 吨。如果说有什么变化的话，在历史的长河中黄金饰品特别是首饰长盛不衰，黄金用具则日渐式微。

2. 工业与高新技术产业

由于金所特有的物化性质：具有极高抗腐蚀的稳定性；良好的导电性和导热性；原子核具有较大捕获中子的有效截面；对红外线的反射能力接近 100%；在金的合金中具有各种触媒性质；还有良好的工艺性，极易加工成超薄金箔、微米金丝和金粉，很容易镀到其他金属、陶器及玻璃的表面上；在一定压力下金容易被熔焊和锻焊；可制成超导体与有机金等，使它

黄金属性

广泛应用于工业和现代高新技术产业中，如电子、通信、宇航、化工、医疗等领域。

二、黄金市场及参与主体

（一）黄金市场

黄金市场经过几百年的发展，特别是黄金非货币化后这 30 年的发展，已经形成了较为完善的交易方式和交易系统。根据目前各重要的黄金市场为交易提供服务的机构和场所的不同，交易和交割方式的不同等，黄金市场也有不同的种类：

1. 欧式黄金交易

这类黄金市场里的黄金交易没有一个固定的场所，例如伦敦黄金市场，是由各大金商及其下属公司相互联系组成的，通过金商与客户之间的电话、电传等进行交易；而苏黎世黄金市场上的买家和卖价基本上是保密的，其交易量也都难以真实统计。

动动手

查阅我国历史上关于黄金交易的政策。

2. 美式黄金交易

美式黄金交易实际上是建立在典型的期货市场基础上的，黄金交易类似于在该市场上进行的其他商品交易。商品（期货）交易所作为一个非营利机构本身不参加黄金交易，只提供场地、设备，同时制定有关法规，依法确保交易公平、公正地进行，并对黄金交易进行严格控制。

3. 亚式黄金交易

这类黄金交易一般有专门的黄金交易场所，同时进行黄金的期货和现货交易。交易所实行会员制，只有达到一定要求的公司和银行才可能成为会员，并对会员的数量配额有极为严格的控制。虽然进入交易场所内的会员数量较少，但信誉极高。以香港金银业贸易场为例，场内会员采用公开叫价、口头拍板的形式交易，由于场内的金商严守信用，所以很少发生违规事件。

（二）黄金市场参与主体

从国际经验上来看，黄金市场的参与者可分为金商、银行、对冲基金等金融机构、各个法人机构、私人投资者以及在黄金期货交易中有很大作用的经纪公司。

1. 金商

由于其与世界上各大金矿和许多金商有广泛的联系，而且其下属的各个公司又与许多商店和黄金顾客联系，因此，五大金商会根据自身掌握的情况不断调整。

2. 银行

银行又可以分两类。一种是仅仅为客户代行买卖和结算，自身并不参加黄金买卖，以苏黎世的三大银行为代表。另一种是商业银行以投资者身份直接参与黄金交易市场，如著名投行高盛。

3. 对冲基金

黄金价格几乎每次大的下跌都与基金公司借入短期黄金在即期黄金市场抛售和在纽约商品交易所黄金期货交易所构筑大量的淡仓有关。一些规模庞大的对冲基金利用与各国政治、工商及金融界千丝万缕的联系往往较先捕捉到经济基本面的变化。

4. 各种法人机构和私人投资者

这里既包括专门出售黄金的公司，如各大金矿、黄金生产商、专门购买黄金消费的（如各种工业企业）黄金制品商、首饰行以及私人购金收藏者等，也包括专门从事黄金买卖业务的投资公司、个人投资者等。种类多样，数量众多。

但是从对市场风险的喜好程度分，又可以分为风险厌恶者和风险喜好者。前者希望回避风险，将市场价格波动的风险降低到最低程度，包括黄金生产商、黄金消费者等，后者就是各种对冲基金等投资公司，希望从价格涨跌中获取利益。前者希望对黄金保值，而转嫁风险；后者希望获利而愿意承担市场风险。

> **动动手**
>
> 查阅资料了解黄金定价规则。

5. 经纪公司

有的交易所将经纪公司称为经纪行（Commission House）。在纽约、芝加哥、香港等黄金市场里活跃着许多的经纪公司，他们本身并不拥有黄金，只是派场内代表在交易厅里为客户代理黄金买卖，收取客户的佣金。

6. 交易所

从国际经验上来看，黄金交易一般都有一个固定的交易场所，目前世界上共有五大黄金交易所，分别是英国伦敦黄金交易所、瑞士苏黎世黄金交易所、新加坡黄金交易所、中国香港黄金交易所和东京黄金交易所。中国上海黄金交易所于 2002 年年底成立，位于上海外滩的中国外汇交易中心内。

在中国的黄金市场上还不存在类似黄金市场的对冲基金之类的市场机构。中国黄金市场实行的是会员制，目前共有金融类和非金融类共 108 家会员，其中以商业银行为代表的金融类会员占据了大部分的交易量。随着上海金交所一年多的营运，中国黄金市场最大的供应商也渐渐浮出水面，中国黄金总公司下属的中金股份有限公司成为金交所最大的黄金提供者。

三、黄金理财产品

（一）实物黄金

1. 投资金条

投资金条（块）时要注意最好要购买世界上公认的或当地知名度较高的黄金精炼公司制造的金条（块）。这样，以后在出售金条时会省去不少费用和手续，如果不是从知名企业生产的黄金，黄金收购商要收取分析黄金的费用。国际上不少知名黄金商出售的金条包装在密封的小袋中，除了内装黄金外，还有可靠的封条证明，这样在不开封的情况下，再售出金条时就会方便得多。一般金条都铸有编号、纯度标记、公司名称和标记等。由于金砖（约400 盎司[①]）一般只在政府、银行和大黄金商间交易使用，私人和中小企业交易的一般为比较小的金条，这需要特大金砖再熔化铸造，因此要支付一定的铸造费用。一般而言，金条越小，铸造费用越高，价格也相应提高。投资金条的优点是：不需要佣金和相关费用，流通性强，可以立即兑现，可在世界各地转让，还可以在世界各地得到报价；从长期看，金条具有保值功能，对抵御通货膨胀有一定作用。缺点是占用一部分现金，而且在保证黄金实物安全方面有一定风险。购买金条需要注意的方面：最好购买知名企业的金条，要妥善保存有关单据，要保证金条外观，包括包装材料和金条本身不受损坏，以便将来出手方便。

2. 投资金币

金币有两种，即纯金币和纪念性金币。纯金币的价值基本与黄金含量一致，价格也基本随国际金价波动。纯金币主要为满足集币爱好者收藏。有的国家纯金币标有面值，如加拿大曾铸造有 50 元面值的金币，但有的国家纯金币不标面值。由于纯金币与黄金价格基本保持一致，其出售时溢价幅度不高（即所含黄金价值与出售金币间价格差异），投资增值功能不大，但其具有美观、鉴赏、流通变现能力强和保值功能，所以仍对一些收藏者有吸引力。纪念性金币由于较大溢价幅度，具有比较大的增值潜力，其收藏投资价值要远大于纯金币。纪念性金币的价格主要由三方面因素决定：一是数量越少价格越高；二是铸造年代越久远价值越高；三是目前的品相越完整越值钱。纪念性金币一般都是流通性币，都标有面值，比纯金币流通性更强，不需要按黄金含量换算兑现。由于纪念性金币发行数量比较少，具有鉴赏和历史意义，其职能已经大大超越流通职能，投资者多为投资增值和收藏、鉴赏用，投资意义

---

① 1 盎司≈28.35 克。

比较大。如一枚 50 美元面值的纪念金币，可能含有当时市价 40 美元的黄金，但发行后价格可以大大高于 50 美元的面值。投资纪念金币虽有较大的增值潜力，但投资这类金币有一定的难度，首先要有一定的专业知识，对品相鉴定和发行数量、纪念意义、市场走势都要了解，而且还要选择良好的机构进行交易。

3. 购买金饰

对于金饰来讲，其投资意义要比金条和金币小得多，原因是金饰的价值和黄金的价格有一定的差距，市场上常有黄金价格和饰金价格，两者价格有一定差距。虽然饰金的金含量也为 0.999 或为 0.99，但其加工工艺要比金条、金砖复杂，因此买卖的单位价格往往高于金条和金砖，而

动动脑

金饰品能不能作为黄金投资品？

且在单位饰金价格（元/克）外，还要加一些加工费，这就使饰金价格不断抬高，回收时折扣损失也大。其主要功能是美观和装饰用。但不是说饰金毫无投资意义，"如果日子实在过不下去，我还可以卖我太太的首饰"这句话表达了金首饰也有较强的变现能力。由于世界上不少地区和国家对于足饰金按当时的饰金单价回收，回收渠道也比较顺畅，如香港金店就可以直接回收金条和饰金，对于收入不高的居民来讲，购买金首饰除了美观外，也可以有应急的作用，如果在饰金价格比较低的阶段购买，保值和升值的作用也比较明显。当然，对于职业投资者来讲，饰金是不具备投资价值的。

（二）纸黄金

"纸黄金"又称为"记账黄金"，是一种账面虚拟的黄金，一般资金实力雄厚、资信程度良好的商业银行、黄金公司或大型黄金零售商发行，投资者只在账面从事黄金买卖，不做黄金实物的提取交割或存放。纸黄金可以节省实金交易必不可少的保管费、储存费、保险费、鉴定费及运输费等费用的支出，降低黄金价格中的额外费用，加快黄金的流通，提高黄金市场交易的速度。但是，由于纸黄金不能提取实物黄金，没有保值功能，因此并不能抵御通胀风险。

中国银行的"黄金宝"是我国开发最早的个人纸黄金品种，目前国内各大银行开办了纸黄金业务。投资者只要带着身份证与不低于购买 10 克黄金的现金可到银行开设纸黄金买卖专用账户，交易费用一般为买卖一次收取 1 元/克的手续费，但一次交易量超过 1 000 克可享受一定折扣。报价跟随黄金市场的波动情况加入各自银行点差形成，一般分本币金价和外币金价。

（三）黄金管理账户

所谓黄金管理账户是指经纪人全权处理投资者的黄金账户，这是一种风险较大的投资方式。其关键在于经纪人的专业知识和操作水平，以及信誉程度。一般来讲，提供这种投资的企业具有比较丰富的专业知识，而所收取的费用也不高。而且这类投资型企业对客户的要求也比较高，对客户情况比较了解，如客户的财务状况，要求客户的投资额也比较大。投资黄金管理账户的优点是：可利用经纪人的专业知识和投资经验，节省自身的大量时间。缺点是：考查经纪人有一定难度，一旦确定经纪人投资黄金管理账户，在约定的范围内，对经纪人的决策是无法控制，在实际投资运作中出现风险和损失，由委托人全权负责，与经纪人无关。

（四）黄金期货

和其他期货买卖一样，黄金期货也是按一定成交价，在指定时间交割的合约，合约有一

定的标准。期货的特征之一是投资者为能最终购买一定数量的黄金而先存入期货经纪机构一笔保证金（一般为合同金额的5%～10%）。一般而言，黄金期货购买和销售者都在合同到期日前，出售和购回与先前合同相同数量的合约而平仓，而无须真正交割实金。每笔交易所得利润或亏损

动动手

查阅资料了解黄金期货定价交易流程。

等于两笔相反方向合约买卖差额，这种买卖方式也是人们通常所称的"炒金"。黄金期货合约交易只需10%左右交易额的定金作为投资成本，具有较大的杠杆性，即少量资金推动大额交易，所以黄金期货买卖又称"定金交易"。投资黄金期货的优点：较大的流动性，合约可以在任何交易日变现；较大的灵活性，投资者可以在任何时间以满意的价位入市；委托指令的多样性，如即市买卖、限价买卖等；品质保证，投资者不必为其合约中标的的成色担心，也不要承担鉴定费；安全方便，投资者不必为保存实金而花费精力和费用；杠杆性，即以少量定金进行交易；价格优势，黄金期货标的是批发价格，优于零售和饰金价格；市场集中公平，期货买卖价格在一个地区、国家开放条件下，与世界主要金融贸易中心和地区价格是基本一致的；套期保值作用，即利用买卖同样数量和价格的期货合约来抵补黄金价格波动带来的损失，也称"对冲"。黄金期货投资的缺点：投资风险较大，因为需要较强的专业知识和对市场走势的准确判断；市场投机气氛较浓，投资者往往会由于投机心理而不愿脱身，所以期货投资是一项比较复杂和劳累的工作。

（五）黄金期权

期权是买卖双方在未来约定的价位具有购买一定数量标的的权利，而非义务，如果价格走势对期权买卖者有利，则会行使其权利而获利，如果价格走势对其不利，则放弃购买的权利，损失只有当时购买期权时的费用。买卖期权的费用（或称期权的价格）由市场供求双方力量决定。由于黄金期权买卖涉及内容比较多，期权买卖投资战术也比较多且复杂，不易掌握，目前世界上黄金期权市场并不多。黄金期权投资的优点也不少，如具有较强的杠杆性，以少量资金进行大额的投资；如是标准合约的买卖，投资者则不必为储存和黄金成色担心；具有降低风险的功能；等等。

知识补充 6 – 1　中国银行黄金期权产品

目前中国银行有1周、2周、1个月、3个月四种期限的黄金期权产品，而且这些产品均为欧式期权，即到期日才能执行。我们就以该行的A、B、C三类产品来说明产品的投资过程和投资方法。

假设当前国际现货黄金的价格为915美元/盎司。

1. A类，平价期权

即买权和卖权的执行价都定为915美元，期权费由银行报价给出，例如1个月买权为26美元，1个月卖权也为26美元。看好黄金价格未来一月走势的投资者可以考虑购买这类产品的买权，而看空黄金1月走势的投资者则可以买入卖出期权。期权费就可以看作对未来走势的一个投资，如果判断失误，期权费就作为判断失误的成本，如果判断正确就可以获得因此带来的收益（当然如果期权获得利润不够多，综合来看还是会有亏损）。

---

2. B 类，价内期权

即买权和卖权的执行价都定为比当前价格稍低的价格，比如为 910 美元/盎司，从而使得当前的买权变为价内期权（即当前执行即有价值），与此同时，卖权则为价外权证。因此买权的报价比平价期权的买权价格要高，比如为 32 美元（大于 26 美元）；卖权则比平价卖权要低，比如为 20 美元（小于 26 美元）。

3. C 类，价外期权

即买权和买权的执行价都定为比当前价格稍高的价格，比如为 920 美元/盎司，从而使得当前的买权变为价外权证（当前执行的收益为负），同时卖权则成为价内期权。因此买权的报价比平价期权的买权价格要低，比如为 22 美元（小于 26 美元）；卖权则比平价买权要高，比如为 30 美元（大于 26 美元）。

步骤二　黄金的投资价值

一、影响黄金价格的主要因素

（一）供给因素

1. 黄金的开采

全球目前大约存有 13.74 万吨黄金，而地上黄金的存量每年还在以大约 2% 的速度增长。黄金的年供求量大约为 4 200 吨，每年新产出的黄金占年供应的 62%。新的金矿开采成本不断下降，当今黄金开采平均总成本略低于 260 美元/盎司。由于开采技术的发展，黄金开发成本在过去 20 年以来持续下跌。这些均对黄金价格产生影响。

2. 央行的黄金抛售

中央银行是世界上黄金的最大持有者，1969 年官方黄金储备为 36 458 吨，占当时全部地表黄金存量的 42.6%，而到了 1998 年官方黄金储备大约为 34 000 吨，占已开采的全部黄金存量的 24.1%。按目前生产能力计算，这相当于 13 年的世界黄金矿产量。由于黄金的主要用途由重要储备资产逐渐转变为生产珠宝的金属原料，或者为改善本国国际收支，或为抑制国际金价，因此，30 年间中央银行的黄金储备无论在绝对数量上和相对数量上都有很大的下降，数量的下降主要靠在黄金市场上抛售库存储备黄金。例如英国央行的大规模抛售、瑞士央行和国际货币基金组织准备减少黄金储备，就成为 2008 年以来国际黄金市场金价下滑的主要原因。

（二）需求因素

黄金的需求与黄金的用途有直接的关系。

1. 黄金实际需求量（首饰业、工业等）的变化

一般来说，世界经济的发展速度决定了黄金的总需求，例如在微电子领域，越来越多地采用黄金作为保护层；在医学以及建筑装饰等领域，尽管科技的进步使得黄金替代品不断出现，但黄金以其特殊的金属性质使其需求量仍呈上升趋势。而某些地区因局部因素对黄金需求产生重大影响。如一向对黄金饰品大量需求的印度和东南亚各国因受金融危机的影响，从 1997 年以来黄金进口大大减少，根据世界黄金协会数据显示，泰国、印尼、马来西亚及韩

国的黄金需求量分别下跌了71%、28%、10%和9%。

2. 保值的需要

黄金储备一向被央行用作防范国内通胀、调节市场的重要手段。而对于普通投资者，投资黄金主要是在通货膨胀情况下，达到保值的目的。在经济不景气的态势下，由于黄金相对于货币资产保险，导致对黄金的需求上升，金价上涨。例如：在二战后的三次美元危机中，由于美国的国际收支逆差趋势严重，各国持有的美元大量增加，市场对美元币值的信心动摇，投资者大量抢购黄金，直接导致布雷顿森林体系破产。1987年美元贬值、美国赤字增加、中东形势不稳等也都促使国际金价大幅上升。

黄金市场投资者
权益保护

3. 投机性需求

投机者根据国际国内形势，利用黄金市场上的金价波动，加上黄金期货市场的交易体制，大量"沽空"或"补进"黄金，人为地制造黄金需求假象。在黄金市场上，几乎每次大的下跌都与对冲基金公司借入短期黄金在即期黄金市场抛售和在COMEX黄金期货交易所构筑大量的空仓有关。在1999年7月黄金价格跌至20年最低点的时候，美国商品期货交易委员会（CFTC）公布的数据显示，在COMEX投机性空头接近900万盎司（近300吨）。当触发大量的止损卖盘后，黄金价格下跌，基金公司乘机回补获利，当金价略有反弹时，来自生产商的套期保值远期卖盘压制黄金价格进一步上升，同时给基金公司新的机会重新建立沽空头寸，形成了当时黄金价格一浪低于一浪的下跌格局。

知识补充6-2　中国银行黄金期权产品

纽约商业交易所地处纽约曼哈顿金融中心，与纽约证券交易所相邻。它的交易主要涉及能源和稀有金属两大类产品，但能源产品交易大大超过其他产品的交易。交易所的交易方式主要是期货和期权交易，到目前为止，期货交易量远远超过期权交易量。纽约商业交易所于2008年被CME集团收购。在COMEX分部上市的有金、银、铜、铝的期货和期权合约。在交易场地关闭的18个小时里，NYMEX分部和COMEX分部的能源和金属合约可以通过建立在互联网上的NYMEX ACCESS电子交易系统来进行交易，这样就可以使日本、新加坡、中国香港、伦敦，以及瑞士的参与者们，在他们的正常工作时间内积极主动地参与到能源和金属期货市场。

（三）其他因素

1. 美元汇率影响

美元汇率也是影响金价波动的重要因素之一。一般在黄金市场上有"美元涨则金价跌，美元降则金价扬"的规律。美元坚挺一般代表美国国内经济形势良好，美国国内股票和债券将得到投资人竞相追捧，黄金作为价值贮藏手段的功能受到削弱；而美元汇率下降则往往与通货膨胀、股市低迷等有关，黄金的保值功能又再次体现。这是因为，美元贬值往往与通货膨胀有关，而黄金价值含量较高，在美元贬值和通货膨胀加剧时，往往会刺激对黄金保值和投机性需求上升。1971年8月和1973年2月，美国政府两次宣布美元贬值，在美元汇价大幅度下跌以及通货膨胀等因素作用下，1980年初黄金价格上升到历史最高水平，突破800

美元/盎司。回顾过去20年历史，美元对其他西方货币坚挺，则国际市场上金价下跌，如果美元小幅贬值，则金价就会逐渐回升。

2. 各国的货币政策与国际黄金价格密切相关

当某国采取宽松的货币政策时，由于利率下降，该国的货币供给增加，加大了通货膨胀的可能，会造成黄金价格的上升。如20世纪60年代美国的低利率政策促使国内资金外流，大量美元流入欧洲和日本，各国由于持有的美元净头寸增加，出现对美元币值的担心，于是开始在国际市场上抛售美元，抢购黄金，并最终导致了布雷顿森林体系的瓦解。但在1979年以后，利率因素对黄金价格的影响日益减弱。比如美联储采取QE政策连续十一次降息，并没有对金市产生非常大的影响。

3. 通货膨胀对金价的影响

对此，要做长期和短期来分析，并要结合通货膨胀在短期内的程度而定。从长期来看，每年的通胀率若是在正常范围内变化，那么其对金价的波动影响并不大；只有在短期内，物价大幅上升，引起人们恐慌，货币的单位购买力下降，金价才会明显上升。虽然进入20世纪90年代后，世界进入低通胀时代，作为货币稳定标志的黄金用武之地日益缩小。而且作为长期投资工具，黄金收益率日益低于债券和股票等有价证券。但是，从长期看，黄金仍不失为是对付通货膨胀的重要手段。

4. 国际贸易、财政、外债赤字对金价的影响

债务，这一世界性问题已不仅是发展中国家特有的现象。在债务链中，不但债务国本身发生无法偿债导致经济停滞，而经济停滞又进一步恶化债务的恶性循环，就连债权国也会因与债务国之关系破裂，面临金融崩溃的危险。这时，各国都会为维持本国经济不受伤害而大量储备黄金，引起市场黄金价格上涨。

5. 国际政局动荡、战争等

国际上重大的政治、战争事件都将影响金价。政府为战争或为维持国内经济的平稳而支付费用、大量投资者转向黄金保值投资，这些都会扩大对黄金的需求，刺激金价上扬。如二次大战、美越战争、1976年泰国政变、1986年"伊朗门"事件等，都使金价有不同程度的上升。比如恐怖组织袭击美国世贸大厦事件曾使黄金价格飙升。

6. 股市行情对金价的影响

一般来说股市下挫，金价上升。这主要体现了投资者对经济发展前景的预期，如果大家普遍对经济前景看好，则资金大量流向股市，股市投资热烈，金价下降。

全球及中国黄金市场概况

除了上述影响金价的因素外，国际金融组织的干预活动，本国和地区的中央金融机构的政策法规，也将对世界黄金价格的变动产生重大的影响。

任务二　房地产投资理财

任务描述

通过房地产基础知识和原理的学习，学生可以对房地产有一个系统化、理论化的认知，理解房地产价格的影响因素，能够进行房地产产品的选择，合理安排房地产的投资时机。

步骤一　认识房地产

一、房地产的定义

房地产是为人类的生产、生活提供入住空间和物质载体的一种稀缺性资源，因为不能移动，所以又被称为不动产，与动产相对，且通常有广义和狭义之分。

从狭义上来说，房地产是土地、建筑物以及固着于土地、建筑物上不可分离的部分及其衍生的权利。不可分离部分是指与具体物业相关的树木、道路、电梯、水暖设备（热水供应、中央空调等），以及智能化小区及写字楼等。衍生的权利是指房地产所有的土地使用权、房屋所有权、房屋使用权。

从广义上来说，房地产还包括水、矿藏、森林等自然资源，与房地产分析相关的知识，以及经营房地产买卖的商业界。房地产商业界的主体包括房地产开发商、发展商、建筑商、中介商、购房者。

二、房地产的特性

1. 位置的固定性

土地是自然生成物，位置不可移动，房屋是建筑在土地上的，因此决定房屋不可移动、具有固定性，使房地产受地理位置的限制。

2. 地域差别性

每一个地区或者同一地区不同位置的房地产价值也不相同。

3. 房地产的耐久性

房地产一旦取得，使用周期长，其自然寿命期限一般可达几十年至上百年。但经济寿命却很难确定。

4. 房地产具有保值、增值性

前提是国家的政局稳定，由土地性质决定，土地有限、不可再生，但人们对土地的需求日益增大、增加，物以稀为贵，房地产作为龙头产业，税收约占国民生产总值的10%。

5. 消费品与投资品的二重性

既可自己消费又可转手倒卖获利或出租获利。具有价值升值和货币功能。

6. 房地产商品交易价格的巨额性

土地是稀有商品，房屋的建造费用很高、使用年限很长，这两方面造成了房地产这种商品价值量巨大。房地产商品交易过程主要是权属转移，商品实体一般不动，经济活动的法律特性比较显著。

三、房地产投资品种

各类房地产均可以作为房地产实物投资的对象，涉及住宅、写字楼、商业店铺等各个品种，下面将着重介绍较为典型的几种房地产实物投资品种。

1. 住宅

住宅是指房屋专供居住用途，包括别墅、公寓、职工家属宿舍和集体宿舍、职工单身宿舍和学生宿舍等，但不包括住宅楼中作为人防用、不住人的地下室等，也不包括托儿所、病房、疗养院、旅馆等具有专门用途的房屋。

2. 写字楼

购买写字楼部分或全部的股权，以获取较为稳定的经常性收入，是当今房地产市场最为典型的房地产置业投资方式。外国资金在进入我国房地产投资领域时，一般也倾向于投资写字楼或类似的服务式公寓等能够保持稳定、长期的现金流量的物业形式，目前上海的甲级写字楼中有六至七成的投资资金来自欧美。

3. 商铺

商铺逐渐成为房地产投资的一个新热点。为了保证商铺投资的有效回报，开发商甚至对商铺的功能进行了逐一的初步设定，比如：餐饮、药店、美容美发、鲜花店等，通过这样的方法让各个商铺间的竞争不致太过激烈，形成服务的独占地位，既保持各商铺的合理利润又能使商铺的投资者可以长期经营。

> **动动脑**
>
> 比较投资产权式酒店和商铺各有什么特点。

4. 产权式酒店

产权式酒店一般位于风景区、旅游观光度假区内，投资者投资产权式酒店交由开发商聘请酒店管理公司统一经营与管理，投资者可以得到固定比例的投资回报和一定期限的免费入住权。这种投资方式具有一次性投资、收益稳定、风险小的独特特点。

5. 车库

随着城市居民家庭拥有汽车数量急剧增加，小区车库需求必定不断增加，而目前各住宅小区车库配备数量明显不足，因此车库是一种增长潜力巨大的投资品种。

房地产投资
特点及风险

> **课堂讨论**
>
> 分组讨论车库投资与其他房地产投资品种相比有哪些区别？可以从相关政策法规与投资心理角度分析该问题。

步骤二   房地产的投资价值

一、房地产价格的构成

房地产价格是其价值的货币表现形式，即在土地开发、房屋建造和经营过程中，凝结在房地产商品中的活劳动与物化劳动价值量的货币表现。房地产价格的基本构成要素如下：

1. 土地价格或使用费

土地所有权转让或使用权出让的价格在房地产中占很大的比重。由于房地产具有不可移动性，这一特性导致房地产价格因土地资源相对稀缺程度的不同而存在很大差异。即使是建筑质量在同一档次的房地产，其价格也会因为房地产所处区位的不同而存在明显差异。

2. 前期开发工程费

前期开发工程费主要包括征用土地的拆迁安置费、勘察设计费、项目论证费，在中国还有"三通一平"基础设施建设费等。"三通一平"指临时施工道路、施工用电、施工用水的配置和平整施工场地。

3. 建筑安装工程费

建筑安装工程费是指房地产建筑的造价，是房地产价格的主要组成部分。它由主体工程费、附属工程费、配套工程费和室外工程费构成。

4. 开发管理费

开发管理费由房地产开发企业的职工工资支出、广告费和办公费构成。

5. 房地产开发企业的利润和税金

由市场定价的商品房，房地产开发企业的利润率是不固定的，它取决于企业的经营管理水平。党的二十大报告指出：必须坚持人民至上，我国构建了多元化的住房保障系统，对于由政府定价的安居房、解困房等，利润率则限定在5%以内，充分保护低收入群体的住房需求。税金包含房地产交易的契税和房地产开发企业的所得税等。

二、房地产产品的价格影响因素

在市场营销中，产品是指通过交换而满足人们需要和欲望的因素和手段，它能够满足消费者和用户某个需求和欲望的任何有形产品和无形产品。产品包括核心产品、属性产品、形式产品和外延产品。

（一）房地产的核心产品

核心产品是指向顾客提供的产品的基本效用或利益。房产企业提供的产品首先是要满足人们居住安全的生存需求，房屋是一个安顿收容消费者身心的容器，它给消费者提供一个安身立命的利益点。核心功能：安全，隔热保温，防水防潮。

（二）房地产的属性产品

房地产产品与别的行业的产品有一个最大的不同就是产品的不可移动性，每个地块都有自己独特的出身和内涵，它在哪里生产，就得在哪里消费。因此，房地产的地段对房地产的价值影响巨大。房地产地段属性分三个层面：

1. 城市属性

城市所处的位置，整个城市的人均消费水平、城市的历史文化沉淀、城市的气候、城市的性格、城市的总体规划等。

2. 区域属性

楼盘区域的历史沿革，区域特征（商业中心、工业中心、学院社区等）、区域交通（公交、地铁、轻轨、省市级公路等）、公共配套和人文环境等。

3. 自身属性

楼盘地块的大小形状，所处位置，周围已建和在建的"邻居"，进出道路，地质、水文、噪声、空气污染、地下"障碍物"，如文物、电缆等因素。

（三）房地产的形式产品

形式产品：基本效用必须通过特定的形式才能够实现，形式产品就是核心产品得以实现的形式，由以下六个特征构成。

1. 户型

户型即建筑的室内空间间隔，需要考虑整体建筑结构、建筑承重、消费者生活习惯及水、电、气、热、光纤等管网线路布置，户型是实现消费者居家生活的基本要素，是满足"舒适性"的首要前提。

2. 建筑形态

建筑形态包括建筑风格、外观立面（开窗设计、烟囱、屋顶、塔楼、浮雕）、色彩标准色（CI 设计的一部分）。"外立面充满了节奏感"。

3. 品质

品质包括建筑用材、包容的户外景观，还包括从视听上对产品所感受到的，如楼盘的名称、标志、标准色、标准字体以及企业、楼盘的应用系统等。

4. 环境

小区内环境包括绿化草坪、"山、水、园、林"景观设计等。小区周边环境包括自然环境和人文环境（高校、名胜、科技）两个方面。

5. 配套设施

配套设施包括供水供气、集中供暖、智能化设施、泊车位、商业街、购物场所、游泳浴场、儿童游乐区、学校、医院、托儿所、购物中心等。

6. 整体规划

整体规划包括占地面积、建筑面积、公共建筑面积、商业建筑面积、绿化率、物业座数、层数、层高、车位数、生活区、商业区、休闲区、景观绿化区等的合理布局。

（四）房地产的外延产品

房地产的外延产品是指顾客在购买形式产品的时候，附带获得的各种利益的综合。

1. 建筑理念

宣传一种全新的居住文化与生活方式，以一种全新的、整体的生活方式来引起消费者共鸣，给消费者描绘一幅美好愿景。如：广州光大花园的"大榕树下，健康人家"的生态理念；奥林匹克花园"运动就在家门口"的健康理念。

2. 文化品位

随着市场的成熟，购房者对文化个性的敏感程度越来越高，文化将越来越成为产品重要的组成部分。一个优秀的房地产项目不但应该使客户在居住上感到舒适，更应该在精神上感到愉悦，消费者不仅仅是为了买一处住所，同时也是在追求一种生活的品位和格调。

3. 公司组成

公司组成包括楼盘的开发企业、投资商、设计公司、施工企业、物业管理公司等主要事项的承担公司，他们的资质如何，决定了楼盘的资信度。好的公司组合增加了楼盘的形象价值，带给顾客精神上和心理上的满足感、信任感，使顾客的需求获得更高层次和更大限度的满足。

课堂讨论

国家始终坚持"房住不炒"的住房政策，支持刚性和改善性住房需求，讨论这些政策对房地产投资产生哪些影响，此时应如何调整投资策略。

任务三　收藏品投资理财

任务描述

收藏品投资理财主要了解收藏品投资理财的相关基础知识，通过本部分内容学习，学生可以对收藏品及其市场形成系统化、理论化的认知，掌握收藏品价格的影响因素，理解收藏品投资的四大策略。

步骤一　认识收藏品

世界著名的未来学家、位列埃森哲评选的全球 50 位管理大师前五位的奈斯比特和阿伯丹（Naisbitt & Aburdene）曾经预言，21 世纪，收藏品投资将取代证券投资和房地产投资，成为人类主要的投资方式。

收藏品分为自然历史、艺术历史、人文历史和科普历史四类，具体分为文物类珠宝、名石和观赏石类、钱币类、邮票类、文献类、票券类、商标类、徽章类、标本类、陶瓷类、玉器类、绘画类。由于收藏品种类繁多，如何科学收藏、科学定位、科学保存、科学分类非常重要。从目前来说，对于收藏品还没有形成权威的分类方法，但主流的分类如下：

（1）文物类：包括历史文物、古代建筑物实物资料、雕塑、铭刻、器具、民间艺术品、文具、文娱用品、戏曲道具品、工艺美术品、革命文物等。其中器具包括金银器、锡铅器、漆器、法器、家具、织物、地毯、钟表、烟壶、扇子等；工艺美术品包括料器、珐琅、紫砂、木雕、藤竹器等。

（2）书画类：包括书法、碑帖、拓本、国画、油画、水彩画、水粉画、漆画、连环画等。

（3）陶瓷类：包括陶器、瓷器、紫砂陶等。

（4）玉器类：包括玉礼器、玉兵器、玉器具，以及玉陈设器等。

（5）珠宝、名石和观赏石类：包括雕琢的珠宝翠玉，以及天然形成未经人工雕琢的各种砚石、印石、奇石与观赏石。

（6）钱币类：包括历代古钱币及现代世界各国货币。

（7）邮票类：包括世界各国邮票及与集邮相关的其他收藏品。

（8）文献类：包括书籍、报刊、档案、照片及影剧说明书、海报等各种文字资料。

（9）票券类：包括印花税票、奖券、门券、商品票券、交通票证、月票花。

（10）模型类：包括火车、汽车、飞机、宇宙飞船、军舰、坦克等，以及按实物比例制造的精美模型。

（11）徽章类：包括纪念章、奖章、证章及其他各种徽章。

（12）商标类：包括火花、烟标、酒标、糖纸。

（13）标本类：包括动物标本、植物标本和矿物标本等。

此种分类法主要依据我国及世界的收藏实际情况而划分。上述各类藏品不仅拥有较多的爱好者，而且多是约定俗成，能得到较多收藏者的认同。当然这种分类法也不是一成不变的，它将随着收藏情况的发展和变化

收藏品分类及投资

而不断调整，要既能反映当代收藏的状况，具有一定稳定性，又能对收藏起指导和引导作用。

知识补充 6–3　艺术品股票交易

艺术品股票是将艺术品金融化，投资者可以像炒股票那样投资艺术品。操作模式就是与股市类似的"艺术品份额交易模式"——将份额标的物等额拆分，拆分后按份额享有的所有权公开上市交易的方式。

2011 年 1 月 26 日，天津文化艺术品交易所将天津山水画家白庚延的两幅作品《黄河西来决昆仑，咆哮万里触龙门》和《燕塞秋》分别拆分为 600 万份和 500 万份，以每份 1 元的价格挂牌交易。

这两只交易品种分别是《黄河西来决昆仑，咆哮万里触龙门》与《燕塞秋》，均为天津山水画家白庚延的作品。其中《黄河西来决昆仑，咆哮万里触龙门》，份额简称"黄河咆哮"，份额代码"20001"，上市总价 600 万元。《燕塞秋》，份额代码"20002"，天津文化艺术品交易所发布风险提示称，截至 2 月 18 日"黄河咆哮"市值已达到 3 900 万元；"燕塞秋"的市值也已达到 2 990 万元，这两幅作品的价值远远超出了交易所专家委员会给出的市场估价。

步骤二　收藏品的投资价值

一、收藏品价格的影响因素

收藏品投资有着与其他投资品不一样的价格规律，这是因为影响收藏品供求关系的因素与股票不同。

（一）供给因素

1. 生产或开采能力

例如珍珠在古代极为稀少，价格极高，只有身份尊贵的人才能佩戴得起；而在近代，由于珍珠养殖技术的发展，产量骤增，现在的珍珠被成筐地买卖，价格也沦落为地摊货价格。

2. 储藏量或再生速度

宝石因为储量极少而价格极高，而且矿物质不可再生，全世界的供应量都很有限，随着经济发展，价格仍有上涨趋势。

有些可再生收藏品，由于生长周期很长，几乎也等同于不可再生资源，如黄花梨木、红珊瑚等。这些收藏品如果没有意外事件发生，在今后 100 年内看不到有降价的可能性。收藏品之所以能够保值升值，就是因为其稀缺性。清代有"一两田黄三两金"之说。但是有些宝石的价格涨到离奇，投资这种宝石风险很大。

实际上对于想通过投资收藏品保值增值的人来说，并不希望收藏品供应量增加，只有稀缺的东西才有收藏价值。

（二）需求因素

1. 经济发展状况

古代陶朱公有句名言：荒年米贵，丰年玉贵。这就是说荒年人们连吃都吃不饱，于是抛售玉石、绸缎等贵重物品，以换取食物，造成米贵玉贱。而丰年食物充足并有余，人们不为生活忧虑，有精力追求精神生活，玉帛等精美物品受到追捧，因而玉帛价格大涨。可见，经济状况越好，收藏品市场会越兴旺，反之亦然。

2. 社会观点、习俗

人是一种社会性动物，社会上流行的观点影响人们的价值观点和取舍行为。例如，在极"左"思潮盛行的年代，很多精美的收藏品、古董、古建筑被当作"四旧"遭到毁坏；百货商场根本没有黄金珠宝柜台，人们不敢追求美，怕被当作资产阶数或修正主义而遭批判。那时很多珠宝玉石、古董都不值钱，也没有市场。

而改革开放后，收藏品市场从逐渐恢复走向火爆，百货商场往往有大面积柜台陈列着标价几千、几万甚至几十万元一块的翡翠、和田玉、钻石等珠宝。很多宝石产地面临过度开采造成的资源枯竭。宝石价格更是涨到离谱。佩戴钻石、翡翠成为尊贵地位的象征，社会上甚至出现不健康的攀比之风。

3. 加工技术

精湛的加工技术能大幅提高宝石的精美程度和艺术价值，激发人们的收藏欲望。投资任何一种收藏品，都必须深入了解相关知识，否则，根本不知道其中的风险和机会。

二、收藏品投资的四大策略

1. 选择具有潜在吸引力的收藏品

从某种意义上讲，收藏者的投资对象实际上是收藏品的未来。换句话说，收藏者投资成败的关键，在很大程度上取决于这些收藏品所具有的潜在吸引力。所谓潜在吸引力，是指收藏品在未来所能够获得的吸引力的大小。这个投资策略的关键，是寻找并且购买那些有可能在将来获得足够吸引力的收藏品。

基于以上的投资理念，收藏者在选择收藏品的时候，显然应该将视线延长，购买那些能够在不久的将来获得足够吸引力的收藏品。

2. 分析收藏品现期吸引力的来源

对于那些在收藏品市场上已经风光异常的收藏品，理性的收藏者同样应该冷静分析这些收藏品现期吸引力的来源。对于收藏品投资而言，分析收藏品现期吸引力的来源之所以显得至关重要，还可以用陆俨少书画作品的例子加以说明。在从 2000 年 1 月到 2004 年 6 月长达4 年的时间里，陆俨少的书画作品除了在 2000 年年底前后有过一个比较明显的速涨速跌行情以外，几乎一直在持续盘整。但自其 2004 年 6 月 26 日，《杜甫诗意图百开册页》在北京翰海拍卖公司举办的春季拍卖会上以 6 930 万元的"天价"成交之后，陆俨少的作品在艺术界和收藏界备受关注，出现普遍上涨行情。

3. 提防当代工艺品的"投资陷阱"

近几年来，收藏品市场日渐升温，吸引了不少当代工艺品制造商和销售商。他们纷纷推出被（自己）誉为"具有很高的艺术价值和收藏价值"，甚至"同时具有实用价值和文物价值"的当代工艺品。然而，无论这类当代工艺品在制作工艺上有什么差异，它们都具有以下两个共同的特点：一是发行价格高昂；二是夸大投资价值。

不可否认，在以"货卖买家"为商业传统的收藏品市场上，只要买卖双方的信息对称，经过充分的讨价还价而最终成交的价格，并不存在所谓"高昂"的问题。然而，正如弗里德曼（Friedman）所说："世界上没有免费的午餐。"当代工艺品销售商一方面将某件当代工艺品的投资价值夸大到"回报丰厚"，另一方面却又将其投资风险描述为几乎"没有风险"，这显然有误导收藏者盲目投资之嫌。因为收益与风险从来都是形影相随的。事实上，从收藏品投资的角度来看，以高昂的价格盲目购买这些当代工艺品，至少存在购买价格高、变现能力差两大问题。因为销售商为了达到获取高额利润的目的，大都会在广告宣传上花费巨资，而这一系列交易成本的最终承担者，显然是收藏者个人。不仅如此，当收藏者希望顺利转让这些当代工艺品时，却几乎不可能花费同样的资金进行铺天盖地的宣传，此时才遗憾地发现，自己在昔日精心选购的那些当代工艺品，实际上根本就没有人愿意花高价，甚至是按自己当初的购买价接手。所以，收藏者如果将当代工艺品作为投资品，在购买时就必须考虑其变现能力，不要轻信销售商的一面之词，以免落入当代工艺品的投资陷阱中。

4. 保持谨慎乐观，不做"最大笨蛋"

凯恩斯的"更大笨蛋理论"（the Theory of Greater Fool）告诉我们，很多收藏者之所以完全不顾某件收藏品的所谓真实价值，即使它实际上一文不值，也愿意花高价买下，是因为他们预期会有"更大的笨蛋"花更高的价格从他们手中买走这件收藏品。而投资成败的关键，就在于能否准确判断究竟有没有比他自己"更大的笨蛋"出现。不过，始终对收藏品市场保持谨慎乐观，却并非易事。正如国际货币基金组织（International Monetary Fund）在一份研究报告中指出的那样："当每个人都朝同一个方面冲去时，投资者通常很难做到在一边袖手旁观，并去回想过去市场崩溃时的教训"，因为"从众行为的力量会驱赶人们继续做别人都在做的事情"。所以，作为一名理性的投资者，要具有强烈的风险意识，保持谨慎的投资态度。

> **课堂讨论　如何选择艺术品投资品种获得更高的投资收益**
>
> 分组讨论针对不同类型艺术品，应适用哪种投资策略。

任务四　配置合适的实物投资

❀ 任务描述

学生在了解了黄金、房地产、收藏品基本投资理论的基础上，通过完成本任务，初步掌握实物理财产品的配置方法，能够独立进行黄金、房地产、收藏品市场分析，制定合理的实物投资策略。

步骤一　以中国银行"黄金宝"为例，了解纸黄金投资

一、"黄金宝"简介

1. 什么是"黄金宝"

个人实盘黄金买卖业务也称"纸黄金""黄金宝"买卖，是指个人客户通过银行柜台或电话银行、网上银行服务方式，进行的不可透支的美元对外币金或人民币对本币金的账面交易，以达到保值、增值的目的。所谓"账面交易"，是指交易只在客户存折账户内做收付记录而不进行实物交割。"黄金宝"的交易标的是成色 100% 的账户金，品种分为国内市场黄金和国际市场外汇黄金，报价货币分别是人民币和美元，因此也简称"国内金"和"国际金"。

2. 如何办理"黄金宝"

办理"黄金宝"业务非常简单，只要拥有中国银行开立的活期一本通账户或一张与中行活期一本通关联的借记卡，且账户内有足够的完成交易的人民币或美元，即可到中国银行网点柜台办理"黄金宝"业务。还可以选择更方便、快捷的交易方式，如电话银行、网上银行交易。

3. "黄金宝"每天交易的起止时间

电话银行和网上银行为 24 小时交易，即从每周一早 9 点至每周六早 4 点（每日批处理时间、国家法定节假日和国际黄金市场休市日除外）；柜台交易时间为周一至周五每天早上9 点至下午 5 点（国家法定节假日和国际黄金市场休市日除外）。

4. "黄金宝"交易单位和交易起点是多少

人民币金和美元金的计量单位分别为"克"和"盎司"。1 盎司约等于 31.103 5 克。人民币金交易起点为 10 克，最小交易进制为 1 克；美元金交易起点为 1 盎司，最小交易进制为 0.1 盎司。

5. "黄金宝"买卖如何计息

客户只可在同一个活期一本通账户内进行黄金买卖交易，通过"黄金宝"业务购得的黄金不能够支取、转账或兑现为实物黄金，且账面黄金不计利息。如果客户是卖出黄金、买入人民币或美元，则自交易当日按活期利息计息。

6. "黄金宝"业务如何收费

"黄金宝"业务不收取任何交易手续费。银行收益体现在买入价和卖出价的价差上。

7. "黄金宝"买卖有现钞和现汇之分吗

黄金买卖使用活期一本通账户（必须为"有折"）或借记卡账户进行交易。客户可用其存款账户的美元来作外币金的买卖或人民币对本币金的买卖。要求美元现汇买入的外币金必须以美元现汇卖出；美元现钞买入的外币金必须以美元现钞卖出；人民币买入的本币金必须以人民币卖出。资金账户均不允许透支，黄金账户余额不计利息。

二、"黄金宝"交易实例

1. 交易实例

2005 年 10 月 20 日上午 9:00，中国银行黄金报价为 121.29/122.29。某客户在中国银行买入黄金 100 克，共投资 12 229 元，其后，国际黄金价格上扬，中国银行人民币金价

格随之走高。2006年1月20日，该客户准备卖出其所持有黄金，11:07在中国银行进行询价，此时价格为143.70/144.70。该客户以143.70的价格卖出其所持有的100克黄金，获利14 370 - 12 229 = 2 141。短短3个月的时间，该客户的投资回报率就达到了2 141/12 229 = 17.51%。

2. 美元金和人民币金价格的数值换算

1盎司约等于31.1035克。美元兑人民币按照每天早上中国银行基准牌价作为当天的折算汇率。以中美元金（XAU/USD）中间价538.00美元〔（买入价 + 卖出价）/2〕为例：一盎司黄金538.00美元换算成人民币，用538 × 8.049 5即可得到一盎司黄金的人民币价格；再除以31.103 5即可得到一克黄金以人民币计价的价格为139.23人民币（即人民币金牌价的中间价），双边各加上50点的点差即可得到人民币金的买入价和卖出价。

步骤二　房地产投资策划

一、贷款购房案例

张先生夫妇每月收入总和约5 000元，因为两人刚结婚不久，手中可支配资金只有15万元，其中还有5万元左右是父母资助的。针对这种情况，因为手中可做首付款的资金只有15万元左右，如果通过商贷，一般情况最高贷款额不超过评估价的70%，所以可选择的房价一般不宜超过45万元。如果张先生夫妇选择购买一套45万元的住房，贷款期限20年，那么最高贷款额为30万元，首付15万元左右，则其贷款情况明细表如表6 - 1所示。

表6 - 1　张先生夫妇贷款情况明细表

贷款方式	还款方式	期限/年	月还款/元	利息总额/元	还款总额/元
商业贷款 （6.55%）	等额本息	20	2 357	250 880	565 880
		15	2 752	180 477	495 477
	等额本金	20	3 031（首月） 1 341（末月）	207 184	522 184
		15	3 469（首月） 1 759（末月）	155 603	470 603
公积金 （4.5%）	等额本息	20	1 992	163 282	478 282
	等额本金	20	2 493（首月） 1 317（末月）	142 340	457 340
组合贷款 （各50%）	等额本息	20	2 166	204 996	519 996
	等额本金	20	2 750（首月） 1 318（末月）	173 218	488 218

通过上述分析不难看出，一笔金额相同的贷款，缩短贷款年限或选择合适的贷款方案，都可以达到减少利息支出的目的。

当然，选择还款方式时不能一味考虑节省利息，要量力而行。如果用理财思路去考虑最合理的收入使用分配应该是：收入的30% ~ 40%用于生活支出，10%用于投资或保险，30%用于月供，剩下的20%用于储蓄。

工薪阶层要善于利用公积金贷款，它在贷款利率、还款方式等方面有着特有优势。而且，它不但能帮借款人提高贷款金额，减少首付压力，还可以帮借款人达到节省利息的目的，所以是一个十分明智的选择。另外，对于公积金不足的借款人也可考虑采用组合贷款的方式进行房屋贷款申请。

二、商铺投资案例

张先生45岁，积累了50万左右的资金，开始考虑投资，并选定了位于友谊路的一个商铺项目。委托某大学在校学生作了一个投资策划书如下。

新城区××商铺投资策划书

（一）商铺基本情况及周边环境分析

（1）商铺位于小区的后门处，分立于门口的两边，共有12间，平均每间60平方米，共计面积730平方米，租期5年，前三年租金不变，第四年起每年租金上浮10%。

（2）位置：地段无优势。

该商铺位于新城区友谊路某公司的单位小区内，整租的铺面位于小区的后门方向，从后门可开小汽车通行到友谊路，但不靠近路边，路口处有零散的自建私房遮挡铺面。铺面正对、斜对面是居住着本地原始居民的民房，目前只有小路可以供民房居民通行。

（3）周边配套：较完善，基本满足生活需求。

在距离友谊路路口往小区方向50米处有一个农贸市场，里面有菜市场和超市。早上9点—10点的调查时间，人流量不多，周边原始居民占主要部分。路口处到小区的500米长沿路上都是自建房，居民都在自家房屋经营不同的商铺，基本满足周边居民的生活要求。

（4）小区人口：入住率相对偏低。

小区规划居住人口1 200人，根据调查，入住率只有40%，正在装修的占25%，估计到下半年入住率可达到450户。

（5）小区住户购买力：小区人口的消费能力位于中等水平。

该小区是企业单位住房，但是大多数企业职工将房屋出租给外来的务工者或生意人，这样消费群体的构成就发生了变化。一般这类人群的消费频率与消费能力处于中等偏下水平。但小区原有的单位居民的消费力度也不可忽略，处于中等偏上水平，综合来看，该小区消费水平适中。

（二）SWOT分析

1. 优势

小区只有唯一一条商业街，已经入住的居民急需商铺进驻。最近的消费场所距离小区500米。

2. 劣势

小区消费能力不足，商铺面积过大，增加铺面租金成本。

3. 机会

为本片区内第一个具有规模的商业区，一旦成功，可带动其他消费人群进入。

4. 威胁

入住人口不足，交通不便造成客流量暂时不足。

（三）投入与收益测算

1. 投入与收益测算

假设2011年8月开始交付租金及押金，保守估计商铺全部租出去需要的时间要到2012年的4月，即半年时间。交租方式为第一次一次性交付半年租金，2个月租金为押金，之后每个季度交付一次租金。假定商议得出整租每月每平方米租金为15元、20元、25元、30元，一共四个等级，租赁总面积按730平方米计算，则具体投资成本如表6-2所示。

表6-2　张先生投资成本表

等级（月租） 前期成本	1级 （15元/平方米）	2级 （20元/平方米）	3级 （25元/平方米）	4级 （30元/平方米）
半年租金/元	6.57	8.76	10.95	13.14
押金/元	2.19	2.92	3.65	4.38
广告费/元	0.5	0.5	0.5	0.5
换租空置准备金/元	9.44	12.59	15.73	18.88
不可预见费用/元	1.1	1.46	1.83	2.19
资金占用成本费/元	0.4	0.52	0.65	0.78
合计/元	20.19	26.75	33.31	39.87

备注：与租客签订的时间为最短一年期，换租空置的准备金按4个空档期、每个档期最长期限为2个月计算，则准备金按2个原租金为4个月，2个增幅租金各为2个月计算。不可预见费按第一年的1个月租金计算。资金占用成本费是指前期资金筹集的成本费，一次性按总成本费的2%计算。

2. 五年内转租的利润测算

实际上从2011年8月同时开始向公众统一发布招租信息，假设出租时间至2012年1月止，条件要求在这段时间内的出租情况为最佳出租率100%。预计从2012年1月后，要交给开发商的租金都可以从租客这边收取，则从2月开始预计除开缴纳的租金外，盈利部分有多少；而根据该片区的楼盘商铺租金及结合该小区的客层、客流量等条件来衡量，租客能接受的租金范围是每平方米30元/月，则以上假设的4个投资商定租金等级在余下的年限内有多大的盈利额，可以从表6-3得出。

表6-3　转租的利润测算　　　　　　　　　　　　　　　　　元

每平方米盈利差价 时间	15	10	5	0
2011.8—2012.1	-20.19	-26.75	-33.31	-39.87
2012.2—2012.7	6.57	4.38	2.19	0
2012.8—2013.7	13.14	8.76	4.38	0
2013.8—2014.7	13.14	8.76	4.38	0
2014.8—2015.7	13.14	8.76	4.38	0
2015.8—2016.1	13.14	8.76	4.38	0
盈利合计	38.94	12.67	-13.6	-39.87

备注：制作该表格要求租客按季度缴纳房租，从第四年开始房租逐年增幅10%。

从表 6-3 可以得出，在设定转租的价格为每月每平方米 30 元的前提下，经过测算前期拿下这个整租项目的租金如果超过每月每平方米 20 元，则没有盈利，即无投资价值。因此可以得出，只有从开发商手上拿到每平方米 15 元、20 元这两个等级的租金价格，才有盈利的机会。假设 5 年的时间内转租的空置时间为零，以上的两种租金等级（15 元/（平方米·月）、20 元/（平方米·月））的利润总额分别是 48.38 万元、25.26 万元。以 25 元/（平方米·月）计算利润为 2.13 万元，可见没有投资价值。

（四）结论

按照投资收益测算，如果整租租金价格谈到 15～20 元/（平方米·月）区间，则推荐投资。结合第一部分的项目基本情况介绍和第二部分的收益测算，可以得出该项目并没有很优越的条件和未来爆发的预见，租客最终可承受的租金价格成为我们对该项目是否获利的决定性原因。因为本项目自身的原因很难从大的方向来进行判定，同时 5 年的短暂租期带来的收益让人担忧。假设我们在以上的测算过后，决定以租金 15 元/（平方米·月）进行投资，那我们可以得到三种结果。一是最佳情况，按照测算 5 年以后共有 40 万～50 万元的收益；二是白费力气的投资，投资收入平衡；三是亏本，由于长期达不到预期效果而最终提前收回成本退出投资收场。

步骤三　收藏品投资策划

北京青年小张 32 岁，从事文玩核桃收藏已经 3 年多，2008 年北京成功申办奥运会后，小张逐渐对奥运会收藏产生兴趣，遂查阅相关资料，撰写了如下奥运收藏品投资市场调查报告。

奥运收藏品投资市场调查报告

著名收藏专家、中国奥林匹克博物馆副馆长李祥先生预言，2008 年后北京将成为全球奥运收藏和体育收藏与交易中心之一。

首先，通过奥运会的推动，奥运收藏将会形成一个相对独立的收藏门类，并在奥运之后长期存在。

其次，奥运将催生出新的收藏大军，2008 年后，这股新生力量不会局限于奥运专题收藏，而会渗透、加盟到其他收藏领域，对整个收藏领域产生深刻影响。

（一）奥运收藏品的种类

随着北京奥运会的成功申办，奥运会纪念品在中国受到了广大收藏者的追捧，主要分为贵金属收藏品和非金属类收藏品。

非金属类收藏品包括纪念章、徽章、吉祥物，以及奥运电话卡、银行卡等其他类型的纪念品。奥运贵金属收藏品中，由奥组委授权限量发行的主要有奥运纪念金盘、奥运火炬典藏版、水立方金银模型、鸟巢金银模型、盛世奥运金和奥运全家福黄金卷等。

然而，一些奥运贵金属收藏品面临市场价低于发行价的情况，投资者应对此类奥运收藏品存在的风险有足够的重视。

（二）奥运会收藏品价值分析

根据历届奥运会收藏品的价格来看，奥运会会徽具有较大的升值潜力。比如 1896 年第一届奥运会的"奥运会徽"，仅存世一枚，珍藏于国际奥林匹克博物馆里，是"无价之宝"。

海报同样也具有不小的升值潜力。如1900年巴黎奥运会、1904年美国圣路易斯奥运会、1908年伦敦奥运会这3届奥运会会徽海报的存世量非常少，分别只有两三张曾经出现在拍卖会上，拍卖价根据品相的不同在200万~1 000万美元。1998年汉城奥运会宣传画现在市场价接近200美元。2008年7月18日，北京奥组委在北京奥运会主新闻中心举行发布会，正式发布北京奥运会、残奥会官方海报及官方图片。其中北京奥运会海报16张、残奥会官方海报16张、体育官方图片45张、人文类图片12张、北京特色民俗文化名胜古迹图片9张。

此外，限量版的奥运电话卡也有很高的纪念价值。2007年3月20日，经北京奥组委批准，中国网通为2008北京奥运会特别发行的北京2008年奥运会贵金属纪念电话卡在北京面市。这套"奥运金卡"全套共7枚，包括1金5银1铜，创意来源于奥运会的金、银、铜牌。第一套奥运贵金属纪念卡，999纯金纯银铸造，金卡面值100元，银卡面值20元，铜卡面值10元。全球限量发行20 000套，统一发行价9 900元。它首次结合了"奥运、黄金、电话卡"三大领域的投资热点，加之卡本身"带有面值"的投资收藏属性，是奥运收藏史上的一次创新，填补了国际邮币卡高端投资收藏领域一项空白。

（三）奥运收藏品投资风险

1. 普通奥运纪念品难有作为

奥运过后，市场上林林总总的奥运藏品仍然活跃着，甚至比奥运前更多，除了主流的奥运邮票、纪念币、纪念钞等，还有各种徽章、比赛门票、海报等。面对奥运期间的跳水行情，收藏爱好者要如何选择？

徽章、非贵金属制品、服装服饰、工艺品、毛绒制品等北京奥运会特许商品，发行量几十万、几百万，甚至数千万，它们更是一种纪念品，而不适合收藏投资。徽章是奥运特许商品中最受欢迎的品种之一，如颐和园风光、北京中轴线、天坛拼图纪念徽章，都是几万枚的大发行量的徽章，奥运会一闭幕，这类纪念徽章市场就大缩水，更难以增值。

2. 贵金属制品适于投资，但投资需谨慎

中国银行为北京奥运会发行的纪念币包括纪念币和流通币两种，纪念币以金币、银币等贵重金属币为主，流通币主要是铜币、镍币、纸币等。

之所以说贵金属收藏品最适合投资，首先是因为贵金属制品原材料本身就具有一定的价值。如奥运纪念金币，价格再跌也不会低于其原料金本身的价值。也就是说，贵金属制品具有一定的抗跌性，一旦金属价格上涨，那么贵金属制品的价格也会随之上涨。此外，如果市场交易活跃，价格更会走高。但由于前段时间国际金价过高，从而导致目前市场上发行的奥运贵金属收藏品发行价也偏高，未来的升值潜力不大。未来一段时间内，随着奥运收藏品的降温，如果国际金价出现回落，则奥运贵金属收藏品价格面临着跌破其"发行价"的危险。

（四）奥运收藏品投资方法

1. 要选择正规渠道和有实力的收藏品经销公司

为避免错买仿制品、冒牌货，建议收藏爱好者到官方授权的奥运特许专营店选购收藏品，特别是购买几千或上万元的贵重收藏品，更应该选择那些实力雄厚、能提供售后保障的奥运专营店。

2. 做长线投资要胜于短线投资

收藏是一种消耗性投资，收藏品在市场上的沉淀和消耗越彻底，收藏品的价值表现越充

分。收藏品价值基本与收藏时间成正比，收藏时间越长，升值表现越高，而日用品或股票却不具有这样的特点。

3. 初涉收藏市场者宜选贵金属收藏品为收藏对象

选择藏品要注意四个方面的问题，一看题材，二看工艺，三看发行量，四看材质。对于初学者来说，宜选贵金属奥运收藏品。原因在于：一是和股票相比，贵金属纪念品本身具有很高的价值，贵金属纪念币则带有法定面值；二是很多贵金属纪念品设计精巧，文化、历史内涵丰富；三是权威发行；四是发行量严格限制。

（五）奥运后商机依旧

中国奥运收藏市场处于起步阶段，一切有待完善，但是借鉴国际经验，奥运收藏并不是一种短期行为，它是一种轮回式运行模式。每一次新一届的奥运会启动都会带来奥运收藏的一轮热潮，奥运间歇期则是奥运收藏的沉淀期，中国人对奥运收藏还比较陌生，需要时间的历练和考验。

项目小结 ▷▷▷▷

（1）黄金是具备货币、金融和商品属性的一种贵金属，有"金属之王"之称，曾是财富和华贵的象征。黄金有三大属性：金融属性、货币属性和商品属性。

（2）参与黄金市场交易的主体包括金商、银行、对冲基金、各种法人机构和私人投资者、经纪公司和交易所。主要交易类型有实物黄金、纸黄金、黄金管理账户、黄金期货和黄金期权。

（3）影响黄金价格的主要因素包括供给因素、需求因素和其他因素。供给因素受黄金的开采、央行的黄金抛售量影响；需求因素受黄金实际需求量（首饰业、工业等）的变化、保值的需要和投机性需求影响；其他因素指美元汇率、各国的货币政策、通货膨胀、国际贸易、财政等。

（4）房地产是为人类的生产、生活提供入住空间和物质载体的一种稀缺性资源，因为不能移动，所以又被称为不动产，与动产相对，房地产通常有广义和狭义之分。房地产投资品种大致分为住宅、写字楼、商铺、产权式酒店、车库。

（5）房地产价格的构成包含土地价格或使用费、前期开发工程费、建筑安装工程费、开发管理费、房地产开发企业的利润和税金等。

（6）收藏品分为自然历史、艺术历史、人文历史和科普历史四类，具体分为文物类珠宝、名石和观赏石类、钱币类、邮票类、文献类、票券类、商标类、徽章类、标本类、陶瓷类、玉器类、绘画类。

（7）收藏品价格的影响因素包括供给因素和需求因素。供给因素是指生产或开采能力、储藏量或再生速度；需求因素是指经济发展状况、社会观点、习俗和加工技术。

知识巩固 ▷▷▷▷

一、单项选择题

1. 下列关于黄金理财产品的特点，说法不正确的是（　　）。

A. 抗系统风险的能力弱　　　　　B. 具有内在价值和实用性

C. 存在市场不充分风险和自然风险　　　D. 收益和股票市场的收益负相关

2. 下列关于黄金理财产品的特点，说法不正确的是（　　）。

A. 抗系统风险的能力强

B. 具有内在价值和实用性

C. 存在市场不充分风险和自然风险

D. 收益和股票市场的收益正相关

3. 理财产品自身的特点影响到其收益率，关于此论点，下列论述正确的是（　　）。

A. 理财产品的收益与风险特征通常是一致的，高收益伴随着高风险

B. 理财产品的流动性对其收益率的影响可以忽略

C. 股票基金分散了风险，所以无论何时，其收益率总是低于个股收益率

D. 公司债券的预期收益率必然低于该公司股东获得的预期收益率

4. 下列不属于黄金属性的是（　　）。

A. 黄金的商品属性　　　　　　　　B. 黄金的货币属性

C. 黄金的金融属性　　　　　　　　D. 黄金的交易属性

5. 下列不是实物黄金的是（　　）

A. 投资金币　　　B. 投资金条　　　C. 购买金饰　　　D. 纸黄金

6. 黄金市场参与主体是（　　）

A. 苏黎世银行　　　B. 证券公司　　　C. 自然人　　　D. 中央银行

7. 黄金期货买卖的保证额度一般为合同金额的（　　）

A. 4%～9%　　　B. 7%～12%　　　C. 5%～10%　　　D. 2%～7%

二、判断题

1. 投资性房地产，是指为赚取租金或资本增值，或二者兼有而持有的房地产。（　　）

2. 自行建造投资性房地产的成本，由建造该项资产达到预定可使用状态前所发生的必要支出构成。（　　）

3. 与投资性房地产有关的后续支出，应当在发生时计入当期损益。（　　）

4. 企业在资产负债表日只能采用成本模式对投资性房地产进行后续计量。（　　）

5. 目前中国银行有1周、2周、1个月、3个月、5个月五种期限的黄金期权产品。（　　）

6. 对于普通投资者，投资黄金主要是在通货膨胀情况下，达到保值的目的。（　　）

7. 美元汇率不是影响金价波动的重要因素之一。（　　）

8. 当某国采取宽松的货币政策时，利率下降会造成黄金价格的下降。（　　）

9. 影响收藏品供求关系的因素与股票相同。（　　）

10. 收藏者投资成败的关键，在很大程度上取决于这些收藏品所具有的潜在吸引力。（　　）

三、思考题

1. 投资中黄金期货的杠杆也有很大的风险，投资者如何去防范这些风险？

2. 对黄金投资兴趣的高低是否会影响黄金的价格？

3. 国内外收藏品投资现状如何？

4. 试分析2024年起未来五年房地产的投资环境。

能力提升 ▶▶▶▶

甄隽先生，29 岁，本科毕业，某外企销售主管。家庭成员：妻子伍娴，25 岁，本科毕业，无业；儿子甄晔祁，2 岁。甄先生当前每月税后工资为 32 000 元；年终奖为 95 000 元（税后）。居住的房子现价 616 000 元；为了出行方便，夫妻俩 2 年前购买了一辆现价为 150 000 元的轿车。甄太太在旁人的介绍和建议下于 2 年前分别以 170 000 元和 130 000 元购买了 A 股票和 B 国债。现在 A 股票账户中的金额减少了 15%，B 国债的总价值上涨了 10%。现家庭中有现金 5 500 元，活期存款 35 000 元，即将到期的 5 年期定期存款 50 000 元。

甄先生家庭的支出情况如下：

1. 当前居住的房子购买于 2013 年 1 月，至今房子市值已上涨了 10%。首付 3 成，其余采用商业贷款，贷款利率为 7.43%，贷款期限为 10 年，还款方式为等额本息，从购买当月开始还款。

2. 全家平均每年的日常生活支出为 114 000 元；每年的医疗费用和汽车费用分别为 6 300 元和 4 200 元；甄先生加入了一个台球俱乐部，每年花费为 5 500 元；每年儿子的营养费用约为 8 700 元；每年全家人的置装费用约为 5 900 元；夫妻二人都酷爱健身，每年在健身房的花费约为 7 000 元。

3. 为了让儿子进入重点学校学习，甄先生计划 4 年后购买一套学区房，已知当地房屋均价为 7 500 元/平方米。通过向专业理财师咨询，贷款后的月供税后收入的比值最多不能超过 25%。贷款购买的第二套房子，贷款利率上调至 8.76%，贷款期限为 20 年，采用等额本息还款法。甄先生准备拿出活期存款的 50% 作为购房准备金，预期投资收益为 9.5%。

要求：1. 分析甄先生的购房需求，确定其购房总价；

2. 请结合当前住房政策分析，学区房的投资有没有价值。

项目评价 ▶▶▶▶

知识巩固与技能提高（40 分）	得分：

计分标准：
得分 = 2×单选题正确个数 + 1×判断题正确个数 + 2×思考题正确个数 + 4×能力提升题正确个数

学生自评（20 分）	得分：

计分标准：初始分 = 2×A 的个数 + 1×B 的个数 + 0×C 的个数
得分 = 初始分/32×20

专业能力	评价指标	自测结果	要求 （A 掌握；B 基本掌握；C 未掌握）
黄金投资能力	1. 黄金的属性 2. 黄金市场及参与者 3. 黄金理财产品 4. 黄金投资价值 5. 黄金投资方法	A□　B□　C□ A□　B□　C□ A□　B□　C□ A□　B□　C□ A□　B□　C□	能够理解黄金的金融属性，掌握黄金投资的价值，明确黄金投资方法，了解黄金投资市场

续表

专业能力	评价指标	自测结果	要求 （A 掌握；B 基本掌握；C 未掌握）
房地产 投资	1. 房地产属性 2. 房地产投资价值	A□ B□ C□ A□ B□ C□	掌握房地产投资价值，理解房地产的实物属性和投资属性
收藏品 投资	1. 收藏品分类 2. 收藏品投资价值 3. 收藏品投资策略	A□ B□ C□ A□ B□ C□ A□ B□ C□	能够理解收藏品的种类，了解各种收藏品的投资策略
实物投 资技巧	1. 黄金宝投资 2. 商铺投资策划 3. 奥运会收藏品投资	A□ B□ C□ A□ B□ C□ A□ B□ C□	能够掌握黄金宝、商铺、奥运会等不同实物产品的投资方式
收藏品 投资	1. 爱岗敬业、认真严谨 2. 遵纪守法、遵守职业道德 3. 顾全大局、团结合作	A□ B□ C□ A□ B□ C□ A□ B□ C□	专业素质、思想意识得以提升，德才兼备

小组评价（20 分）		得分：
计分标准：得分 = 10 × A 的个数 + 5 × B 的个数 + 3 × C 的个数		
团队合作 A□ B□ C□	沟通能力 A□ B□ C□	
教师评价（20 分）		得分：
教师评语		
总成绩	教师签字	

项目七　熟悉和开展专项理财业务

学习目标

知识目标
1. 熟悉储蓄种类和个人消费信贷工具；
2. 理解个人所得税的内容；
3. 熟悉退休养老规划和遗产规划的概念。

能力目标
1. 会进行储蓄理财；
2. 能熟练使用个人消费信贷工具；
3. 会熟练计算个人所得税；
4. 能熟练进行个人税收筹划；
5. 会进行退休理财规划；
6. 会进行遗产理财规划。

素质目标
1. 树立"投资有风险"意识；
2. 建立诚信的价值观。

学习导航

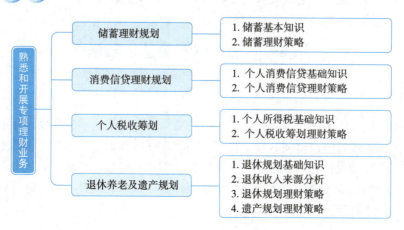

案例导入：小额资金巧理财

目前，银行绝大多数的人民币理财产品起点都在 5 万元以上，证券公司、信托公司的理财计划起点更高。手中闲置资金不足 5 万元的市民，难道就只能站在理财的门槛之外吗？其实不然。存款不足 5 万元，也能通过调整定活期存款的结构，充分利用银行的智能账户，获得不小的理财收益。

一是化整为零。对已有的定期存款，可以化整为零。例如，一笔 3 万元的一年定期存款，可以分成三笔：1 万元一年定期、1 万元二年定期和 1 万元三年定期。一年后，即有 1 万元存款到期，如需用钱就可支取，如暂无需要，就续存三年定期。第二年，二年定期的 1 万元到期，如不用就续存二年定期……依此类推，储户每年将有 1 万元的定期存款到期，这既能保证资金的流动性，又能获得更多的利息收益。

二是转活为定。对活期存款，则要充分利用银行智能账户，"转活为定"。例如，存 1 万元的普通活期，活期年利率为 0.35%，三个月后利息收入为：

$$10\ 000 \times 0.35\% \div 12 \times 3 = 8.75（元）$$

如选择银行智能账户，系统则会约定比例，只在活期账户中留存较少金额，假定为 500 元，将其余的 9 500 元自动转存为三个月的定期，三个月定期年利率为 2.60%，三个月后，这 1 万元的综合收益为：

$$500 \times 0.35\% \div 12 \times 3 + 9\ 500 \times 2.6\% \div 12 \times 3 = 62.19（元）$$

理财收益为：

$$62.19 - 8.75 = 53.44（元）$$

对每月新增的收入，则要"量入而存"，一般建议将收入的 30% 存入银行，这样既有利于抑制消费欲，又能有效地控制支出。

任务一　储蓄理财规划

项目小结 >>>>>

储蓄理财规划主要是熟悉储蓄理财的概念和特征，了解储蓄理财的原则，掌握储蓄理财工具以及储蓄理财的策略，包括储蓄理财思路和储蓄理财方法。

步骤一　熟悉储蓄的基本知识

一、储蓄的概念与特征

储蓄是指从收入中不用于消费或将其延迟消费而结余出的一部分资金，存放于在银行开设的个人账户内，经过一段时间后可获得利息的个人理财方式。储蓄方法包括把钱存入银行作存款，或者储存做退休计划，也包括减少支出，例如节省经常性开支。从个人财务策划的角度来说，储蓄特指低风险保存资金，例如使用存款户口累积资产，而非进行较高风险的投资。储蓄具有以下特征：

1. 安全性

储蓄是所有投资品种中最安全的，特别是存款机构是国有银行时，其基本上是以国家的信誉做担保，几乎没有违约风险。

2. 变现性

所有储蓄基本上都是可以立即变现的，包括定期存款。虽然定期存款提前支取会损失部分利息收入，但不影响其变现能力。所以我们可以把储蓄认同为流动资金，特别是活期存款，就与现金完全等同视之。

动动脑

如何理解储蓄的变现性？

3. 操作简单

相对于其他投资工具，储蓄的操作非常容易。不管是开户、存取、销户，还是特殊的业务如挂失等，流程都比较简易。对个人来说，使用身份证即可办理。由于银行机构的网点比较多，存取业务非常方便，特别是利用 ATM 自助终端，更是随时随地都可办理业务。

4. 收益低

相对其他投资品种，储蓄的收益可能是最低的。它唯一的收入就是利息。这是由它的低风险因素决定的，符合投资收益和风险是正相关的关系。

知识补充 7 - 1　储户的权益

储户拥有取款自由权；拥有利息复核权；拥有存款保密权；拥有储蓄利率、种类的获知权；拥有储蓄机构违法行为举报权。

二、储蓄理财的原则

作为最传统的投资理财方式，储蓄不但能缓冲财务危机，还能为实现未来的财务目标积累资金。但是，进行储蓄投资还需要遵循以下原则：

1. 留足支付日常开支的现金

储蓄的基础是闲置的收入和货币，因此应该留足日常开支使用的现金，在不影响日常支付的情况下安排储蓄。

2. 建立理财目标

储蓄是一项长期的投资理财规划，因此应该事先建立储蓄理财目标。通过制定自己近年内的储蓄数额目标，以确定平时的储蓄数额。

3. 储蓄优先原则

在每月领到薪金后，首先将钱存入银行，这有利于抑制消费欲望，从而有效地控制支出。

4. 连续性和长期性原则

储蓄贯穿着人的一生，只要日积月累，就一定能有一笔可观的积蓄。当然，理财就意味着善用钱财，要根据自己的理财规划，做到适度消费，乐于享受钱财，乐于享受生活，去赢得身心的健康，去获取人生的乐趣。

5. 利率比较原则

要根据自己储蓄的用途和目的，按照各种储蓄利率的不同，采取"长短结合，统筹兼顾"的方法，尽量增加利息收益。例如，购买收益较高的国债，为子女上学可以存一些教育储蓄等。

> **✔ 动动手**
>
> 　　查阅比较各种储蓄的利率。

三、储蓄理财工具

储蓄是所有理财手段的基础，尽管储蓄利息相对微薄，但心里踏实。利息下调并不意味着老百姓就可以不必再储蓄，而且低息时期更要合理地进行储蓄组合，来锻炼理财能力，这就需要详细了解储蓄的种类，也就是储蓄理财工具。

储蓄存款一般可按期限分为活期和定期两种，其中又可以细分为具体的储蓄品种。

1. 活期储蓄

活期存款指不规定期限，可以随时存取现金的一种储蓄。活期储蓄以1元为起存点，多存不限。开户时由银行发给存折，凭折存取，每季度计息一次。活期储蓄适用于以下情况：

①暂不用作消费支出的货币收入。

②预备用于购买大件耐用消费品的积攒性货币。

③个体经营户的营运周转货币资金，在银行为其开户、转账等问题解决之前，以活期储蓄的方式存入银行。

2. 整存整取

整存整取是指开户时约定存期，整笔存入，到期一次整笔支取本息的一种个人存款。人民币50元起存，外汇整存整取存款起存金额为等值人民币100元的外汇。计息按存入时的约定利率计算，利随本清。整存整取存款可以在到期日自动转存，也可根据客户意愿，到期办理约定转存。人民币存期分为3个月、6个月、1年、2年、3年、5年6个档次。外币存期分为1个月、3个月、6个月、1年、2年5个档次。整存整取储蓄适用于生活结余较长时间不需动用的款项。

3. 零存整取

零存整取是指开户时约定存期，分次每月固定存款金额，到期一次支取本息的一种个人存款。一般5元起存，每月存入一次，中途如有漏存，应在次月补齐。计息按实存金额和实际存期计算。存期分为1年、3年、5年。利息按存款开户日挂牌零存整取利率计算，到期未支取部分或提前支取按支取日挂牌的活期利率计算利息。零存整取储蓄适用于收入稳定，攒钱以备结婚、上学等用途，已达到计划开支的目的。

4. 整存零取

整存零取是指在存款开户时约定存款期限，本金一次存入，固定期限分次支取本金的一种个人存款。1 000元起存，支取期分1个月、3个月及半年一次。利息按存款开户日挂牌整存零取利率计算，于期满结清时支取。到期未支取部分或提前支取按支取日挂牌的活期利率计算利息。存期分1年、3年、5年。整存零取适用于较长时期不用的节余款项的存储。

5. 存本取息

存本取息是指在存款开户时约定存期、整笔一次存入，按固定期限分次支取利息，到期一次支取本金的一种个人存款。5 000元起存，存期分1年、3年、5年。可1个月或几个月取息一次，在开户时约定的支取限额内多次支取任意金额。利息按存款开户日挂牌存本取息利率计算，到期未支取部分或提前支取按支取日挂牌的活期利率计算利息。

6. 定活两便

定活两便是指在存款开户时不必约定存期，银行根据客户存款的实际存期按规定计息，可随时支取的一种个人存款种类。50元起存，存期不足3个月，利息按支取日挂牌活期利率计算；存期3个月以上（含3个月），不满半年，利息按支取日挂牌整存整取3个月存款利率打6折计算；存期半年以上（含半年），不满1年，整个存期按支取日整存整取半年期存款利率打6折计息；存期1年以上（含1年），无论存期多长，整个存期一律按支取日整存整取一年期存款利率打6折计息。

7. 通知存款

通知存款是指在存入款项时不约定存期，支取时事先通知银行约定支取存款日期和金额的一种个人存款方式。最低起存金额为人民币5万元（含），外币等值5 000美元（含）。为了方便，客户可在存款开户时即可提前通知取款日期或约定转存存款日期和金额。个人通知存款需一次性存入，可以一次或分次支取，但分次支取后账户余额不能低于最低起存金额，当低于最低起存金额时银行给予清户，转为活期存款。个人通知存款按存款人选择的提前通知的期限长短划分为一天通知存款和七天通知存款两个品种。其中一天通知存款需要提前一天向银行发出支取通知，并且存期最少需两天；七天通知存款需要提前7天向银行发出支取通知，并且存期最少需7天。

8. 教育储蓄

教育储蓄是为鼓励城乡居民以储蓄方式为其子女接受非义务教育积蓄资金，促进教育事业发展而开办的储蓄。教育储蓄的对象为在校小学四年级（含四年级）以上学生。存期分为1年、3年和6年三种。教育储蓄每一账户起存50元，本金合计最高限额为2万元。客户凭学校提供的正在接受非义务教育的学生身份证明一次支取本金和利息时，可以享受利率优惠。一般1年、3年期教育储蓄按开户日同档次整存整取储蓄利率计息；6年期按开户日5年期整存整取储蓄存款利率计息。存期内遇利率调整，仍按开户日利率计息。教育储蓄免征储蓄存款利息所得税。

商业银行网银理财产品投资流程

知识补充7-2　储蓄小窍门

储蓄仍然是普通百姓最主要的理财手段。通过储蓄最大获利，请参考小窍门。

少存活期：同样存钱，存期越长，利率越高，所得的利息就越多。如果手中活期存款一直较多，不妨采用零存整取的方式，其1年期的年利率大大高于活期利率。

到期支取：储蓄条例规定，定期存款提前支取，只按活期利率计息，逾期部分也只按活期计息。有些特殊储蓄种类（如凭证式国库券），逾期则不计付利息。这就是说，存了定期，期限一到，就要取出或办理转存手续。如果存单即将到期，又马上需要用钱，可以用未到期的定期存单去银行办理抵押贷款，以解燃眉之急。待存单一到期，即可还清贷款。

滚动存取：可以将自己的储蓄资金分成12等份，每月都存成一个1年期定期，或者将每月的余钱不管数量多少都存成1年定期。这样一年下来就会形成这样一种情况：每月都有一笔定期存款到期，可供支取使用。如果不需要，又可将其本金以及当月家中的余款一起再这样存。如此，既可以满足家里开支的需要，又可以享有定期储蓄的高息。

存本存利：先将本金存一个5年期存本取息，然后再开一个5年期零存整取户头，将每月得到的利息存入。即将存本取息与零存整取相结合，通过利滚利达到增值的最大化。

细择外币：由于外币的存款利率和该货币本国的利率有一定关系，所以有些时候某些外币的存款利率也会高于人民币。储蓄时应随时关注市场行情，适时购买。

情景模拟 7 - 1　分组进行储蓄利息计算训练

将班级学生分组，由老师给定各种定期存款资料，各组讨论完成各种定期存款利息的计算。

步骤二　储蓄理财策略

一、储蓄理财基本思路

1. 规划好时间

定期储蓄存款尽量不提前支取，以避免利息损失。由于特殊原因需提前支取，请参考以下办法：一是只取需用部分的金额。例如，如果您急需5 000元，现有10 000元的定期存单，则从其中只取5 000元即可，不要全部取完，因为剩余的5 000元还是按原利率计息。二是办理存单抵押贷款。对已存时间比较长的存单，可采用以此存单为抵押申请贷款来解决急用的资金问题。

2. 采取合理的存款组合

（1）考虑存款组合的总原则是兼顾收益和保证日常生活需要。定期存款利率高、收益好，而活期存款取款方便，所以一般来说应以定期存款为主、通知存款为辅，少量使用活期存款和定活两便存款。

（2）定期存款的重要技巧：一时难以确定存期的大额资金应选择通知存款以兼顾收益和灵活性；较大额的存款宜开多张存单，可把提前支取的利息损失减少到最低限度；

动动脑

为什么要进行存款组合？

多采用到期自动续存的方式，既防止利息损失，又不用去银行转存；大笔的长期闲置资金应该考虑大额定期存单和大额可转让定期存单。

（3）手比较"散"的人多重视零存整取，这样可以逐渐半强制性地为自己积累一些资金。

（4）定活两便与活期储蓄应以小额、少量为宜，因为日常开支每月差不多，一般是可以匡算的。

3. 增加储蓄本金，开源节流

提高家庭储蓄的方式一般包括增加工作收入、增加理财收入、降低生活支出、降低理财支出，另外还要注意防范理财风险，如借钱给别人要求借据、不随便提供金融担保、不参与民间借贷活动、不参与社会非法集资、谨慎从事高风险投资。

4. 根据收入来源区分储蓄

领取现金的薪资收入者，应该先把储蓄分离出来，以信贷消费预算法控制各项支出。

以银行薪资转账领取收入者，薪资入账时即强迫储蓄，剩余金额以自动提款机平均提取的方式控制支出。

自营事业现金收入者，先区分真正赚取的收入，若营业情况稳定可以日营业额的比例做消费支出预算。

动动脑

分析自己家庭应该怎样储蓄？

5. 选择适当的储蓄币种

由于各国经常处于不同的经济周期，同一时期利率差别很大，如果有条件可以试试外币储蓄，以获得更高的收益。例如，人民币1年期利率为3.50%，而美元是1.00%时，相差较大，如果现在手中持有美元，就应当兑换成人民币去存储，而不要直接存美元。同时考虑外币存款时，最重要的是要选择和人民币兑换率较稳定的币种，如美元、英镑、港币等，尤其要避开那些可能贬值的货币。

6. 根据不同的宏观经济周期选择储蓄品种

（1）在国家经济增长率稳步上升时，利率政策一般比较宽松，同时物价并不高。这时选择中短期储蓄是比较好的，因为利率可能进一步提高。

（2）经济逐步加速到一个较高的水平，通货膨胀率上升，国家一再提高利率。这时可以利用较高的利率水平，存入利息不变的长期定期存款，以获取长期较高的利息收益。

动动手

查阅资料分析"负利率"时代如何投资？

（3）经济增长速度和通货膨胀率逐步降低，利率慢慢回落。这时应避免短期的存款，选择长期的存款。因为利率处于下降趋势中，短期存款会受到不断下降的利率的侵害，利息收益不高。

（4）经济增长和物价水平已经处于低谷，利率也到了较低水平。这时应选择短期存款。

二、储蓄理财方法

1. 目标储蓄法

如果想购买一件高档商品或操办某项大事，应根据家庭经济收入的实际情况建立切实可行的储蓄指标并制定攒钱措施。

2. 计划储蓄法

每个月领取薪水后，可以留出当月必需的生活费用和开支，将余下的钱按用途区分，选择适当的储蓄品种存入银行，以减少许多随意性的支出。

3. 增收储蓄法

在日常生活中，如遇上增薪、获奖、稿酬、亲友馈赠和其他临时性收入时，可以当作没有这些收入，将这些增收的钱及时存进银行。

4. 折旧储蓄法

为了家用电器等耐用消费品的更新换代，可为这些物品存一笔折旧费。在银行设立一个"定期一本通"存款账户，当家庭需添置价值较高的耐用品时，可以根据物品的大致使用年限，将费用平摊到每个月。这样，当这些物品需要更换时，账户内的折旧基金便能派上用场。

5. 滚动储蓄法

每月将结余的钱存入一张1年期整存整取定期储蓄账户，存储的数额可根据家庭的经济收入而定，存满1年为一个周期。1年后第一张存单到期，可取出储蓄本息，凑成整数后进行下一轮的储蓄。如此循环往复，手头始终是12张存单，每月都可有一定数额的资金收益，储蓄数额滚动增加，家庭积蓄也随之丰裕。滚动储蓄可选择1年期的，也可选择3年期或5年期的定期储蓄。这种储蓄方法较为灵活，每月存储额可视家庭经济收入而定，无须固定。一旦急需钱用，只要支取到期或近期所存的储蓄就可以了，可以减少利息损失。另外，每张存单最好都设定到期自动续存，这样就可以免去多跑银行之苦了。

动动脑

总结滚动储蓄法的好处。

6. 四分储蓄法

四分储蓄法，又叫"金字塔"法，如果你持有1万元，可以分别存成4张定期存单，存单的金额呈金字塔状，以适应急需时不同的数额。可以将1万元分别存成1 000元、2 000元、3 000元、4 000元4张1年期定期存单。这样可以在急需用钱时，根据实际需用金额支取相应额度的存单，以减少不必要的利息损失。

7. 阶梯储蓄法

假如你持有3万元，可分别用1万元开设1、2、3年期的定期储蓄存单各1份。1年后，你可用到期的1万元再开设1张3年期的存单。以此类推，3年后你持有的存单则全部为3年期的，只是到期的年限不同，依次相差1年。这种储蓄方式可使年度储蓄到期额保持等量平衡，既能应对储蓄利率的调整，又可获取3年期存款的较高利息。这是一种中长期投资，适宜于工薪家庭为子女积累教育基金与婚嫁资金等。

8. 组合储蓄法

组合储蓄法，又称为利滚利储蓄法，是一种存本取息与零存整取相组合的储蓄方法。如果你现有5万元，可以先存入存本取息储蓄账户，在1个月后，取出存本取息储蓄的第一个月利息，再开设一个零存整取储蓄账户，然后将每月的利息存入零存整取储蓄账户。这样不仅可以得到存本取息储蓄利息，而且其利息在存入零存整取储蓄后又获得了利息。

9. 通知储蓄法

通知储蓄法很适合手头有大笔资金准备用于近期（3个月以内）开支。假如手中有20万元现金，拟于近期首付住房贷款，但是又不想把20万元简简单单存活期损失利息，这时就可以存7天通知储蓄。这样既保证了用款时的需要，又可享受相对较高的利率。

因此，保守的投资者应具有风险意识，要始终认识到"投资有风险"，保持良好的储蓄习惯。

情景模拟 7 - 2　分组讨论储蓄方法

将班级学生分组，由一位同学扮演理财经理，其他同学扮演客户。理财经理向客户介绍上述十二种储蓄方法，并重点推介自己认为方便操作且收益稳定的储蓄方法。

任务二　消费信贷理财规划

⊛ 任务描述

消费信贷理财规划主要是熟悉消费信贷理财的概念和特征，掌握消费信贷理财工具，了解消费信贷理财的原则，掌握消费信贷理财的策略。

步骤一　消费信贷基础知识

一、消费信贷的概念和特点

个人消费信贷是指银行和其他金融机构贷款给个人用以购买耐用消费品和支付各种服务费用的信贷。

消费信贷是当期得到现金、商品和服务，在将来支付有关费用的一种安排。它以消费者未来的购买力为放款基础，旨在通过信贷方式预支远期消费能力，来满足个人当期消费需求，消费信贷的基础是人们在账单到期时支付的能力和意愿。个人消费信贷具有手续简便、可随时申请、不须反复办理抵押或质押等特点。

> **动动脑**
>
> 分析消费信贷理财的目的。

二、消费信贷工具

（一）银行信贷

目前我国商业银行提供的个人消费信贷产品主要有：

1. 个人汽车贷款

汽车贷款由贷款人向在特约经销商处购买汽车的借款人发放，用于购买汽车，以贷款人认可的权利质押或者具有代偿能力的单位或个人作为还贷本息并承担连带责任保证人提供保证，在贷款银行存入首期车款，贷款金额最高一般不超过所购汽车售价的 80%，贷款期限一般为 1~3 年，最长不超过 5 年。

> **动动脑**
>
> 毕业后你会选择汽车消费信贷吗？为什么？

2. 个人旅游贷款

个人旅游贷款是贷款人向借款人发放的，用于借款人或家庭共有成员支付特约旅游单位旅游费用的人民币贷款。旅游费用指特约旅游单位经办且由贷款人指定的旅游项目所涉及的交通费、食宿费、门票、服务及其相关费用组成的旅游费用总额。个人旅游贷款起点为人民币2 000元，关于贷款的最高限额，不同商业银行在不同地区的规定有所不同，以单个个人旅游消费而申请的贷款，最高限额为5万元；以个人及其家庭成员旅游消费而申请的贷款最高限额为10万元。期限6个月到2年，且提供不少于旅游项目实际报价30%首期付款的人民币贷款。

动动脑

毕业后你会选择个人旅游贷款吗？

3. 国家助学贷款

国家助学贷款是指中国银行向客户发放的由中央财政或地方财政贴息，用于贷款本人或直系亲属、法定被监护人在国内高等学校就读全日制本、专科或研究生所需学杂费和生活费用的助学贷款。贷款期限最长不超过借款学生毕业后六年。贷款的最高限额原则上每人每学年最高不超过6 000元，每个学生的具体贷款金额由学校按本校的总贷款额度，根据学费、住宿费、生活费标准以及学生的困难程度确定。

动动手

查阅国家助学贷款的手续。

4. 商业助学贷款

商业性助学贷款是银行对正在接受非义务教育学习的学生或直系家属或法定监护人发放的商业性贷款，适用于学生的出国留学、再教育进修等。贷款额度由银行根据借款人资信状况及所提供的担保情况综合确定，最高不超过50万元。贷款最短期限为6个月，最长期限不超过8年。与国家助学贷款相比，商业助学贷款的利率水平、申请条件以及还贷期限等都提高不少。

5. 家居装修贷款

家居装修贷款是指贷款人向借款人发放的用于借款人自用家居装修的人民币消费贷款。贷款期限一般为1~3年，最长不超过5年（含5年）。贷款额度一般不得超过家居装修工程总额的80%。

6. 个人综合消费贷款

个人综合消费贷款是贷款人向借款人发放的不限定具体消费用途、以贷款人认可的有效权利质押担保或能以合法有效房产作抵押担保，借款金额在2 000元至50万元、期限在6个月至3年的人民币贷款。

7. 个人住房贷款

个人住房贷款是贷款人向借款人发放的用于购买自用普通住房或者城镇居民住房、自建住房，以贷款人认可的抵押、质押或者保证，在银行存入首期房款，借款金额最高为房款的70%、期限最高为30年的人民币专项贷款。本章讨论的消费信贷主要是短期信贷。

动动手

上网查阅住房贷款的相关手续。

8. 信用卡

信用卡又称贷记卡，指具有一定规模的银行或金融公司发行的，可凭此向特定商家购买货物、享受服务，或向特定银行支取一定款项的信用凭证。

（1）信用卡利率。我国信用卡的透支取现利率统一为"日利率万分之五"，即年利率高达18.25%，远远高于我国的贷款利率。

（2）信用卡使用注意事项。

①还款注意免息期。

动动脑

信用卡消费免息期的注意事项是什么？

一般还款免息期由三个因素决定：客户刷卡消费日期、银行出对账单日期和银行指定还款日期。所以，消费时一定要注意两点：一是持卡人的消费日期；另一个就是银行对账单日期与还款日期之间的天数。弄清楚免息还款期的计算方法后，还要注意并不是所有的透支款项都可享受这一优惠。要想免息，必须同时满足两个条件：第一是全额还款；第二是非现金交易的款项。如还款困难，应按银行要求的最低还款额偿还部分透支款，否则利息成本十分昂贵。

案例7-1：王先生于3月25日刷卡透支消费1 000元，其账单将于4月10日出立，银行指定还款日期为4月30日，如果王先生于4月30日前还款就可以享受免息，免息期为36天（3月25日—4月30日），如图7-1所示。

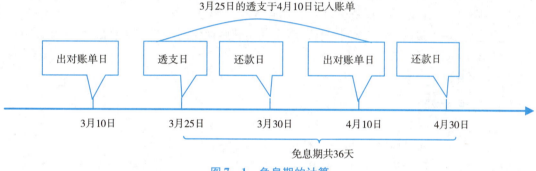

图7-1 免息期的计算

做一做 刘女士可否享受免息期待遇？计算其免息期

刘女士拥有一张信用额度为20 000元的信用卡，约定出账单日为每月5日，最后还款日为每月15日。2012年4月10日，刘女士用此信用卡透支消费了1 000元。

②最低还款额。

最低还款额是指持卡人在到期还款日（含）前偿还全部应付款项款项有困难的，可按发卡行规定的最低还款额进行还款，但不能享受免息还款期待遇。最低还款额列示在当期账单上。

③不要超额透支。

持卡人超过发卡银行批准的信用额度用卡时，不享受免息期待遇，即从透支之日起支付透支利息。所以持卡人在享受信用卡透支免息还款的实惠时，不要超过银行批准的信用额度（即透支金额），否则超额部分将不会享受免息还款待遇，还要支付高额的透支利息。

④透支还款要还清。

信用卡刷卡消费，持卡人在免息期内全额偿还不需支付利息。但若是部分偿还透支款项，在符合银行规定的最低还款额的前提下，2013年7月1日中国银行业协会发布《中国银行卡行业自律公约》，各银行取消了"全额罚息"制度，即为客户提供信用卡"容时容差"服务，也就是说，晚3天差10元以内还款都可视为按时还款。

⑤现金透支不能免息还款。

信用卡提现是要支付利息的，并不享受免息待遇，且计息是从提现透支日起开始计算的。这些规定一般在各银行的信用卡使用注意事项中都会写明，如"贷记卡取现或转账透支不享受免息还款待遇，从透支记账日起按日息万分之五计息"等。

⑥不要将信用卡当存折用。

信用卡内的存款（备用金）不计付利息是国际惯例，多数银行都是这样操作的。

⑦并非年年免年费。

免年费一般也只是免第一年或两年内的费用，且往往捆绑着用户至少使用一个较长的固定期限。所以持卡人在使用时应该注意，如果到期没有缴纳年费，银行可能会在持卡人账户内自动扣款，而且银行所扣的款项将算作持卡人的透支提现，因此就要计算贷款利息，而且还会计算复利，利息会日复一日地积累，时间一长，就会莫名其妙地收到透支利息通知书。所以，如果持卡人不经常使用信用卡，最好将其注销。

动动脑

　　信用卡的使用注意事项，你知道吗？

（二）非银行机构信贷

1. 典当融资贷款

典当是指当户将其动产、财产权利作为当物质押或者将其房地产作为当物抵押给典当行，交付一定比例费用，取得当金，并在约定期限内支付当金利息、偿还当金、赎回当物的行为。通俗地说，典当就是要以财物做质押，有偿有期借贷融资的一种方式。这是一种以物换钱的融资方式，只要顾客在约定时间内还本并支付一定的综合服务费（包括当物的保管费、保险费、利息等），就可赎回当物。

动动手

　　上网查阅典当融资贷款手续。

2. 消费金融公司贷款

与银行相比，消费金融公司具有单笔授信额度小、审批速度快、需抵押担保、服务方式灵活、贷款期限短等独特优势。消费金融公司经营的业务包括：个人耐用消费品贷款，一般用途个人消费贷款、信贷资产转让、境内同业拆借、向境内金融机构借款、经批准发行金融债券、与消费金融相关的咨询及代理业务、国家金融监督管理总局批准的其他业务。

3. 保险公司贷款

保单贷款也叫保险质借。在投保人需要时，保险公司可以在保单现金价值范围内，以保单作质押，向投保人提供贷款。我国保单质押贷款的期限较短，一般最多不超过6个月，最高贷款余额也不超过保单现金价值的一定比例，一般在70%～80%；银行则更为宽松，一般可达到90%。期满后贷款一定要及时归还，一旦借款本息超过保单现金价值，保单将永久失效。

步骤二 个人消费信贷理财策略

一、个人消费信贷原则

(一)贷款需在负债能力之内

在贷款前,需了解自己的负债能力。所谓负债能力,取决于两个方面:一是目前的经济状况;二是未来的经济状况,也就是短期还款能力和长期偿付债务的能力。只有满足这两个条件,财务状况才可能保持健康状态。否则,就会出现过度负债或借款过多的情况,如不及时平衡就会对财务状况造成不良影响。一般可以用债务支付收入占比来衡量自己的信贷能力。

> **动动脑**
>
> 消费信贷是不是贷款越多越好?

$$债务支付收入占比 = 月还债支出 \div 月净收入 \times 100\%$$

通常建议债务支付收入占比不超过 20%,这样才不会影响日常支付和生活质量。

(二)贷款期限与资产生命周期相匹配

贷款期限与贷款消费的商品的生命周期相匹配。商品生命周期就是此商品平均使用年限。如汽车一般平均使用年限为 5~8 年,则汽车的生命周期为 5~8 年;房子至少使用 30 年,则房子的生命周期超过 30 年;一般百货或易消耗品,基本上就是现买现消费,所以生命周期为 0。因此,住房贷款期限最长,一般可达 30 年;汽车贷款期限一般在 5 年以下;其他消费无需贷款,最好现金支付,就算是用信用卡透支消费的,也需及时补款还上。

(三)保持良好的信用

信用是贷款能实现的重要保证之一,怎样获得信用并保持良好的信用记录是贷款能否成功的关键。衡量信用的主要标准就是以往的还款记录以及家庭资产状况。如果以往所有的借款都能及时偿还,且保持健康的财务状况,则信用评分就高,获得贷款的机会就会很大。

> **动动脑**
>
> 谈谈良好信用记录的作用。

由此可见,消费信贷第一原则是评估贷款金额大小,第二原则是确定贷款期限长短,第三原则是决定贷款成功的概率。

二、提高个人信用等级的方法

1. 充分准备各种资产证明

申请消费信贷之初,因为申请人在银行还没有任何消费信用记录,银行评估的只是申请人各种收入资产状况,然后决定给多少信用额度。如果要大幅提高申请时的信用额度,就要认真准备各种信用证件,要把收入证明、房屋产

> **动动脑**
>
> 资产证明一般包括哪些?

权证明、按揭购房证明、汽车产权证明、银行存款证明或有价证券凭证等统统提交给银行。

2. 认真填写表格细节

填写申请表格时,还有几个影响授信额度的小细节,诸如是否有本市的固定电话、这个号码是否是自己的名字或家人的名字登记办理的、是否结婚、手机号码是否有月租、是否为本市户口等。如果以上答案都是肯定的,银行会大大提高申请人的信用评估分数,但是每个

条件并不都是绝对的，只是相对容易通过资质审核和提高最初的消费额度申请，消费信用和还款信用还是银行最看重的。

3. 随时随地不忘刷卡

用卡期间，申请人多多刷卡消费，衣食住行都尽量选择可以刷卡的商店消费。使用得越频繁，每月就有相对稳定的消费额度，把原来现金消费的习惯改为刷卡消费，能表明申请人对银行的忠诚度，银行的信息系统会统计申请人的刷卡频率和额度，在半年左右就会自动提高申请人的信用额度。

4. 按时还款，保持良好信用

如果不按时还款肯定是没有信用可言的，申请人最好全额还款，不要只还最低还款额，循环利息会让人吃不消。

5. 主动申请提高信用额度

正常使用信用卡半年后，申请人可以主动提出书面申请或通过服务电话来调整授信额度，银行会进行审批。正常情况下，会在审查消费记录和信用记录后，在一定幅度内提高申请人的信用额度。

另外，遇到重大节假日或重大支出需求，可以向银行提出临时提高信用额度申请，一般银行都会同意，而且额度24小时内就能调高使用了，下个月会恢复到申请人过去的授信额度。

三、个人消费信贷的操作流程

个人消费信贷作为商业银行众多贷款种类中的一种，其操作也必须符合《中华人民共和国商业银行法》《贷款通则》等相关法律法规的规定，必须经过贷前调查、贷时审查和贷后检查三个基本环节。由于个人消费信贷的贷款用途限定为消费，作为贷款主体的自然人流动性很大，不易控制，所以，在这三个环节中，商业银行更应着重于贷前调查和贷时审查两个关键环节。如果个人消费信贷的借款人为自然人，借款又为非营利目的，借款人相对更看重贷款的成本，如果花了费用而最终未得到借款，往往会引起矛盾，对商业银行的信誉也会造成负面影响。

个人消费信贷的操作流程如下：

申请→贷前调查→审查、审批→签订合同→办理保险、公证、担保手续→发放贷款→贷款偿还→清户撤押

个人消费信贷的初审由资信调查组审验，主要审查借款人的资信情况，包括借款人的年龄、职业、收入、家庭情况、抵（质）押品、工资发放情况等。特别是在办理抵押贷款时，初审显得尤为重要。因为办理抵押品登记、评估、保险、公证等手续均需交纳一定的费用，有了初审，既可避免借款人为办理各项手续多付费用，也可避免抵押物价值高估给银行带来的潜在风险。

消费信贷规划流程

情景模拟 7 – 3　分组讨论自己对个人消费信贷的认识

将班级学生分组，由一位同学扮演理财经理，其他同学扮演客户。理财经理向客户介绍汽车消费信贷、汽车消费信贷手续和注意事项。

任务三　个人税收筹划

任务描述

通过个人税收筹划的学习主要掌握什么是个人所得税，熟悉我国个人所得税税制的内容，掌握个人所得税计算方法，理解什么是个人税收筹划，熟悉个人税收筹划的基本方法，熟练掌握个人税收筹划策略。

步骤一　个人所得税基础知识

一、什么是个人所得税

个人所得税是以个人（自然人）取得的应税所得为征税对象而征收的一种税。个人所得税具有课税公平、量能负担、不易形成重复征税等特点。

课税公平，是指个人所得税以纯收入为计税依据，实行收入多的多缴税，收入少的少缴税的原则，同时规定基本生计扣除、成本费用扣除及专项扣除，可以较好地照顾低收入者，符合量能负担的原则。与流转税可能存在的重复征税相比，个人所得税是对纳税人的最终收入课税，游离在商品流通之外，因而一般不存在重复征税的情况。

二、我国个人所得税税制的内容

我国目前实行的是分类税制，主要内容包括：

1. 纳税义务人

个人所得税的纳税人分为居民纳税人和非居民纳税人。在中国境内有住所，或者无住所而在境内居住满1年的个人，是居民纳税人；在中国境内无住所又不居住的，或者无住所而在中国境内居住不满1年的个人，是非居民纳税人。居民纳税人承担无限纳税义务，应就其来源于中国境内、境外的所得依法纳税；非居民纳税人承担有限纳税义务，仅就其来源于中国境内的所得依法纳税。

2. 应税所得

我国个人所得税实行分类征税制度，税法规定的应税所得共11项，具体包括：工资、薪金所得；个体工商户的生产、经营所得；对企事业单位的承包经营、承租经营所得；劳务报酬所得；稿酬所得；特许权使用费所得；利息、股息、红利所得；财产租赁所得；财产转让所得；偶然所得；经国务院财政部门确定征税的其他所得等。

3. 税率

根据应税所得项目的不同特点和征收管理的要求，我国个人所得税设置了超额累进税率和比例税率两种。其中，工资、薪金所得，适用3%～45%的七级超额累进税率；个体工商户的生产、经营所得，对企事业单位的承包经营、承租经营所得，个人独资企业和合伙企业投资者的生产、经营所得，适用5%～35%的五级超额累进税率；稿酬所得，劳务报酬所得，特许权使用费所得，利息、股息、红利所得，财产租赁所得，财产转让所得，偶然所得和其他所得等，均适用20%的比例税率。

4. 费用扣除

　　我国个人所得税的费用扣除采用定额扣除和定率扣除两种方法，如工资、薪金所得以每月收入额减除费用 3 500元后的余额，为应纳税所得额；劳务报酬所得、稿酬所得、特许权使用费所得、财产租赁所得，每次收入不超过 4 000元的，减除费用 800 元；4 000 元以上的，减除 20% 的费用，其余额为应纳税所得额。

> **动动脑**
>
> 　　了解父母的收入是否需要交纳个人所得税。

5. 减免税

　　目前，个人所得税法规定的主要减免税项目包括：省级人民政府、国务院部委和中国人民解放军以上单位，以及外国组织、国际组织颁发的科学、教育、技术、文化、卫生、体育、环境保护等方面的奖金；国债和国家发行的金融债券利息；按照国家统一规定发给的补贴、津贴；福利费、抚恤金、救济金；保险赔款；军人的转业费、复员费；按照国家统一规定发给干部、职工的安家费、退职费、退休工资、离休工资、离休生活补助费；依照我国有关法律规定应予免税的各国驻华使馆、领事馆的外交代表、领事官员和其他人员的所得；中国政府参加的国际公约、签订的协议中规定免税的所得等。此外，国务院财税主管部门根据税法授权，规定了一些减免税项目，主要包括：对个人转让自用 5 年以上、并且是唯一的家庭生活用房取得的所得；城镇居民按照国家规定标准取得的拆迁补偿款；下岗职工经营所得等。

6. 征管方式

　　我国个人所得税实行源泉扣缴和纳税人自行申报纳税两种征管方式。不同项目采取不同的征管方式，其中：工资、薪金所得、劳务报酬所得、稿酬所得、特许权使用费所得、财产租赁所得、财产转让所得、利息、股息、红利所得、偶然所得和其他所得采取以扣缴义务人代扣代缴的方式；个体工商户的生产、经营所得，对企事业单位承包经营、承租经营所得采取纳税人自行申报的方式。此外，对年所得 12 万元以上的纳税人，从中国境内两处或者两处以上取得工资、薪金所得的纳税人，从中国境外取得所得的纳税人，取得应纳税所得没有扣缴义务人的纳税人，以及符合国务院规定的其他情形的纳税人，也应按税法规定进行自行申报。

三、个人所得税计算方法

（一）个人取得的工资、薪金所得如何缴纳个人所得税

　　个人取得的工资、薪金所得，是指个人因任职或者受雇而取得的工资、薪金、奖金、年终加薪、劳动分红、津贴、补贴以及与任职或受雇有关的其他所得。

个人税收筹划

1. 工资、薪金所得按以下步骤计算缴纳个人所得税

　　每月取得工资收入后，先减去个人承担的基本养老保险金、医疗保险金、失业保险金，以及按省级政府规定标准缴纳的住房公积金，再减去费用扣除额 3 500 元（来源于境外的所得以及外籍人员、华侨和中国香港、澳门、台湾同胞在中国境内的所得每月还可附加减除费用 1 300 元）为应纳税所得额，按 3% ~45% 的 7 级超额累进税率计算缴纳个人所得税。

2. 工资、薪金所得缴纳个人所得税的计算公式

$$应纳个人所得税税额 = 应纳税所得额 \times 适用税率 - 速算扣除数$$

　　案例 7 - 2：刘某当月取得工资收入 8 000 元，当月个人承担住房公积金、养老保险金、

医疗保险金、失业保险金共计 1 000 元，费用扣除额为 3 500 元，则刘某当月应缴纳所得税额为 3 500 元（8 000 - 1 000 - 3 500），应纳个人所得税税额为 245 元（3 500 × 10% - 105）。

（二）个人取得全年一次性奖金或年终加薪，应当如何缴纳个人所得税

个人取得全年一次性奖金或年终加薪的，应分两种情况计算缴纳个人所得税：

1. 个人取得全年一次性奖金且获取奖金当月个人的工资、薪金所得高于（或等于）税法规定的费用扣除额的计算方法

用全年一次性奖金总额除以 12 个月，按其商数对照工资、薪金所得项目税率表，确定适用税率和对应的速算扣除数，计算缴纳个人所得税。计算公式：

全年一次性奖金收入 ÷ 12 = 商数（按照商数查找相应的适用税率和速算扣除数）

应纳税额 = 当月取得的全年一次性奖金收入 × 适用税率 - 速算扣除数

案例 7 - 3：某个人某月取得全年一次性奖金为 24 000 元。

第一，将全年一次性奖金除以 12 的商数 2 000，查找相应的适用税率为 10%，速算扣除数为 105；

第二，计算应纳税额。

$$应纳税额 = 24\ 000 × 10\% - 105 = 2\ 295（元）$$

2. 个人取得全年一次性奖金且获取奖金当月个人的工资、薪金所得低于税法规定的费用扣除额的计算方法

用全年一次性奖金减去"个人当月工资、薪金所得与费用扣除额的差额"后的余额除以 12 个月，按其商数对照工资、薪金所得项目税率表，确定适用税率和对应的速算扣除数，计算缴纳个人所得税。计算公式为：

应纳个人所得税税额 =（全年一次性奖金 - 当月工资薪金所得与费用扣除数的差额）× 适用税率 - 速算扣除数

（三）内部退养（或提前退休）人员取得所得如何缴纳个人所得税

（1）企业减员增效和行政单位、事业单位、社会团体在机构改革中，未达到离退休年龄，提前离岗且未办理离退休手续（内部退养）的职工，从原任职单位取得的工资、薪金，不属于离退休工资，应按工资、薪金所得计算缴纳个人所得税。

（2）个人在办理内部退养（提前离岗）手续后，从原任职单位取得的一次性收入，应按办理内部退养手续后至法定离退休年龄之间的所属月份进行平均，并与领取当月的工资、薪金所得合并，减去当月费用扣除标准后，以余额为基数确定适用税率和对应的速算扣除数，然后再将当月工资、薪金所得加上取得的一次性收入，减去费用扣除标准，按照已确定的税率计算缴纳个人所得税。计算公式为：

应纳个人所得税税额 =［（当月工资、薪金所得 + 一次性内部退养收入）- 费用扣除标准］× 适用税率 - 速算扣除数

（3）个人在办理内部退养手续后至法定离退休年龄之间重新就业，取得的工资、薪金所得，应与其从原单位取得的同一月份的工资、薪金所得合并计算缴纳个人所得税。

（四）个人取得劳务报酬所得应当如何缴纳个人所得税

劳务报酬所得，是指个人从事设计、装潢、安装、制图、化验、测试、医疗、法律、会计、咨询、讲学、新闻、广播、翻译、审稿、书画、雕刻、影视、录音、录像、演出、表演、广告、展览、技术服务、介绍服务、经纪服务、代办服务以及其他劳务取得的所得。

劳务报酬所得的应纳税所得额为：每次劳务报酬收入不足4 000元的，用收入减去800元的费用；每次劳务报酬收入超过4 000元的，用收入减去收入额的20%。

劳务报酬所得适用20%的税率。劳务报酬所得应纳税额的计算公式为：

$$应纳个人所得税税额 = 应纳税所得额 \times 20\%$$

对劳务报酬所得一次收入畸高（应纳税所得额超过20 000元）的，要实行加成征收办法，具体是：一次取得劳务报酬收入减除费用后的余额（即应纳税所得额）超过20 000元至50 000元的部分，按照税法规定计算的应纳税额，加征五成；超过50 000元的部分，加征十成。

案例7-4：高某一次取得劳务报酬收入40 000元，其应缴纳的个人所得税为：

应纳税所得额 = 40 000 - 40 000 × 20% = 32 000（元）

应纳个人所得税税额 = 32 000 × 20% + (32 000 - 20 000) × 20% × 50%

$$= 6\ 400 + 1\ 200 = 7\ 600（元）$$

（五）个人获得的稿酬所得应如何缴纳个人所得税

稿酬所得，是指个人因其作品以图书、报刊形式出版、发表而取得的所得。个人获得的稿酬所得，每次收入不超过4 000元的，可减去费用800元；每次收入4 000元以上的，可减去20%的费用。其余额为应纳税所得额。稿酬所得适用20%的税率，并可以免纳30%的税额。计算公式为：

$$应纳个人所得税税额 = 应纳税所得额 \times 适用税率 \times (1 - 30\%)$$

案例7-5：许某在某杂志上发表一篇文章，获得稿酬3 000元，其应缴纳的个人所得税为：

应纳个人所得税税额 = (3 000 - 800) × 20% × (1 - 30%) = 308（元）

（六）个人所得税中特许权使用费所得如何缴纳个人所得税

特许权使用费所得，是指个人提供专利权、商标权、著作权、非专利技术以及其他特许权的使用权取得的所得。提供著作权的使用权取得的所得，不包括稿酬所得。

个人取得特许权使用费所得每次收入不超过4 000元的，可以扣除费用800元；每次收入4 000元以上的，可以扣除20%的费用。其余额为应纳税所得额。特许权使用费所得适用20%的税率。计算公式为：

应纳个人所得税税额 = 应纳税所得额 × 20%

案例7-6：叶某发明一项自动化专利技术，2012年3月转让给A公司，转让价15万元，A公司4月支付使用费6 000元，5月支付使用费9 000元；5月，叶某将该项使用权转让给D公司，获得转让费收入8 000元。叶某转让特许权使用费所得应缴的个人所得税为：

叶某此项专利技术转让了两次，应分两次所得计算个人所得税。

转让给A公司应缴纳的所得税 = (6 000 + 9 000) × (1 - 20%) × 20% = 2 400（元）

转让给D公司应缴纳的所得税 = 8 000 × (1 - 20%) × 20% = 1 280（元）

叶某转让这项专利共需缴纳所得税 = 2 400 + 1 280 = 3 680（元）

（七）个人获得的利息、股息、红利所得应当如何缴纳个人所得税

利息、股息、红利所得，是指个人拥有债权、股权而取得的利息、股息、红利所得。计算缴纳个人所得税的方法是：以每次利息、股息、红利所得为应纳税所得额，适用20%的税率。计算公式为：

$$应纳个人所得税额 = 应纳税所得额 \times 20\%$$

案例7-7：张某年初取得单位集资款的利息收入 1 000 元，应缴纳个人所得税为：

$$应纳个人所得税额 = 1\ 000 \times 20\% = 200（元）$$

（八）个人储蓄存款利息应当如何缴纳个人所得税

个人在我国境内存储人民币、外币而取得的利息所得应缴纳个人所得税。储蓄存款利息所得，以每次取得的利息全额为应纳税所得额，适用 5% 的税率计算缴纳个人所得税。计算公式为：

$$应纳个人所得税额 = 应纳税所得额 \times 5\%$$

储蓄存款利息所得税由储蓄机构在向储户结付利息时代扣代缴。国务院决定 2008 年 10 月 9 日起对储蓄存款利息所得暂免征收个人所得税。

（九）个人取得财产租赁所得应当如何缴纳个人所得税

财产租赁所得，是指个人出租建筑物、土地使用权、机器设备、车船以及其他财产取得的所得。计算公式为：

租赁财产应纳税所得额 = 每次取得的财产租赁收入 - 合理费用 - 费用扣除标准

合理费用包括以下项目：

（1）纳税人在出租财产过程中缴纳的税金、教育费附加，可凭完税凭证从财产租赁收入中扣除。

（2）由纳税人负担的该出租财产实际开支的修缮费用，必须是实际发生并能够提供有效准确凭证的支出，以每次扣除 800 元为限，一次扣除不完的，可以继续扣除，直至扣完为止。

费用扣除标准为：每次收入不超过 4 000 元的，可以扣除 800 元；每次收入超过 4 000 元的，可以扣除收入的 20% 。

财产租赁所得的个人所得税的适用税率为 20% ，计算公式为：

$$应纳个人所得税税额 = 应纳税所得额 \times 20\%$$

（十）个人财产转让所得应当如何缴纳个人所得税

财产转让所得，是指个人转让有价证券、股权、建筑物、土地使用权、机器设备、车船以及其他财产取得的所得。以一次转让财产收入额（不管分多少次支付，均应合并为一次转让财产收入）减去财产原值和合理费用后的余额为应纳税所得额，适用 20% 的税率计算缴纳个人所得税。计算式是：

$$应纳税所得额 = 每次转让财产收入额 - 财产原值 - 合理费用$$

确定财产原值，有以下几种情况：一是有价证券，为买入价以及买入时按照规定缴纳的有关费用；二是建筑物，为建造费或者购进价格以及其他有关费用；三是土地使用权，为取得土地使用权所支付的金额、开发土地的费用以及其他有关费用；四是机器设备、车船，为购进价格、运输费、安装费以及其他有关费用；五是其他财产原值，参照以上四种办法确定。上述财产原值的确定，个人必须提供有关的合法凭证；对未能提供完整、准确的财产原值合法凭证而不能正确计算财产原值的，税务部门可根据当地实际情况核定其财产原值。

合理费用是指个人在卖出财产时按有关规定所支付的费用，如营业税及其附加、中介服务费、资产评估费等。

个人财产转让所得应纳税额的计算公式为：

$$应纳个人所得税税额 = 应纳税所得额 × 20\%$$

（十一）个人取得中奖、中彩等偶然所得应当如何缴纳个人所得税

偶然所得是指个人得奖、中奖、中彩以及其他偶然性质的所得。偶然所得以每次收入额为应纳税所得额，适用20%的税率。

案例7－8：叶某参加电视台举办的有奖竞猜活动中奖，获一台价值8 000元的电脑，应缴纳的个人所得税为：

$$应纳个人所得税税额 = 8\ 000 × 20\% = 1\ 600（元）$$

（十二）个体工商户的生产、经营所得应当如何缴纳个人所得税

个体工商户的生产、经营所得，包括个体工商户从事工业、手工业、建筑业、交通运输业、商业、饮食业、服务业、修理业以及其他行业生产、经营取得的所得；个人经政府有关部门批准，取得执照，从事办学、医疗、咨询以及其他有偿服务活动取得的所得；其他个人从事个体工商业生产、经营取得的所得；上述个体工商户和个人取得的与生产、经营有关的各项应纳税所得。计算公式为：

个体工商户生产、经营所得的应纳税所得额 = 每一纳税年度的收入总额 - 成本、费用及损失

其中，收入总额是指个体工商户从事生产经营以及与生产经营有关的活动所取得的各项收入，包括商品（产品）销售收入、营运收入、劳务服务收入、工程价款收入、财产出租或转让收入、利息收入、其他业务收入和营业外收入等。各项收入应当按权责发生制原则确定。

成本、费用是指个体工商户从事生产经营所发生的各项直接支出和分配计入成本的间接费用以及销售费用、管理费用、财务费用。

损失是指个体工商户在生产经营过程中发生的各项营业外支出。

个体工商户生产、经营所得应纳税额的计算公式为：

$$应纳个人所得税税额 = 应纳税所得额 × 适用税率 - 速算扣除数$$

上述计税办法适用于查账征收的个体工商户，不适用于核定征收的个体工商户。

（十三）演职人员取得报酬应如何缴纳个人所得税

演职人员是指参加演出（包括舞台演出、录音、录像、拍摄影视等）而取得报酬的个人。

演职人员参加任职单位组织的演出取得的报酬为工资、薪金所得，按月缴纳个人所得税。演职人员参加非任职单位组织的演出取得的报酬为劳务报酬所得，按次缴纳个人所得税。

演职人员取得报酬后按规定上交给单位和文化行政部门的管理费以及收入分成，经主管税务机关确认后在计算应纳税所得额时扣除。

演职人员取得报酬为不含税收入（指税后收入）的，分两种情况：

（1）作为工资、薪金所得的，计算公式为：

$$应纳税所得额 = (不含税收入 - 费用扣除标准 - 速算扣除数) ÷ (1 - 税率)$$

$$应纳个人所得税税额 = 应纳税所得额 × 适用税率 - 速算扣除数$$

（2）作为劳务报酬所得的，计算公式为：

不含税收入额低于3 360元的：

$$应纳税所得额 = (不含税收入额 - 800) ÷ (1 - 税率)$$

不含税收入额高于 3 360 元的：

应纳税所得额 =［（不含税收入额 - 速算扣除数）×（1 - 20%）］÷［1 - 税率 ×（1 - 20%）］

应纳个人所得税税额 = 应纳税所得额 × 适用税率 - 速算扣除数

向演职人员支付报酬的单位或个人，应该按照税法规定代扣代缴演职人员的个人所得税。

（十四）个人对企事业单位的承包经营、承租经营所得应如何缴纳个人所得税

个人对企事业单位的承包经营、承租经营所得，是指个人承包经营、承租经营以及转包、转租取得的所得，包括个人按月或者按次取得的工资、薪金性质的所得。

个人对企事业单位的承包经营、承租经营取得所得缴纳个人所得税，有以下几种情况：

（1）企业实行个人承包经营、承租经营后，承包、承租人按合同（协议）的规定只向发包、出租方交纳一定费用，企业经营成果归其所有的，承包、承租人取得的所得，按对企事业单位的承包经营、承租经营所得计算缴纳个人所得税。

应纳税所得额 = 纳税年度的承包经营、承租经营所得 - 必要费用

其中的必要费用是指每月 1 600 元。

应纳个人所得税税额 = 应纳税所得额 × 适用税率 - 速算扣除数

（2）企业实行个人承包经营、承租经营后，承包、承租人对企业经营成果不拥有所有权，仅是按合同（协议）规定取得一定所得的，其所得按工资、薪金所得计算缴纳个人所得税，适用 5% ~ 45% 的九级超额累进税率。

另外，如果企业实行个人承包经营、承租经营后，工商登记改变为个体工商户的，承包人应当依照个体工商户的生产、经营所得计算缴纳个人所得税。企业实行承包经营、承租经营后，不能提供完整、准确的纳税资料，不能正确计算应纳税所得额的，由税务部门核定其应纳税所得额和缴税方式。

（十五）实行查账征收的个人独资企业和合伙企业投资者应如何缴纳个人所得税

个人独资企业的投资者和合伙企业的每一个合伙人都应当按照个体工商户的生产、经营所得，适用 5% ~ 95% 的超额累进税率，计算缴纳个人所得税。计算公式为：

应纳个人所得税税额 = 应纳税所得额 × 适用税率 - 速算扣除数

（1）个人独资企业的投资者以全部生产经营所得为应纳税所得额，按适用税率计算应缴个人所得税。

（2）合伙企业的投资者按照合伙企业的全部生产经营所得和合伙协议约定的分配比例确定每一个投资者应纳税所得额（没有约定分配比例的，以全部应纳税所得额和合伙人数平均计算每个投资者的应纳税所得额），据此计算每个投资者应承担的应纳税所得额，然后按个体工商户的生产、经营所得计算缴纳个人所得税。

（十六）实行核定征收方式的个人独资企业和合伙企业应如何缴纳个人所得税

实行核定征收方式的个人独资企业和合伙企业缴纳个人所得税，有以下情况：

（1）定额征收。个人独资企业和合伙企业按照税务部门依法核定的应纳个人所得税税额按期缴纳。

（2）核定应税所得率征收。

在核定应税所得率征收方式下，应纳个人所得税税额的计算公式为：

应纳个人所得税税额 = 应纳税所得额 × 适用税率

$$应纳税所得额 = 收入总额 \times 应税所得率$$

或

$$应纳税所得额 = 成本费用支出额 \div (1 - 应税所得率) \times 应税所得率$$

行业应税所得率见表7-1。

表7-1 应税所得率

行业	应税所得率/%
工业、交通运输业、商业	5～20
建筑业、房地产开发业	7～20
饮食服务业	7～25
娱乐业	20～40
其他行业	10～30

企业经营多业的，无论其经营项目是否单独核算，均应根据其主营项目确定其适用的应税所得率。

（十七）个人投资两个或两个以上独资、合伙企业的应如何缴纳个人所得税

个人投资两个或两个以上独资、合伙企业的，投资者个人应分别向企业实际经营管理所在地税务部门预缴个人所得税，年度终了后办理汇算清缴。主要有两种情况：

（1）投资者兴办的企业全部是个人独资企业的，分别向各企业实际经营管理所在地税务部门办理年度纳税申报，并依其投资的全部个人独资企业的经营所得确定适用税率，以本企业实际生产经营所得为基础，计算应缴税款，办理汇算清缴。计算公式为：

$$应纳个人所得税税额 = 应纳税所得额 \times 适用税率 - 速算扣除数$$
$$应纳税所得额 = 各个独资企业应纳税所得额的合计数$$
$$本企业投资者应纳税额 = 应纳个人所得税税额 \times 本企业应纳税所得额 \div$$
$$各个独资企业应纳税所得额的合计数$$
$$本企业投资者应补缴的个人所得税税额 = 本企业投资者应纳个人所得税税额 -$$
$$本企业投资者预缴个人所得税税额$$

（2）投资者兴办企业中有合伙企业的，将投资者在合伙企业中应分配的应纳税所得额与其投资于独资企业的应纳税所得额合并，确定应纳个人所得税税额。投资者应向经常居住地税务部门申报纳税，办理汇算清缴；对于经常居住地与其兴办企业的经营管理所在地不一致的，应选定其参与兴办的某一合伙企业经营管理所在地办理汇算清缴，并且在5年内不得变更。

步骤二　个人税收筹划实务

一、什么是个人税收筹划

个人税收筹划是个人或企业进行的旨在减轻税负的谋划与对策。税收筹划的实质是节税，但其存在的前提是不仅不违反税法条文、会计准则等的规定，而且应符合立法

动动脑

个人税收筹划的作用。

意图。国家在制定税法及有关制度时，往往对节税行为有所预期，并希望通过节税行为引导全社会资源的有效配置与收入的合理分配。因此，税收筹划是在税收法律许可的范围内，以税收政策为导向，通过财务活动的合理安排，为达到税后收益最大化的目标而采取的行为。税收筹划着眼于总体的决策和长期利益，谋求的利益是合法的、正当的。正确的税收筹划不仅可以避免缴纳不应该缴纳的税款，而且有助于合理安排支出。

二、个人税收筹划的基本方法

1. 利用免税的方法

免税是国家对特定地区、行业、企业、项目或情况给予纳税人完全免征税收优惠或奖励的扶持或照顾的一种措施。免税一般分为法定免税、特定免税和临时免税三种。在这三类免税中，法定免税是主要方式，特定免税和临时免税是辅助方式，是对法定免税的补充。由于我国正处于转型时期，所以税法中存在大量的特定免税条款和临时免税条款。

在运用免税的过程中，应尽量注意做到以下两点：一是尽量使免税期最长化，在合法、合理的情况下，尽量使其最长化，免税期越长，节减的税收就越多；二是尽量争取更多的免税待遇，在合法、合理的情况下，尽量争取免税待遇，争取尽可能多的免税项目，免税项目越多，节减的税收也就越多。

2. 利用减税的方法

税收减征，是按照税收法律法规减除纳税人一部分应纳税款，是对某些纳税人、征税对象进行扶持、鼓励或照顾，以减轻税收负担的一种特殊规定。

减税技术在使用时应注意把握两点：一是尽量使减税期最长化。二是尽量使减税项目最多化，减税项目越多，节减的税收越多。我国居民应坚持诚信的职业道德准则，合理免税、减税，切忌偷税、漏税。

3. 利用税率差异的方法

利用税率差异指在合法、合理的情况下，利用税率的差异直接节减税收。个人可以利用税收中税率之间的差异来节减税收，实现税务规划的目的。

税率差异在运用中应注意两点：一是尽可能地寻找税率最低的地区、产业，使其适用税率最低化，而且税率差异越大，个人的获利能力就越高；二是尽量寻求税率差异的稳定性和长期性。

4. 利用扣除技术的方法

税前扣除是指在计算缴纳税款时，对于构成计税依据的某些项目，准予从计税依据中扣除的那一部分。这些准予扣除的项目、扣除的范围，有些是对所有纳税人通用的，有些则只是对某些特定的纳税人或征税对象而设计的，应严格区分开来。

在运用扣除技术时，一般应注意以下三点：一是扣除金额最大化，在税法允许的情况下，尽量使各项扣除的项目按上限扣除，用足用活扣除政策；二是扣除项目最多化，个人应尽量将税法允许的扣除项目一一列出，凡是符合扣除的项目，都要依法给予扣除；三是扣除最早化，在税法允许的范围之内，尽可能地使各种允许的扣除项目尽早得到扣除，因为扣除越早，缴纳的税金就越少，节省的税金就越多。

5. 利用抵免的方法

抵免是指当对纳税人来源于国内外的全部所得或财产所得课征所得税时，允许以其在国外已缴纳的所得税或财产税税款抵免应纳税款的一种税收优惠方式，是解决国际所得或财产重复征税的一种措施。

抵免技术在运用时应注意以下两点：一是抵免项目最多化；二是抵免金额最大化。

6. 利用缓税的方法

缓税，又称延期纳税，是对纳税人应纳税款的部分或全部的缴纳期限适当延长的一种特殊规定。为了照顾某些纳税人缺少资金或其他特殊原因造成纳税困难，许多国家都制定了有关延期纳税的条款。尽管采用缓纳技术不能使应交纳的税款免纳或少纳，但它使应该交纳的税款可以向后推迟一段时间，而且不需支付任何费用，这就相当于从政府手中拿到了一笔无息贷款，不仅节省了利息支出，而且因通货膨胀带来了好处，变相降低了应纳税额。

缓税技术在使用中应该注意两点：一是使缓纳时间最长化；二是使缓纳的项目最多化。

7. 利用税收优惠技术的方法

税收优惠是国家税制的一个组成部分，是政府为了达到一定政治、社会和经济目的，而对纳税人实行的税收鼓励。个人所得税规划可以通过合理设计，享受税收优惠带来节税好处，主要应争取更多的减免税待遇，充分利用起征点、免征额、递延纳税时间、缩小纳税依据等。

三、个人税收筹划策略

（一）利用纳税人身份认定的税收筹划

个人所得税的纳税义务人，包括居民纳税义务人和非居民纳税义务人两种。居民纳税义务人就其来源于中国境内或境外的全部所得缴纳个人所得税；而非居民纳税义务人仅就其来源于中国境内的所得，向中国缴纳个人所得税。很明显，非居民纳税义务人将会承担较轻的税负。

居住在中国境内的外国人、海外侨胞和我国香港、澳门、台湾同胞，如果在一个纳税年度里，一次离境超过 30 日或多次离境累计超过 90 日的，将不视为全年在中国境内居住。牢牢把握这个尺度就会避免成为个人所得税的居民纳税义务人，而仅就其来源于中国境内的所得缴纳个人所得税，这称为"90 天规则"。

案例 7-9：一位德国工程师受雇于德国总公司，从 2011 年 8 月起到中国境内分公司帮助筹建某工程。2012 年度内，曾离境 60 天回国向其总公司述职，又离境 50 天回国探亲。这两次离境时间累计超过 90 天。因此，该工程师为非居民纳税义务人。他从德国总公司取得的 84 000 元薪金，不是来源于中国境内的所得，不征收个人所得税。就是说他避免了成为居民纳税义务人。如果他没有利用此项税收筹划，则应缴纳的个人所得税为：

$$12 \times \left[(84\,000 \div 12 - 4\,800) \times 10\% - 105 \right] = 1\,380\ （元）$$

这位工程师合法地利用"非居民纳税义务人"身份，每月节约个人所得税 1 380 元。

（二）选择不同的所得形式进行税收筹划

我国现行个人所得税实行分类课征制度，将个人所得分为 11 项分别纳税，这样，当同样一笔收入被归属于不同的所得时，其税收负担是不同的，从而为纳税人进行税收筹划提供了可能性。工资、薪金所得与劳务报酬所得在这一方面表现得非常突出。

动动脑

个人所得税分类 11 项是哪些？

工资、薪金所得适用 3%～45% 的 7 级超额累进税率，劳务报酬所得适用的是 20%、30%、40% 的 3 级超额累进税率。显然，相同数额的工资、薪金所得与劳务报酬所得的税收负担是不相同的。这样，在一定条件下，将工资、薪金所得与劳务报酬所得分开、合并或转化，就可以达到节税的目的。

案例 7-10：王先生是某高校教师，月工资收入为 8 400 元。6 月，王先生在某公司讲课获得劳务报酬 4 000 元。如果王先生将这两项所得合并为工资、薪金所得共同纳税，则王先生 6 月应纳税额为：

$$(8\ 400+4\ 000-5\ 000)\times20\%-555=925（元）$$

如果分别纳税，则纳税情况是：

工资、薪金所得应纳税额 $=(8\ 400-5\ 000)\times10\%-105=235（元）$

劳务报酬所得应纳税额 $=(4\ 000-800)\times20\%=640（元）$

两项所得应纳税额合计 $=235+640=875（元）$

二者相差 $=925-875=50（元）$

显然，对于王先生而言，将两项所得分开，分别纳税更合算。

案例 7-11：陈先生是一高级工程师，2012 年 4 月从某公司取得收入 31 500 元。

如果陈先生所得按工资、薪金所得计算纳税，则陈先生应纳税额为：

$$(31\ 500-3\ 500)\times25\%-1\ 005=5\ 620（元）$$

如果这份所得按劳务报酬所得计算纳税，则陈先生应纳税额为：

$$31\ 500\times(1-20\%)\times30\%-2\ 000=5\ 560（元）$$

因此，如果陈先生和该公司不存在稳定的雇用与被雇用关系，则他可以节税 420 元。

一般来说，在应纳税所得额较低时（20 000 元以下），工资、薪金所得适用税率比劳务报酬所得的适用税率低，这时在可能的情况下将劳务报酬所得转化为工资、薪金所得，可以达到节税的目的；而在应纳税所得额较高时（20 000 元以上），如可能将工资、薪金所得转化为劳务报酬所得，则可以达到减轻税收负担的目的。

（三）利用附加减除费用的税收筹划

在一般情况下，工资、薪金所得，以每月收入额减除 3 500 元费用后为应纳税所得额。但部分人员在每月工资、薪金所得减除 3 500 元费用的基础上，还享受减除 1 300 元的附加减除费用，主要范围包括：在中国境内的外商投资企业和外国企业中工作并取得工资、薪金所得的外籍人员；应聘在中国境内的企业、事业单位、社会团体、国家机关中工作并取得工资、薪金所得的外籍专家；在中国境内有住所而在中国境外任职或者受雇取得工资、薪金所得的外籍人员；财政部确定的取得工资、薪金所得的其他人员；华侨和我国香港、澳门、台湾同胞，参照上述附加减除费用标准执行。

同时，税法考虑到远洋运输船员包括国内船员和外籍船员，而各地在对远洋运输船员工资、薪金所得征收个人所得税时，费用扣除标准掌握不一。因此对于远洋运输船员每月的工资、薪金收入在统一扣除 3 500 元费用的基础上，准予再扣除税法规定的附加减除费用标准。

案例 7-12：某人 2020 年月薪 12 400 元，该纳税人不适用附加减除费用的规定，其应纳所得税如下：

应纳税所得额 $=12\ 400-5\ 000=7\ 400（元）$

应纳税额 $=7\ 400\times20\%-555=925（元）$

若该纳税人取得外国国籍，成为符合税法所称的外国专家（还需成为非居民纳税人），其月薪仍为 12 400 元，其应纳个人所得税计算：

应纳税所得额 = 12 400 – （5 000 + 1 300） = 6 100（元）

应纳税额 = 6 100 × 20% – 55 = 665（元）

后者比前者少纳税 260 元。

（四）利用分次申报纳税的税收筹划

由于我国个人所得税对工资、薪金所得适用 7 级超额累进税率，因此，如果工资、薪金所得较多则会适用较高的税率，这时如果采用分摊规划法，使得每月工资、薪金不超过起征点或者尽量控制在低税率档次，则可能获得更多的实际收益，带来节税效果。

案例 7 – 13：王先生月收入 5 200 元（包括各类津贴和月奖金），年终公司准备发 2 000 元年终奖金。

方案 1：王先生在 12 月一次性领取 2 000 元奖金，那么，应纳个人所得税为：

12 月应纳所得税额 = （总收入 – 扣除费用）× 10% – 速算扣除数
= （5 200 + 2 000 – 5 000）× 10% – 105 = 115（元）

22 年 1 月应纳所得税税额 = （总收入 – 扣除费用）× 3% – 速算扣除数
= （5 200 – 5 000）× 3% – 0 = 6（元）

两月合计纳税 = 115 + 6 = 121（元）

方案 2：王先生将 2 000 元奖金分别在 12 月和次年 1 月各领一半，则王先生应纳个人所得税税额为：

12 月应纳所得税税额 = （5 200 + 1 000 – 5 000）× 3% – 0 = 36（元）

次年 1 月应纳个人所得税税额 = 上年 12 月应纳个人所得税税额 = 36（元）

两月合计纳税 = 36 + 36 = 72（元）

由此可见，分摊收入可以降低税率档次，为王先生多带来实际收益 49 元。

个人所得税对纳税义务人取得的劳务报酬所得、稿酬所得、特许权使用费所得、利息、股息、红利所得、财产租赁所得、偶然所得和其他所得等 7 项所得，都是按次计算征税的。由于扣除费用依据每次应纳税所得额的大小，分别规定了定额和定率两种标准，从维护纳税义务人的合法利益的角度看，准确划分"次"就变得十分重要。

对于只有一次性收入的劳务报酬，以取得该项收入为一次。例如，接受客户委托从事装潢设计，完成后取得的收入为一次。属于同一事项连续取得劳务报酬的，以一个月内取得的收入为一次。同一作品再版取得的所得，应视为另一次稿酬所得计征个人所得税。同一作品先在报刊上连载，然后再出版，或先出版，再在报刊上连载的，应视为两次稿酬所得缴税，即连载作为一次，出版作为另一次。财产租赁所得，以一个月内取得的收入为一次。

案例 7 – 14：某人在一段时期内为某单位提供相同的劳务服务，该单位或一季、或半年、或一年，一次性地付给该人劳务报酬。这样取得的劳务报酬，虽然是一次取得，但不能按一次申报缴纳个人所得税。

假设该单位年底一次付给该人一年的咨询服务费 60 000 元。如果该人按一次申报纳税的话，其应纳税所得额如下：

应纳税所得额 = 60 000 – 60 000 × 20% = 48 000（元）

属于劳务报酬一次收入畸高，应按应纳税额加征五成，其应纳税额如下：

应纳税额 = 48 000 × 20% × （1 + 50%） = 14 400（元）

如果该人以每个月平均收入 5 000 元分别申报纳税，其每月应纳税额和全年应纳税额如下：

每月应纳税额 ＝（5 000 － 5 000 × 20%）× 20% ＝ 800（元）

全年应纳税额 ＝ 800 × 12 ＝ 9 600（元）

两者相差 ＝ 14 400 － 9 600 ＝ 4 800（元）

（五）利用非货币支付方式进行的税收筹划

目前，我国的工资、薪金所得在征税时，按照固定的费用扣除标准做了相应的扣除，但没有考虑个人的实际支出水平。这样，在同样的税后收入条件下，生活必需费用支出多的人与支出少的人相比，就会觉得自己的工资相对较低。在科学技术日新月异，人才跨国、跨地区流动加剧等情况下，有些支出如住房支出、交通费支出、培训支出，甚至旅游休闲支出都日益成为现代人必不可少的支出项目。既然这些支出是必需的，个人用税后工资支付又不能抵减个人所得税，如果由企业替员工个人支付，则企业可以把这些支出作为费用减少企业所得税应纳税所得额，个人在实际工资水平未下降的情况下，减少了应由个人负担的税款，这样可使双方都获益。

常用的非货币支付方式有以下几种：

1. 企业为员工提供住房

如果由企业给予职工一定货币性的住房补贴，由员工自己来负担租房的相应费用，由于个人住房相应的支出不能在税前扣除，而货币性住房补贴则是要加入工资总额来计征个人所得税的，则扣除个人所得税及房屋租赁费用后的实际收入就降低了。

如果企业不把货币性住房补贴发放给职工个人，而是由企业统一购买或者租赁住房，然后提供给职工居住，则住房补贴这部分收入就不必征收个人所得税。在个人支出相同的情况下，减少了个人所得税的税金支出。

案例 7 － 15：李先生每月工资收入为 6 500 元，其中 1 500 元为每月的房费支出，剩下的 5 000 元是可用于其他消费和储蓄的收入。

方案 1：李先生所在单位每月向其支付 6 500 元，依据个人所得税法，则李先生个人应纳所得税为：（6 500 － 5 000）× 10% － 105 ＝ 45（元）

李先生实际收入为：5000 － 1500 － 45 ＝ 4 955（元）

方案 2：企业为其提供住房，而每月仅付其工资收入 5 000 元，则令先生工资收入无须缴纳个人所得税。李先生实际收入为：5 000 － 0 ＝ 5 000（元）

由此可见，采用方案 2，可为李先生增加收益 45 元（5 000 － 4 955）。

这样，对企业来说，没有增加额外的税收负担，而职工本人在消费水平不变的前提下，也规避了一部分额外的税收。

由此可见，由于个人所得税是就收入总额划分档次来课税的，对个人的支出只确定一个固定的扣除额，这样收入越高，支付的税金也越多，因而企业将住房费直接支付给个人就会造成较大的个人税收负担。

2. 企业统一为职工提供旅游机会

随着人民生活水平的提高，旅游开支已经成为许多家庭必不可少的支出项目。个人的旅游支出同样不能抵减个人所得税。但是，企业在制订年度员工福利计划时，可以给部分员工及其家属提供一次旅游机会，而把相应的费用从原打算支付给职工的货币工资及奖励中扣除。在员工维持同等消费水平的基础上，减少了个人所得税的税金支出。当然，企业支付的职工旅游费用不能在税前扣除，可以考虑从工会会费、公益金中支出。

3. 企业给职工提供培训机会

在现代社会，知识更新的速度越来越快，为了能获取与本行业相关的新知识，参加各种学习培训已经成为个人获取知识的重要途径。如果企业每年给予员工一定费用额度的培训机会，职工在考虑个人的报酬总额时，一般也会把这些考虑进去。这样职工也可以在一定程度上减少税收负担。

4. 企业提供员工福利

由企业向职工提供的各种福利，若不能将其转化为现金，则不会视为收入，不必计算个人所得，这样，企业通过提高职工福利而大幅度加薪于职工。值得一提的是，虽然企业采取实物分配的方式可以提高职工的福利水平，但是如果企业本身资金运转困难，那么提高职工的薪水就是不切实际的。

情景模拟 7 - 4　分组讨论税收筹划策略

将班级学生分组，每组讨论一种个人税收筹划策略，归纳出该种筹划策略的优点。

任务四　退休养老及遗产规划

🎯 任务描述

退休养老及遗产规划的学习主要是掌握什么是退休养老规划，理解退休养老规划的原则，熟悉养老规划应考虑的因素，会分析退休收入来源的各种渠道，掌握养老规划策略，熟悉遗产规划工具，掌握遗产规划策略和步骤。

步骤一　退休养老规划的基础知识

一、什么是退休养老规划

退休养老规划是为保证客户在将来有一个自立、尊严、高品质的退休生活，而从现在开始积极实施的规划方案。退休后能够享受自立、尊严、高品质的退休生活是一个人一生中最重要的财务目标，因此退休养老规划就是个人财务规划中不可缺少的部分。合理而有效的退休养老规划不

> **动动脑**
>
> 为什么要进行退休养老规划？

但可以满足退休后漫长生活的支出需要，保证自己的生活品质，抵御通货膨胀的影响，而且可以显著地提高个人的净财富。

退休养老规划主要包括退休后的消费、其他需求及如何在不工作的情况下满足这些需求。单纯靠政府的社会养老保险，只能满足一般意义上的养老生活。要想退休后生活得舒适、独立，一方面可以在有工作能力时积累一笔退休基金作为补充，另一方面也可在退休后

选择适当的业余性工作为自己谋得补贴性收入。

二、退休养老规划的原则

退休养老规划的总原则：本金安全、适度收益、抵御生活费增长和通货膨胀。

1. 尽早开始计划，建立专项账户

要想老年生活过得好就要懂得未雨绸缪，预先做好规划与安排。货币是有时间价值的，越早准备越轻松。许多人发现很难为退休做打算。房贷、生活开销、孩子的教育占据了极大比重的支出，直到 40 岁左右或更晚，他们才意识到养老安排应该提上议程。可惜为时已晚，越早开始为退休规划，实现退休生活目标的可能性就越大，从短期市场低迷和投资失误中恢复过来就越容易。

2. 投资讲究安全，但要保持一定的收益率

一般而言，退休之后已经没有时间接受失败重新开始了，所以针对退休所做的投资应该倾向于安全性，在此基础上尽量追求收益性。如果规划时间长，可选收益和风险相对较高的产品，时间会平摊风险；如果规划时间短，则可选储蓄或短期债券，确保本金安全。

3. 满足不同养老需求，有一定弹性

因为通货膨胀以及其他不确定性因素的影响，在进行退休规划时，不要对未来收入和支出的估计太过乐观，很多人往往高估了退休之后的收入而低估了退休之后的开支，在退休规划上过于吝啬，不愿意动用太多的财务资源。应该制定一个比期望略高的退休理财目标，多做财务上的准备以应对退休费用的增长，宁多勿少。

三、退休养老规划需要考虑的因素

1. 预期寿命

预期寿命的多少意味着个人退休后要生活的时间，总的来说，越长的预期寿命将会花费越多的养老费用，这会直接影响到退休规划的目标与策略。

2. 性别差异

一般而言，女性的寿命比男性长，而很多国家女性的退休年龄却要比男性提前（如我国法定退休年龄——男性是 60 岁，女性是 55 岁），再加上一些其他原因，这就造成了很多情况下女性的退休状况要差于男性。因此需要准备的养老金也不一样。

3. 退休年龄

退休年龄对退休规划会产生两方面的影响，一方面会影响个人工作赚取收入的时间（积累时间）；另一方面会影响个人退休后生活时间的长短。有些人会因为种种原因而提前退休，如工作太过劳累、健康状况不佳、家庭问题或是为了提前享受等。此外，在某些情况（诸如经济不景气

> **动动脑**
>
> 影响退休养老规划的因素有哪些？

等）下，雇主可能出于降低成本考虑而推出提前退休计划，鼓励员工提前退休。当然，延迟退休也会影响退休规划。

4. 经济运行周期

在经济处于繁荣期，积累退休储备是有利的；反之，则是不利的。对于已经开始退休生活的人而言，经济周期的更替将改变其相对的经济地位，进而影响其社会地位。从中国经济增长的长期趋势来看，中国经济转轨所实现的静态增长过程将逐渐结束，这种情形对正处于

积累退休储蓄的个人而言是有利的。因此，这也可能是当前我国居民进行个人退休规划时最有利的外部条件。

退休养老

5. 利率与通货膨胀的长期走势

根据简单的复利（或贴现）公式，利率对投资品价值的影响很大，有时甚至是最主要的决定因素。利率常常与通货膨胀联动，因此利率的长期走势将与物价因素一起影响个人退休的生活品质。

步骤二　退休收入来源分析

个人退休收入来源可以概括为三个方面：一是社会保障，主要包括社会养老保险和医疗保险；二是商业年金保险；三是个人为退休准备的资金。

一、社会养老保险和医疗保险

（一）社会养老保险

1. 什么是养老保险

养老保险是国家通过立法对劳动者因达到规定的年龄界限而解除劳动义务，由国家提供一定物质帮助以维持其基本生活的一种社会保险。

我国的养老保险制度包括三部分内容：

（1）享受条件，包括年龄条件、工龄条件，以及是否完全丧失劳动能力、身体健康条件等；

（2）离休、退休、退职待遇标准，不同的离退休条件下享有不同的保障水平；

（3）退休养老金的筹措、基金管理办法以及监督检查等制度。

2. 我国的养老保险体系

我国养老保险体系分为三个层次：一是基本养老保险；二是企业补充养老保险；三是个人储蓄养老保险。后两个层次中，企业和个人既可以将养老保险费按规定存入社会保险机构设立的养老保险基金账户，也可以选择在商业保险公司投保。

动动脑
我国的养老保险体系如何划分？

（1）基本养老保险。基本养老保险是为满足离退休人员基本生活需要而设定的保险，它属于多层次养老保险制度中的第一层次。它由国家政策统一指导，强制实施，覆盖面广，适用于各类企业。基本养老保险基金由国家、企业、职工个人三方共同负担，其统筹办法是由政府根据支付费用的实际需要和企业、职工的承受能力，按照以支定收、各有结余、留有部分积累的原则统一筹集。

（2）企业补充养老保险。企业补充养老保险又称企业年金，是由企业根据自身经济实力为本企业职工所建立的一种辅助性养老保险，它属于多层次养老保险制度中的第二层次。效益好的企业可以多保，效益差、亏损的企业可以暂不投保。该保险由国家宏观指导，企业内部决策执行，

动动脑
企业补充养老保险的作用？

所需费用从企业自有资金中的奖励、福利基金中提取。与基本养老保险强制投保不同，企业年金采取的是自愿（企业自愿、职工自愿）的原则，是由企业、员工共同出资建立记入职

工个人账户，满期后归员工所有的保障制度。企业建立年金，目的既是为员工创造更好的福利，同时也是为留住优秀人才奖励奉献。因此，如果人才贡献大，其岗位工资势必就比他人高，缴付基数就大，企业帮其缴费就多。

（3）个人储蓄养老保险。职工个人储蓄养老保险是由职工自愿参加、自愿选择经办机构的一种补充保险形式。它居于我国多层次养老保险的第三层次。参加与否完全自愿，保险管理机构由个人选择，储蓄多少由个人根据收入和负担能力而定，按规定缴纳个人储蓄金，记入当地社会保险机构在有关银行开设的个人账户，并应按不低于或高于同期城乡居民储蓄存款利率计息以提倡和鼓励职工个人参加，所得利息记入个人账户，本息一并归职工个人所有。职工达到法定退休年龄经批准退休后，凭个人账户由社会保险机构将储蓄金一次或分次支付给本人。职工跨地区流动，个人账户的储蓄金应随之转移。职工未到退休年龄而死亡，个人账户的储蓄金应由其指定人或法定继承人继承。实行职工个人储蓄养老保险的目的在于扩大经费来源，多渠道筹集资金，减轻国家和企业的负担。其有利于消除长期形成的保险费用完全由国家"包下来"的观念，增强职工的自我保障意识和参与社会保险的主动性，同时也能够促进对社会保险工作实行广泛的群众监督。

（二）医疗保险

医疗保险是指由国家立法实施，通过强制性社会保险和方法筹集建立医疗保险基金，当参加医疗保险的人员因疾病需要必要的医疗服务时，由经办医疗保险的社会保险机构按规定提供医疗费用补偿的一种社会保险制度。

我国的医疗保险体系是由基本医疗保险（包括个人账户和统筹基金）、大额医疗费用互助制度、公务员医疗补助、补充医疗保险、社会医疗救助基金和商业医疗保险等组成。

（1）基本医疗保险。基本医疗保险是社会保障体系中重要的组成部分，是由政府制定、用人单位和职工共同参加的一种社会保险。它是按照用人单位和职工的承受能力

> **动动脑**
>
> 我国的医疗保险体系如何构成？

来确定大家的基本医疗保障水平，具有广泛性、共济性、强制性的特点。基本医疗保险是医疗保障体系的基础，实行个人账户与统筹基金相结合，能够保障广大参保人员的基本医疗需求，主要用于支付一般的门诊、急诊、住院费用。

（2）大额医疗费用互助制度。大额医疗费用互助制度是指参保人员因病住院发生的医疗费用超过基本医疗保险统筹基金最高支付限额而建立的一种补充医疗保险制度。

（3）补充医疗保险。补充医疗保险是相对于基本医疗保险而言的一个概念。国家的基本医疗保险只能满足参保人的基本医疗需求，超过基本医疗保险范围的医疗需求要以其他形式的医疗保险予以补充。显然，补充医疗保险是基本医疗保险的一种补充形式，也是我国建立多层次医疗保障的重要组成部分之一。与基本医疗保险不同，补充医疗保险不是通过国家立法强制实施的，而是用人单位和个人自愿参加的。补充医疗保险一般有两种方式：一种是由某一行业组织按照保险的原则筹集补充医疗保险基金，自行管理的自保形式；另一种是由商业保险公司来操作管理的商保形式。

二、商业养老保险

商业养老保险是以获得养老金为主要目的的长期人身险，它是年金保险的一种特殊形

式，又称为退休金保险。商业养老保险的被保险人，在交纳了一定的保险费以后，就可以从一定的年龄开始领取养老金。这样，尽管被保险人在退休之后收入下降，但由于有养老金的帮助，他仍然能保持退休前的生活水平。

动动手

查阅社会养老保险与商业养老保险的异同。

（一）年金的原理

年金保险是指保险公司每隔一定时期向被保险人给付一次保险金的保险。退休年金保险是在年金受领者达到退休年龄时开始给付年金的一种年金保险。如果年金受领者在达到退休年龄之前死亡，保险公司会退还积累的保险费（计息或不计息）或现金价值，以二者金额较大者而定。在积累期内，年金受领者可以终止保险合同，领取退保金。在到期开始给付年金时，年金受领者有权选择年金给付方式，即可选择一次性给付或选择分期给付。分期给付年金的，每次领取的只是部分，避免了一次领取全部之后容易造成管理不善的结果，因此特别适合退休费用的支付。

对于一般人来说，事业奋斗期的收入会大于支出，年轻的时候很少有人能够看到自己未来二三十年的现金流状况，因此往往倾向于把节余的钱花光，导致当退休后真正需要用钱的时候面临极大的困境。而如果换一种方式，在现金比较充裕的时候，把节余的钱用于养老年金保险缴费，等到退休时，再从账户中按月领取养老金，就可以补充由于不工作导致的现金收入不足。所以，养老年金能够帮助我们对一生的现金流进行主动管理，确保每时每刻现金流都能保持稳定，这是理财规划的重要内容之一。

（二）年金规划的要点

（1）要注意年金的购买渠道。除了作为主要渠道的保险公司，基金管理公司、银行、储蓄贷款机构和财务公司等都开始经营有保险公司签发的年金产品。

（2）要对比选择。购买年金的费用由年龄、给付手段、性别等因素决定，各公司不尽相同，有必要进行比较再作决定。

（3）要考虑交易成本。年费，管理费、合同费等费用因素会影响到年金的回报率。

（4）长远考虑。年金是分期支付的，每次只能支取一笔较少的金额，必须精打细算，将其作为一项长期投资来看待。

（5）对年金经营企业进行了解，比如年金保险公司的财务状况、理念、投资收益等。

三、个人为退休准备的资金

自筹退休金的来源，一是运用过去的积蓄投资，二是运用现在到退休前的剩余工作生涯中的积蓄来积累。

步骤三　退休养老规划策略

一个完整的退休规划，包括工作生涯设计、退休后生活设计及自筹退休金的储蓄投资设计。由退休后生活设计推算出退休后到底需要花费多少钱；由工作生涯设计估算出可领多少退休金（企业年金或团体年金）；最后，退休后需要花费的资金和可受领的资金之间的差距，就是应该自筹的退休资金。因此，退休规划的一般步骤包括五个环节，如图7-2所示。

图 7-2　制定退休规划的步骤

一、确定退休目标

退休目标是个人退休规划所要实现的目标，它包括人们期望的退休年龄和退休后的生活状态。

（一）退休年龄

期望的退休年龄是个人退休规划的起点，在个人预期寿命不变的情况下，积累退休收入的时间（退休前）与退休后生活时间此消彼长。对于希望提早退休的个人而言，较短的积累期和较长的消耗期需要较高的积累比例来维持，这就意味着要大幅缩减当前消费，甚至降低当前消费质量，同时个人的紧急备用金储备也将缩减；反之，在积累期的生活就比较从容。

（二）退休后的生活状态

虽然退休规划的目标是实现甚至提高个人退休后的生活质量，但个人期望的生活方式和生活质量不能脱离现实，仍然应当建立在对收入和支出进行合理规划的基础上，因为毕竟退休规划所能实现的额外收益是有限的。

应当注意，以上两个目标并非孤立存在的，它们之间互相关联，有时甚至此消彼长。例如，在其他条件不变的前提下，为了享受高质量的退休生活，个人必须推迟退休年龄，延长积累时间；反之，为了更早地享受退休生活，有时不得不降低退休后生活状态的预期。

二、预测资金需求

不同的退休目标对应着不同的资金需求，因此我们在确定自己的退休目标后，接着要考虑的就是将退休目标财务化。有个简单的方法可以实现这个工作，就是以当前的支出为基础，仔细分析退休前后支出结构的变化，然后按差额进行调整即可得到退休后的支出额，如表 7-2 所示。

表 7-2　退休后支出变化表

退休后增加的开支	退休后减少的开支
水电及杂费	衣服、化妆、首饰
家居保养	交通费
旅游及娱乐	按揭贷款
医疗费用	税费
……	……

一般来说，退休之后我们日常的消费会相应减少，基本维持退休生活的月费用占到退休前月支出的70% ~75%。这样也就可以算出预计退休后的年支出。

计算退休养老费用，我们要综合考虑以下几个方面：

（1）预期退休后第一年的月或年生活支出费用；

（2）通货膨胀率，更精确地说是各项费用成长率；

（3）投资回报率；

（4）目前到退休时的年限；

（5）退休后的预期余寿。

三、预测退休收入

要实现退休目标需有一定的收入来源，构成退休收入主要来源的是社会保障体系、年金保险和个人自筹资金。所以，预测的退休收入主要是由社会保障收入、雇主退休金、补贴、儿女孝敬、投资回报和其他收入组成的。同样，最简单的方法还是通过比较退休前后收入的变化来估算，如表7-3所示。

表7-3　退休后收入变化表

退休后收入增加项目	退休后收入减少项
公积金	工薪收入
存款利息	交通补贴
投资收益	奖金
房租收入	在职福利
……	……

四、计算退休资金缺口

对比预测退休后的收支差额，就可以知道退休资金缺口，即个人需要弥补的部分。如果收支差额为正，意味着收入足以满足实现退休目标，那么注意资金的安全是首要的；如果收支差额为负，则要制定出相应的计划赚取收入来弥补。需要提醒的是，要考虑利率变动和通货膨胀的影响。

五、弥补退休资金缺口

如何为估算的退休资金缺口寻找资金来源是退休规划的最后一步，应该制定一个相应的计划来实现。这个计划可以包括寻找额外收入、参加具有更大收益的保障计划、扩大投资额等，如果计划不成功，可能就不得不降低退休生活目标了。

步骤四　遗产规划

一、什么是遗产规划

遗产是被继承人死亡时遗留的个人所有财产和法律规定可以继承的其他财产权益，包括积极遗产和消极遗产。遗产规划是将个人财产从一代人转移给另一代人，从而实现个人为其家庭所确定的目标而进行的一种合理财产安排。其主要目标是帮助投资者高效率地管理遗产，并将遗产顺利地转移到受益人手中。

动动脑

遗产规划的作用是什么？

二、遗产规划的工具

遗产规划的工具很多，如遗嘱、遗嘱信托、人寿保险、赠予等。有些很容易做，有些代价非常昂贵，但因为有些可以节省巨额遗产税，所以还是应该了解。如果遗产完全免税，这些节税工具就都失去效用，如果合约不能废除，那么损失是很大的。所以，在做遗产规划时，要把规划工具的成本和废除条款都列入考虑之中。

（一）遗嘱

遗嘱是遗产规划中最重要的工具，但也常常被人们所忽视。许多人由于没有制定或及时更新遗嘱而无法实现其目标。人们需要依照一定的程序订立遗嘱文件，明确如何分配自己的遗产，然后签字认可，遗嘱即可生效。一般来说，需要在遗嘱中指明各项遗产的受益人。

动动脑

遗嘱是如何分类的？

遗嘱给予了个人很大的遗产分配权力。遗嘱可以分为正式遗嘱、手写遗嘱和口述遗嘱三种。正式遗嘱最为常用，法律效力也最强。它一般由当事人的律师来办理，要经过起草和见证等若干程序后，由个人签字认可，也可以由夫妇两人共同签署生效。手写遗嘱是指由当事人在没有律师的协助下手写完成，并签上本人姓名和日期的遗嘱。由于此类遗嘱容易被伪造，在相当一部分国家较难得到认可。口述遗嘱是指当事人在病危的情况下向他人口头表达的遗嘱，除非有两个以上的见证人在场，否则多数国家也不认可此类遗嘱的法律效力。为了确保遗嘱的有效性，一般建议采用正式遗嘱的形式，并及早拟定有关文件。

（二）遗嘱信托

遗嘱信托是指通过遗嘱这种法律行为而设立的信托。也叫死后信托，当委托人以立遗嘱的方式，把财产交付信托时，就是所谓的遗嘱信托，也就是委托人预先以立遗嘱的方式，将财产规划的内容，包括交付信托后遗产的管理、分配、运用及给付等，详订于遗嘱中。等到遗嘱生效时，再将信托财产转移给受托人，由受托人依据信托的内容，也就是委托人遗嘱所交办的事项，管理处分信托财产。与金钱、不动产或有价证券等信托业务比较，遗嘱信托最大的不同点在于，遗嘱信托是在委托人死亡后契约才生效。

动动脑

遗嘱信托与其他信托最大的区别。

遗嘱信托有时可以解决法律制度无法解决的问题，特别是在遗产处理方面更具有独特的作用。遗嘱信托规划在国外早已普及，但是由于国人忌讳谈及身后之事，加之原无信托制度，所以造成诸多的遗产纠纷，既损害亲情，又不利于社会的安定。2001年10月1日，《中华人民共和国信托法》生效，标志着我国信托制度的真正确立。遗产信托架构如图7-3所示。

遗嘱信托适合以下人群：一是欲立遗嘱，却不知如何规划的人；二是对遗产管理及配置有专业需求的人；三是欲避免家族争产，妥善照顾后代的人。

遗嘱信托的特点是：

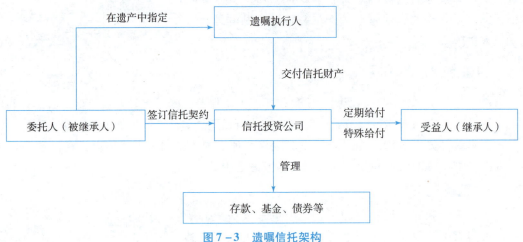

图 7-3   遗嘱信托架构

（1）延伸个人意志，妥善规划财产；

（2）以专业知识及技术规划遗产配置；

（3）避免继承人争产、兴讼；

（4）结合信托，避免传统继承事务处理的缺点。

通过遗嘱信托，由受托人依照遗嘱人的意愿分配遗产，并为特定人员而做财产规划，不但能有效防止纷争，并因结合了信托的规划方式，而使该遗产及继承人更有保障。因此，遗嘱信托具有以下功能：

（1）可以很好地解决财产传承，使家族永保富有和荣耀。通过遗嘱信托可以使财产顺利地传给后代。同时，也可以通过遗嘱执行人的理财能力弥补继承人无力理财的缺陷。

（2）可以减少因遗产产生的纷争。因为遗嘱信托具有法律约束力，特别是中立的遗嘱信托人的介入，使遗产的清算和分配更公平。

（3）可以避免巨额的遗产税。遗产税开征后，一旦发生继承，就会产生巨额的遗产税。但是如果设定遗嘱信托，因信托财产的独立性，就可以合法规避该税款。

（三）人寿保险

人寿保险在遗产规划中也有很大作用，主要体现在两方面：一是可以用身故保险金支付个人企业和其他不动产的遗产税，防止因无钱支付遗产税而被迫廉价出售企业或不动产；二是在许多国家（包括我国），身故保险金属于免税资产，终身寿险具有规避遗产税的功能，能减少遗产转移的成本。

案例 7-16：王先生，40 岁，男性。现有资产在进行遗产税可扣除项目计算之后，进行缴税的资产刚好是 1 000 万元。如适用的税率 50%，也就是说，一旦其身故，家人要缴纳高达 500 万元的遗产税。如果王先生购买 500 万元的终身人寿保险，保费每年是 7.76 万元。假设在第 10 个年头，王先生因意外身故。

如果资产总值没有变化，那么缴费基数变为：1 000 - 7.76 × 10 = 922.4（万元）。此时如适用的税率变为 40%，可以计算出应缴纳的遗产税：922.4 × 40% = 368.96（万元）。

同时，获得保险公司 500 万元的给付。

此时，家庭总资产为：1 000 + 500 - 77.6 - 368.96 = 1 053.44（万元），不但没有缩水，

反而增加了 53.44 万元。

（四）赠与

赠与是指当事人为了实现某种目标将某项财产作为礼物赠送给他人，而使该项财产不再出现在遗嘱条款中。采取这种方式一般是为了减少税收支出，因为很多国家对于赠与财产的征税要远低于对遗产的征税。这种方法的缺点在于，一旦财产赠与他人，则当事人就失去了对该财产的控制，可能无法将其收回。

三、遗产规划策略

通过各种遗产规划工具可以帮助人们减少遗产传承过程中的成本，在进行遗产规划的过程中还需要制定一些有效的策略。

（1）审查遗嘱和财产规划，以确定需要采取哪些调整，从而可以受益于遗产税、赠与税方面的变化，并避免代价高昂的潜在陷阱。尤其要考虑是否需要改变或取消现有的免税信托的安排。

（2）利用可以最大限度节省遗产税的资产所有权形式，如有限责任公司或有限合伙公司的股权。

（3）审查对合资企业所有权的利用情况。确保配偶中每一方的名下都有足够的资产放在免税信托或其他遗产避税工具中。

（4）不要浪费政策中规定的每年免税赠与。

（5）将预期能够增值的资产赠与子孙辈，因为他们的收入税率较低。

（6）为受赠者直接向教育机构支付学费或直接向保健提供商支付保健费。如果合适的话，可以考虑多年学费赠与方式。

（7）将现有的寿险保单转换成寿险信托。购买任何寿险保单都通过寿险信托来进行。

（8）将迅速增值的资产放入让渡人持有的年金信托里。

（9）重新考虑信托资产的组合情况，以利用较低的股利和资本收入税率。

四、遗产规划的步骤

遗产规划的步骤包括计算和评估个人的遗产价值、确定遗产规划的目标、制定遗产计划以及定期检查和修改四个方面，如图 7-4 所示。

图 7-4　制定遗产规划的步骤

（一）计算和评估个人的遗产价值

进行遗产规划的首要工作就是计算和评估自己的遗产价值。通过计算和评估遗产价值，可以帮助其了解自己拥有资产的种类和价值，了解与遗产有关的税收规定，为制定遗产计划奠定基础。

（二）确定遗产规划目标

在了解了个人的遗产价值之后，就要根据个人的目标期望、价值取向、投资偏好等确定遗产目标。

（三）制定遗产计划

制定遗产计划是遗产规划的关键步骤，一个合适的遗产计划既能确保未来的意愿得以实现，亦能继续满足目前的需要，让人安枕无忧。

（四）定期检查和修改

个人的财务状况和遗产规划目标不会一成不变，遗产计划必须能够满足其不同时期的需求，所以对遗产计划的定期检查是必要的，这样才能保证遗产计划的可变性。一般而言，应该每年或每半年对遗产计划进行重新调整，下面列出了一些常见的事件，当这些事件发生时，遗产计划常常需要进行调整：

（1）子女的出生或死亡；

（2）配偶或其他继承者的死亡；

（3）结婚或离异；

（4）本人或亲友身患重病；

（5）家庭成员成年；

（6）继承遗产；

（7）房地产出售；

（8）财富的变化；

（9）有关税制和遗产法变化。

财富传承及遗产规划步骤

项目小结 >>>>>

（1）储蓄是指从收入中不用于消费或将其延迟消费而结余出的一部分资金，存放于在银行开设的个人账户内，经过一段时间后可获得利息的个人理财方式。具有安全性、变现性、易操作和收益低的特点。储蓄理财必须遵循一定原则，不同家庭可以使用不同的储蓄理财方法。

（2）个人消费信贷是指银行和其他金融机构贷款给个人用以购买耐用消费品和支付各种服务费用的信贷。消费信贷工具包括银行信贷和非银行机构信贷。消费信贷理财应遵循一定的原则，采用一定方法提高个人信用等级，个人消费信贷有一定的操作流程。

（3）个人所得税是以个人（自然人）取得的应税所得为征税对象而征收的一种税。个人所得税具有课税公平、量能负担、不易形成重复征税等特点。我国目前实行的是分类税制，主要内容包括纳税义务人、应税所得额、税率、费用扣除、减免税、征管方式等。个人所得税计算按照税法规定包括17项内容。个人税收筹划是个人或企业进行的旨在减轻税负的谋划与对策。个人税收筹划的方法包括免税、减税、税率差异、扣除技术、抵免、缓税和税收优惠技术等方法和一系列税收筹划策略。

（4）退休养老规划是为保证客户在将来有一个自立、尊严、高品质的退休生活，而从现在开始积极实施的规划方案。总原则是本金安全、适度收益、抵御生活费增长和通货膨胀。影响退休养老规划的因素有预期寿命、性别差异、退休年龄、经济运行周期和利率与通货膨胀的长期走势等。个人退休收入来源包括社会保障、商业年金保险和个人为退休准备的资金等。

（5）遗产规划是将个人财产从一代人转移给另一代人，从而实现个人为其家庭所确定的目标而进行的一种合理财产安排。遗产规划的工具包括遗嘱、遗嘱信托、人寿保险和赠予等。遗产规划的步骤包括计算和评估个人的遗产价值、确定遗产规划目标、制定遗产计划和定期检查和修改等。

知识巩固 >>>>>

一、单项选择题

1. 最传统的投资理财方式是（　　）

A. 商业保险　　　　B. 储蓄　　　　C. 消费信贷　　　　D. 股票债券投资

2. 一时难以确定存期的大额资金应选择（　　）以兼顾收益和灵活性。

A. 通知存款　　　　B. 整存整取　　　　C. 定活两便存款　　　　D. 教育储蓄

3. 国家助学贷款的期限最长不超过借款学生毕业后（　　）。

A. 三年　　　　　　B. 八年　　　　　　C. 五年　　　　　　D. 六年

4. 一般可以用（　　）来衡量自己的信贷能力。

A. 债务支付收入占比　　　　　　　　B. 良好的信用

C. 充足的资产证明　　　　　　　　　D. 随时随地不忘刷卡

5. 一般工资、薪金所得以每月收入额减除（　　）费用后的余额，为应纳税所得额。

A. 2 000 元　　　　B. 3 500 元　　　　C. 3 000 元　　　　D. 4 800 元

6. 企业提供员工福利属于（　　）的税收筹划。

A. 利用分次申报纳税　　　　　　　　B. 利用纳税人身份认定

C. 利用附加减除费用　　　　　　　　D. 利用非货币支付方式进行

二、判断题

1. 定活两便与活期储蓄应以大额、少量为宜。　　　　　　　　　　　　　（　　）

2. 阶梯储蓄法可使年度储蓄到期额保持等量平衡，既能应对储蓄利率的调整，又可获取定期存款的较高利息。　　　　　　　　　　　　　　　　　　　　　　　（　　）

3. 债务支付收入占比不超过 40%，一般不会影响日常支付和生活质量。　　（　　）

4. 争取更多的减免税待遇，充分利用起征点、免征额、递延纳税时间、缩小纳税依据等，这是利用税收优惠技术方法进行个人税收筹划。　　　　　　　　　　　　（　　）

5. 退休后的生活状态不会影响退休目标的确定。　　　　　　　　　　　　（　　）

6. 购买任何寿险保单都通过寿险信托来进行。　　　　　　　　　　　　　（　　）

三、思考题

1. 你将如何选择自己的储蓄方式？

2. 如何积累个人信用？

3. 个人税收筹划有哪基本方法？

4. 什么是退休规划？为什么要进行退休规划？

5. 遗产规划的工具有哪些？

能力提升 >>>>>

甄先生现年 35 岁，为了能够安享晚年，决定在退休前积累一笔资金。他计划在 55 岁时退休，预期寿命为 75 岁。当前一般退休家庭平均每年的生活费用为 95 000 元，并且预计将来会以每年 3% 的速度增长，甄先生希望能达到一般家庭生活水平的 1.3 倍（退休后的每年生活费用不变）。假定退休前年投资收益率为 9%，退休后投资保守，收益率和通胀率正好相互抵消。甄先生已经准备了 50 000 元的养老金。

　　要求：1. 计算养老费用缺口；

　　　　　2. 计算甄先生每年需定投多少才可达到预期目标。

项目评价 ▷▷▷▷

知识巩固与技能提高（40 分）			得分：
计分标准： 得分 = 2×单选题正确个数 + 1×判断题正确个数 + 2×思考题正确个数 + 5×能力提升题正确个数			
学生自评（20 分）			得分：
计分标准：初始分 = 2×A 的个数 + 1×B 的个数 + 0×C 的个数得分 = 初始分/40×20			

专业能力	评价指标	自测结果	要求 （A 掌握；B 基本掌握；C 未掌握）
储蓄规划	1. 储蓄的概念 2. 储蓄的特征 3. 储蓄理财的原则 4. 储蓄理财工具 5. 储蓄理财策略	A□ B□ C□ A□ B□ C□ A□ B□ C□ A□ B□ C□ A□ B□ C□	能够理解储蓄的概念和特征，掌握储蓄理财的原则和策略，明确储蓄理财工具
理财能力	1. 储蓄理财方法 2. 信贷规划	A□ B□ C□ A□ B□ C□	掌握储蓄理财方法，理解信贷规划方式
规划能力	1. 消费信贷概念 2. 消费信贷工具 3. 个人消费信贷理财	A□ B□ C□ A□ B□ C□ A□ B□ C□	能够理解消费信贷概念和工具，了解个人消费信贷理财方式
税收筹划	1. 个人所得税内容 2. 个人所得税计算 3. 个人税收筹划	A□ B□ C□ A□ B□ C□ A□ B□ C□	能够掌握个人所得税内容、计算和筹划方法
退休和遗产规划能力	1. 退休规划概念 2. 遗产分配要求 3. 退休规划策略和方法 4. 遗产规划策略	A□ B□ C□ A□ B□ C□ A□ B□ C□ A□ B□ C□	能够理解消费信贷概念和工具，了解个人消费信贷理财方式
素质能力	1. 爱岗敬业、认真严谨 2. 遵纪守法、防范风险 3. 顾全大局、团结合作	A□ B□ C□ A□ B□ C□ A□ B□ C□	专业素质、思想意识得以提升，德才兼备，防范风险

小组评价（20 分）			得分：
计分标准：得分 = 10×A 的个数 + 5×B 的个数 + 3×C 的个数			
团队合作	A□ B□ C□	沟通能力	A□ B□ C□

教师评价（20分）		得分：	
教师评语			
总成绩		教师签字	

项目八　综合理财规划方案

 学习目标

知识目标

1. 了解理财规划的总体目标；
2. 熟悉客户理财的分类；
3. 了解综合理财规划方案的假设前提；
4. 熟悉综合理财规划建议书的基本格式。

能力目标

1. 能完成自己理财目标的陈述；
2. 会根据客户资料撰写理财规划建议书。

素质目标

1. 树立服务人民美好生活的服务意识；
2. 培养理财规划师公平公正职业素养。

学习导航

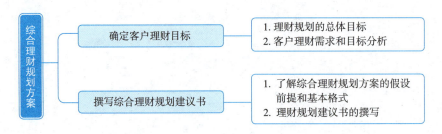

案例导入：私企老板未雨绸缪觅幸福

　　钟先生今年 45 岁，是一家私营企业老板，钟太太 40 岁，为全职家庭主妇，儿子今年 16 岁，目前在国内上高中一年级。钟先生税前月工资收入 3 万元，其名下的私营企业税后年净利润 70 万元，准备投资扩大经营规模，预计未来营业收入增长趋缓。一家三口每年家庭生活开支约 12 万元。钟先生 5 年前开始参加社保，银行存款金额 160 万元，自住房产价值 300

万元，无贷款，目前公司资本额 1 000 万元。理财目标：1. 2 年后送儿子出国留学，到英国攻读学士学位，届时需要为其准备经费 60 万左右；2. 适当补充企业经营风险保障；3. 希望在 60 岁左右退休，过幸福的退休生活。你能帮助钟先生设计理财方案吗？

任务一　确定客户理财目标

❀ 任务描述

客户理财目标包括总体目标和理财需求，了解理财总体目标中的财务安全和财务自由，知道个人或家庭的财务安全的内容，会分析客户理财需求。

一、理财规划的总体目标

在一个完整的个人理财规划流程中，首先要做的是明确客户的理财目标。每个人的理财目标千差万别，同一个人在人生不同阶段的理财目标也不相同。但从一般角度而言，理财目标可以归结为两个层次：实现财务安全和追求财务自由。

CFP 规定的个人
理财标准流程

（一）财务安全

财务安全是指个人或家庭对自己的财务现状有充分的信心，认为现有的财富足以应对未来的财务支出和其他生活目标的实现，不会出现大的财务危机。

一般来说，衡量一个人或家庭的财务安全，主要有以下内容。

动动脑

客户财务安全的参考依据有哪些？

①是否有稳定、充足的收入来源；

②个人是否有发展的潜力；

③是否有充足的现金准备；

④是否有适当的住房；

⑤是否购买了适当的财产和人身保险；

⑥是否有适当、收益稳定的投资；

⑦是否享受社会保障；

⑧是否有额外的养老保障计划。

当然，这些仅仅是参考性的，具体的安全标准要根据每个客户的实际情况决定。

（二）财务自由

财务自由是指个人或家庭的收入主要来源于主动投资而不是被动工作。主要体现在投资收入可以完全覆盖个人或家庭发生的各项支出，个人从被迫工作的压力中解放出来，已有财富成为创造更多财富的工具。

理财目标设定与分析

二、客户理财需求和目标分析

客户在与银行理财人员接触过程中，经常会提到本人所期望达到的目标。这些目标按时间的长短可以划分为：

（1）短期目标，如休假、购置新车、存款等。

（2）中期目标，如子女教育储蓄、按揭买房等。

（3）长期目标，如退休、遗产等。

具体情况可根据不同客户加以区别，以上这些目标相对比较宽泛，银行理财人员必须在客观分析客户财务状况和目标的基础上，将这些目标细化并加以补充。以下是客户可能提出的其他要求：

（1）收入保护，如预防失去工作能力而造成的生活困难等。

（2）资产保护，如财产保险等。

（3）客户死亡情况下的债务危机。

（4）投资目标与风险预测之间的矛盾。

在确定客户的目标与要求的过程中，理财人员需要特别注意的是，由于客户本身对于投资产品和投资风险的认识往往不足，因此客户很有可能会提出一些不切实际的要求。针对这些问题，理财人员必须强调与客户的沟通，增加客户对于投资产品与投资风险的认识，在确保客户理解的基础上，共同确定一个合理的目标。不同阶段个人理财目标如表8-1所示。

表8-1 个人理财目标

姓名：   日期：

时间阶段	目标	迫切性（低/中/高）	目标达到日期	所需资本来源	备注
短期	税务负担最小化				
	筹集紧急备用金				
	减少债务				
	投资股票市场				
	控制开支预算				
	其他短期目标				
中期	为购汽车、住房筹集专项资金				
	寿险、财险及个人债务				
	提高保险保障				
	启动个人生意				
	其他中期目标				
长期	建立退休基金				
	为孩子准备教育基金				
	有效的为继承人分配不动产				
	其他长期目标				

情景模拟 8 - 1　两人一组完成自己理财目标陈述

班级同学两人一组，各自先根据自己实际拟定个人理财目标，然后分别扮演客户和理财规划师的角色展开陈述互动。

知识补充 8 - 1　神奇的智能理财

随着越来越多的家庭理财服务从线下走到了线上，理财规划的主体由"人 + 机器"转变为"机器 + 机器"，家庭理财服务在人工服务中逐步融入了智能元素。"云"理财也越来越多地出现在大众的视野里，而智能化程度不断提高、科技赋能程度不断加深的智能投顾也正在通过"人 + 机器"模式为投资者提供更有温度、更灵活的全生命周期的财富管理服务，通过全智能模式逐渐覆盖更多长尾客户，有效地提高我国居民财富管理水平。

2015 年，《关于积极推进"互联网 +"行动的指导意见》发布，人工智能得到重视，BATJ 纷纷布局智能金融，同时涌现了一批智能服务提供商、金融数据服务商等企业，行业进入智能化时代，智能理财服务市场受到关注，互联网巨头企业、传统金融机构、垂直型平台纷纷开始发展智能理财业务，创业公司、资本机构纷纷入场。随着监管体系的规范、数据的不断积累和人工智能等技术的进一步发展，智能理财行业受到广泛看好。智能理财主要运用技术包括人工智能（机器学习、知识图谱、计算机视觉、自然语言处理）；大数据（数据存储、数据挖掘、数据分析、数据可视化）；区块链；云计算和移动互联技术。

智能理财市场目前形成了少数大型综合智能投顾平台、大量差异化精品投顾平台以及全智能投顾平台共同发展的格局。例如招商银行正式上线的"摩羯智投"、工商银行的"AI 投"、广发证券的"贝塔牛"和中欧基金的"水滴智投"等。

智能理财相对于传统理财的优势和区别

任务二　撰写综合理财规划建议书

❂ 任务描述

综合理财规划方案可以帮助客户认识当前财务状况，明确问题和改进不足。通过本内容的学习，需要了解理财规划的假设前提，熟悉理财规划方案的基本格式，会分析客户基本资料和理财目标，帮助客户撰写综合理财规划建议书。

步骤一　了解综合理财规划方案的假设前提和基本格式

综合理财规划方案是在客户提供基本资料的基础上，综合考虑客户的现金流量、资产状况、理财目标和合理的经济预期而得出的。

一、理财规划方案的假设前提

理财规划方案中使用的数据大部分来源于现实生活，但由于未来不可预知，部分数据仍然无法完全来源于实际，因此需要根据历史数据和客户的自身情况在理财方案中加以假设。由于这些数据的采用会对客户的理财产生重要影响，因此客户在未来执行方案的过程中需要适时进行调整。

1. 通货膨胀率假设

通货膨胀意味着今年的 100 元在 3% 的通胀比率下，到第二年就变为 97 元。过高的通货膨胀率会使客户收入下降，从而影响客户的生活质量，因此设置一个恰当的通货膨胀率有助于正确估计客户未来的支出水平。

2. 安全现金持有量的假设

从财务安全和投资稳定性角度出发，一个家庭应当持有满足 3～4 个月开支的最低现金储备，以备不时之需，同时为抵御通货膨胀，每年现金持有量还需增加。在理财方案的盈余现金分配策略和赤字策略中将使用这个假设。

3. 收入与支出假设

帮助客户做理财方案必须明白，客户未来的收入和支出都是建立在假设的基础上，这部分数据主要来源于客户对自身收支状况的准确描述和合理估计。在理财方案中，收支数据会被多次使用。

4. 年平均增长率的假设

年平均增长率的确定，是建立在对当前和未来经济环境分析的基础上，以及根据历史经验的判断结果，也可以参考当地 GDP 的增长情况。

5. 相关费用的假设

全生涯的理财规划包含着各种规划，但最重要的应该是子女教育规划和养老金规划，这就需要一定的子女教育经费、退休养老费、赡养费等相关费用，这些费用同样具有不可预见性，因此客户理财目标中涉及的费用都将根据客户的经验和预期来进行估计。

6. 家庭资产假设

家庭资产，是直接服务于客户日常生活的那部分资产，比如客户用于居住的住宅、自用汽车、家用电器、家具、家庭装饰品，以及客户和客户家庭成员的首饰、衣物等。由于这部分资产直接服务于客户的日常生活，所以这部分资产的价值是客户生活质量在资产方面的体现。在通常情况下客户不会变现这部分资产。

二、理财规划方案的基本格式

理财规划方案一般以理财规划建议书的方式呈现给客户，理财规划建议书没有统一的格式，但一般由下列几部分组成。

第一部分：重要提示及理财假设。

第二部分：客户财务现状分析。包括基本信息、收支状况、投资组合、资产与负债、商业保险等。

　　第三部分：客户目标和选择。包括理财目标和财务计划分析。

　　第四部分：客户目前存在的财务问题。

　　第五部分：理财建议。包括理财目标修正、投资组合调整等。

　　第六部分：调整后的财务前景。包括现金流、资产与负债、未来年份的财务事项、未来的财务全貌。

综合理财方案编制

　　第七部分：结论。

　　第八部分：配合客户的理财策略。

步骤二　撰写综合理财规划建议书

　　综合理财规划建议书是运用科学的方法，利用财务指标、统计资料、分析核算等多种手段，对客户的财务现状进行描述、分析和评议，并对客户财务规划提出方案和建议的书面报告。理财规划建议书的关键在于理财规划方案是否科学合理，因此客户经理应该用90%的精力设计理财规划方案，用10%的精力撰写理财规划建议书。下面用一个案例来说明理财规划建议书的撰写。

一、客户基本资料

　　王小姐，现年21岁，未婚，独自一人在外打工，单身，现任职某广告公司业务员。2023年2月其税后薪金收入2 000元，根据经营业绩每年年终奖金2万~4万元。公司按照规定计提四金，住房公积金提缴6%，个人养老金提缴8%，医疗保险金提缴2%，失业保险金提缴1%，住房公积金账户余额10 000元，个人养老金账户余额6 000元，每月住房公积金个人账户归集280元，现有银行存款10 000元，信用卡未付账单3 500元，无任何投资，未投保任何商业保险，住房月租400元，每月水电费100元，通信费300元，交通费300元，餐饮和购物各1 000元，月家庭其他支出500元，属于月光族人群。王小姐有三年后结婚、购房、装修计划。

二、撰写理财规划建议书

（一）封面

个人理财规划书

理财师：×××

完成日期：×年×月×日

服务机构：××银行××分行

目　　录

1. 理财规划顾问契约。

2. 理财师声明。

3. 理财报告摘要。

4. 客户基本情况。

5. 客户理财目标。

6. 客户财务分析。

7. 客户风险属性分析。

8. 宏观经济与基本假设的依据。

9. 理财建议。

10. 其他建议。

11. 就所建议的投资产品，告知客户可能存在的风险。

12. 定期检讨安排。

理财规划顾问契约

本理财规划顾问契约由王小姐（以下称甲方）与中国建设银行股份有限公司洛阳分行（以下称乙方）共同订定，其内容如下：

1. 甲方提供乙方足以供做理财规划报告书所需之家庭收支、资产负债、风险偏好、理财目标、特殊需求与考虑等问卷、数据及各项凭证。

2. 乙方针对甲方之个别状况及需求，提供甲方理财规划顾问咨询，包括资产负债表规划、现金流量规划及理财投资工具的最适规划。

3. 其他内容：略。

甲方： 乙方

地址： 地址：

签章： 代理人：×××理财规划师

日期： 日期：

理财师声明

尊敬的王小姐：

非常荣幸有这个机会为您提供全方位的理财规划服务。首先请参阅以下声明：

1. 本理财规划报告书用来帮助您明确财务需求及目标，对理财事务进行更好地决策，以实现财务自由、决策自主与生活自在的人生目标。

2. 本理财规划报告书是在您提供资料的基础上，基于通常可接受的假设、合理的估计，综合考虑您的资产负债状况、理财目标、现金收支状况而制定的。

3. 本理财规划报告书作出的所有的分析都是基于您当前的家庭情况、财务状况、生活环境、未来目标和计划以及对一些金融参数的假设和当前所处的经济形式，以上内容都有可能发生变化。建议您定期评估自己的目标和计划，特别是在人生阶段发生较大变化的时候，如家庭结构转变或更换工作等。

4. 专业胜任说明：略。

5. 保密条款：本规划报告书将由金融理财师直接交与客户，充分沟通讨论后协助客户执行规划书中的建议方案。未经客户书面许可，本行金融理财师与助理人员，不得透漏任何有关客户的个人信息。

6. 应揭露事项：略。

理财报告书摘要（略）

客户基本情况介绍

经与王小姐充分沟通后，汇整其基本情况如下：

王小姐，现年21岁，未婚……（客户资料见上述客户基本资料）

理财规划的目标

根据与王小姐的沟通，认定其理财目标依照优先级排列如下：

1. 准备3年后的结婚费用3万元。
2. 3年后在较繁华地段购买80平方米自有房产一套。
3. 准备3年后自有住房的装修费4万元。

客户财务分析

表8-2　王小姐2023年2月收支储蓄表

收入项目	金额/元	支出项目	金额/元	储蓄项目	金额/元
税后薪金收入	2 000	交通费	300	活期储蓄	10 000
所得税扣除	0	通信费	300		
家庭可支配收入	2 000	饮食费用	1 000		
月养老金缴存	180	房租、水电	500		
月住房公积金缴存	280	购物	1 000		
月医疗保险缴存	46	其他消费	500		
月可运用收入	2 000	生活支出合计	3 600	生活储蓄	3 300
利息收入		保障型保险	0		
理财收入	0	信用卡还款	3 500		
		消费支出	0		
		利息支出	0		
		理财支出	0	理财储蓄	0
总收入	2 000	总支出	7 100	总储蓄	13 300

通过分析得知：

1. 客户可运用自由储蓄额几乎没有，每月生活支出均超出当月可支配收入的80%，超出部分主要靠信用卡透支来实现支付，可运用资产少，更没有理财性资产。故偿还透支的资金来源于每年不确定的年终奖金，不理性消费比例明显偏高，这种不合理的消费结构，如持续下去极易出现债务危机。

2. 客户没有足够支付3~4个月的紧急预备金，现有储蓄额还不够两月的生活支出，说明其抵御外部风险和变化的能力极低，很可能面临支付危机。

客户风险属性分析

通过对王小姐年龄、就业状况、家庭负担、置产状况、投资经验、投资知识等方面的综合分析得出，客户风险能力分值为74分，具有中高风险能力；对其投资首要考虑、认赔动作、赔钱心理、最重要特性和避免工具等风险承受因素分析计算得出客户风险承受态度为46分，属于中度风险承受态度。因此，客户属于中高风险能力与中度风险承受态度的投资人，除了紧急预备金仍以存款持有以外，参照风险矩阵，建议金融资产投资的比例为股票型基金60%，债券40%。投资组合的预期报酬率为8%，标准差为20%。比照客户的理财需求以及理财目标达成时间，可将股票比重60%视为投资组合的上限。

宏观经济与基本假设的依据

1. 中国经济疫后重启，经济合作与发展组织（OECD）对中国增速持乐观态度。目前的宏观经济稳步成长，经济增长率预估为8%，通货膨胀率预估为3%。

2. 央行近期公布的住房公积金贷款利率五年以上为3.25%，贷款额的上限各地均不同，假设为30万元，贷款期限最长30年。

3. 商业房贷利率五年以上为5.15%。

4. 信用卡循环信用贷款利率为18%。

5. 购房地段房屋均价3 200元/平方米，房价成长率估计为5%。

6. 王小姐的收入年成长率假设为3%。

7. 投资回报率为8%，基金投资收益为15%，股票投资收益为20%。

8. 住房公积金账户的报酬率假设为3%。

理财建议

由于王小姐计划3年后结婚、购房和装修的理财目标均在同一接近时点实现，为达成其目标，采用目标并进法进行规划。

1. 计算客户达成3个理财目标的月储蓄额。

（1）实现结婚费用目标月需储蓄。

结婚费月储蓄额 = pmt（$3 \times 12n$, $8/12i$, $0pv$, $30\,000fv$）= 740.09（元）

（2）实现购买房产目标月需储蓄。

a. 购房路段80平方米住房现价 = $80 \times 3\,200$ = 256 000（元）

b. 三年后，购房路段80平方米住房价格，按照5%的房价增长率计算，三年后房价 = fv（$3 \times 12n$, $5/12i$, $0pmt$, $-256\,000pv$）= 297 337（元）

c. 3年后住房公积金个人账户累积余额 = fv（$3 \times 12n$, $3/12i$, $-280pmt$, $-10\,000pv$）= 21 474（元）

d. 公积金贷款首付为30%，购房首付款 = $297\,337 \times 30\%$ = 89 201（元）

e. 考虑将公积金全部支取后，购房首付款差额 = $89\,201 - 21\,474$ = 67 727（元）

f. 实现购房目标月需储蓄 pmt（$3 \times 12n$, $8/12i$, $0pv$, $67\,727fv$）= 1 670.80（元）

（3）实现装修目标月需储蓄。

装修费月储蓄额 = pmt（$3 \times 12n$, $8/12i$, $0pv$, $40\,000fv$）= 986.79（元）

通过以上计算得知，若在三年后实现客户所有理财目标，需要客户从现在起每月储蓄

3 397.68 元（740.09 + 1 670.80 + 986.79）。

2. 按照王小姐目前生活方式，每月生活费支出 3 600 元、每月固定收入 2 000 元远远不够其花销。为实现全部理财目标，提出如下建议：

（1）改变生活习惯，勤俭持家，准备结婚费用。

a. 为降低房租和交通费支出，王小姐应马上搬迁至公司附近，换租一套两房一厅或一房一厅月租金 300 元的住所，每月可节约租金 100 元。

b. 不要再打出租车，尽量使用公共交通工具，办理月票，可节约交通费 250 元。

c. 王小姐有刷卡购物冲动，每月刷卡消费导致无积蓄，故王小姐必须马上将信用卡透支额还清，剪卡后不再申办可以透支的信用卡。改变自己的消费习惯以减少无谓的消费，消费习惯改变后，有利于控制不合理支出。

d. 不要再追逐名牌、进出高级餐厅及酒吧。将家庭全部生活支出压缩到 1 000 元以内。同时运用基金定投方式每月强制投资股票型基金 1 000 元。

3 年后可储蓄 fv(3 × 12n，15/12i，−1 000pmt，0pv) = 45 115.51（元）。

可实现准备 3 万元结婚费用的目标，还能为购房积攒首付款 15 000 元。

（2）努力工作，广开财源，实现购房、装修目标。

生活习惯调整后，3 年后客户在完成第一个理财目标后还能有 15 000 元的节余，重新计算客户购房目标差额为：

首付款 − 公积金累计额 − 15 000 = 89 201 − 21 474 − 15 000 = 52 727（元）

实现购房目标年需储蓄额 = pmt(3n，8i，0pv，52 727fv) = 16 241.68（元）

准备装修费年需储蓄额 = pmt(3n，8i，0pv，40 000fv) = 12 321（元）

综上所述，王小姐若要实现 3 年后购房目标，年奖金收入不能低于 16 241.68 元，若同时考虑装修费用，客户就要努力工作以确保每年奖金不低于 28 562.68 元，才能确保购房同时完成新房的装修。由于分红收入存在不确定性，若判断年底分红不能稳定达到以上数额，建议王小姐充分考虑，可适当延后购房时间或调低购房和装修目标。

3. 房贷建议。

因王小姐公司按规定为其缴纳住房公积金，五年以上住房公积金贷款利率低于商业按揭贷款 1.9%，故建议客户申请住房公积金贷款。通过计算得知：

客户贷款金额 = 297 337 − 89 201 = 208 136（元）

若贷款 20 年月还款额 = 1 180.54（元）

若贷款 25 年月还款额 = 1 014.28（元）

若贷款 30 年月还款额 = 905.82（元）

贷款期限可根据王小姐结婚后夫妻共同收入进行综合考虑后确定。

其他建议

1. 根据年龄分析，王小姐正处于生涯规划和理财活动的建立期，建议投保商业意外险和寿险，结婚前受益人应为其外地的父母。

2. 节税改变奖金发放模式。

王小姐每年根据业绩情况可发放奖金的金额较大，现在发放模式为每年一次性发放。经过计算得知，若采用分摊方式发放，每年可节约所得税款支出。故建议王小姐向单位要求改变奖金发放方式。

就所建议的投资产品，告知客户可能的风险

1. 流动性风险：急需变现时可能的损失。
2. 市场风险：市场价格可能不涨反跌。
3. 信用风险：个别标的的特殊风险。
4. 就预估的投资报酬率提出说明：需要的内部报酬率可能会下降。
5. 估计平均报酬率的依据：风险属性分析表与内部报酬率法。
6. 预估最高报酬率与最低报酬率分别为：25%、8%。
7. 过去的绩效并不能代表未来的趋势。

定期检讨的安排

金融理财师的职责是准确评估客户的财务需求，并在此基础上为客户提供高质量的财务建议和长期的定期检讨服务。客户如果有任何疑问，可随时向金融理财师进行咨询。根据客户的情况，建议半年定期检讨一次。暂时预约×年×月末为下次检讨日期，届时若家庭事业有重大变化，需要重新制作理财规划报告书。

项目小结 ▷▷▷▷

（1）理财目标可以归结为两个层次：实现财务安全和追求财务自由。客户在与银行理财人员接触过程中，经常会提到他所期望达到的目标，包括短期、中期和长期目标。

（2）综合理财规划方案是建立在客户所提供基本资料的基础上，由于未来的不可预知，因此需要根据历史数据和客户的自身情况加以假设。

（3）理财规划方案一般以理财规划书的方式呈现给客户，理财规划书没有统一的规定，但一般组成部分基本相同。

（4）综合理财规划建议书是运用科学的方法，利用财务指标、统计资料、分析核算等多种手段，对客户的财务现状进行描述、分析和评议，并对客户财务规划提出方案和建议的书面报告。

（5）党的二十大报告在完善收入分配制度方面，提出了"规范财富积累机制"。这一新名词的出现，强调了调整收入分配和财富积累机制，对完善收入分配制度，促进共同富裕目标起到了重要作用。

作为金融机构和投资者之间的桥梁、投资者身边的专业人士，理财师更应时刻关注制度及市场层面的风向，厘清利弊、挖掘机遇，为客户提供专业的建议及解决方案。对于个人理财规划师来说，依靠职业技能在合法合规的工作中帮助高等收入群体合理节税、扩大中等收入群体占比，有效提高低收入者收入水平，仍是长期奋斗目标。

新闻：为实现中国式
现代化贡献理财力量

知识巩固 ▷▷▷▷

一、单项选择题

1. 子女教育储蓄、按揭买房一般属于客户理财的（　　）目标。

A. 短期　　　　　B. 中期　　　　　C. 长期　　　　　D. 终生

2. 个人或家庭的收入主要来源于主动投资而不是被动工作，这是（　　）。

A. 财务自由　　　B. 财务安全　　　C. 短期目标　　　D. 长期目标

3. 下列不属于综合理财规划建议书作用的是（　　）。

A. 认识当前财务状况　　　　　　　B. 明确现有问题

C. 改进不足之处　　　　　　　　　D. 保障理财规划收益

4. 从财务安全和投资稳定性角度出发，一个家庭应当持有满足 3、4 个月开支的最低现金储备，这是（　　）假设。

A. 通货膨胀率　　　　　　　　　　B. 安全现金持有量

C. 年平均增长率　　　　　　　　　D. 相关费用

5. 下列哪一项不属于综合理财规划建议书写作的操作要求（　　）。

A. 全面　　　　　B. 细致　　　　　C. 难度适中　　　D. 有条理

二、多选题

1. 下列哪几项是理财规划师对客户进行理财规划的过程中必须要注意遵循的原则（　　）。

A. 通观全盘、整体规划原则　　　　B. 建立现金保障原则

C. 节流重于开源原则　　　　　　　D. 追求收益优先原则

2. 理财规划师在编写正文时，首先应对家庭成员作介绍，需具体到家庭每一个成员的姓名、年龄、职业、收入，可用文字或表格的形式进行说明。某一客户的家庭成员应该包括（　　）。

A. 客户的子女　　　　　　　　　　B. 客户的妻子

C. 客户老家的父母　　　　　　　　D. 客户老家的姐姐

E. 客户

3. 在客户现有经济状况下，可能并不能同时实现综合理财规划中的八大规划。但是，我们首先要考虑的规划是（　　）。

A. 现金规划　　　　　　　　　　　B. 投资规划

C. 风险管理规划　　　　　　　　　D. 子女教育规划

E. 消费支出规划

二、思考题

1. 客户财务安全的参考依据有哪些？

2. 试阐述自己的理财目标。

3. 一般就所建议的投资产品，告知客户可能的风险有哪些？

能力提升 ▷▷▷▷

依据本学习项目中"案例导入"资料，帮助钟先生设计理财方案。

项目评价 ▶▶▶▶▶

知识巩固与技能提高（40分）	得分：

计分标准：
　　得分＝2×单选题正确个数＋3×多选题正确个数＋3×思考题正确个数＋能力提升题得分（能力提升题满分22分）

学生自评（20分）	得分：

计分标准：初始分＝2×A的个数＋1×B的个数＋0×C的个数
　　得分＝初始分/26×20

专业能力	评价指标	自测结果	要求 （A掌握；B基本掌握；C未掌握）
明确客户理财目标	1. 理财规划总体目标 2. 收集客户信息 3. 确定客户理财需求 4. 客户理财目标分析	A□　B□　C□ A□　B□　C□ A□　B□　C□ A□　B□　C□	通过自己设计的客户信息调查表来收集客户的量化信息，并联系实际情况分析客户的个人理财目标
合理假设客户所处经济环境	1. 宏观经济指数依据 2. 基本假设条件	A□　B□　C□ A□　B□　C□	在开展各专项的个人理财规划之前，对客户所处的经济环境及自身财务状况做出适当假设
撰写理财规划建议书	1. 建议书的一般格式 2. 客户的财务分析 3. 客户的风险属性分析 4. 理财建议编写	A□　B□　C□ A□　B□　C□ A□　B□　C□ A□　B□　C□	熟悉并掌握个人理财规划书的内容和格式，会根据客户资料撰写理财规划建议书
职业道德思想意识	1. 爱岗敬业、认真严谨 2. 服务人民美好生活 3. 对待客户公平公正	A□　B□　C□ A□　B□　C□ A□　B□　C□	专业素质、思想意识得以提升，德才兼备

小组评价（20分）	得分：

计分标准：得分＝10×A的个数＋5×B的个数＋3×C的个数

团队合作	A□　B□　C□	沟通能力	A□　B□　C□

教师评价（20分）	得分：

教师评语	
总成绩	教师签字

项目九　理财方案的实施与后续服务

学习目标

知识目标

1. 掌握准备实施理财方案的技巧；
2. 熟悉实施理财方案的步骤；
3. 掌握环境变化对原理财方案的调整技巧。

能力目标

1. 与客户沟通使其理解理财规划方案；
2. 取得客户授权并做好实施前的准备工作；
3. 能够依照步骤实施理财计划；
4. 评估理财方案的实施效果并及时调整。

素质目标

培养保守秘密、恪尽职守的职业素养。

学习导航

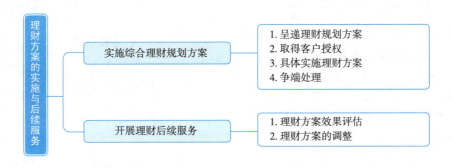

任务一 实施综合理财规划方案

❀ 任务描述

根据客户的具体情况制定适合客户的理财规划方案，并协助客户实施该理财规划方案。通过学习，要求学生掌握如何有效地与客户进行沟通，协助客户认可理财规划方案，帮助客户实现理财目标。

步骤一 向客户呈递综合理财规划方案

一、准备文档

准备将要呈递给客户的理财规划方案，以及理财规划师在为客户做理财规划方案中运用到的相关文件，例如与客户第一次会面时的谈话记录、用来收集客户数据的各种表格和问卷、从客户处获得的各种授权、理财规划方案建议草稿和其他相关的记录等。这些文档将会由客户带回并给客户一定的时间来消化、理解这些内容。

理财规划师在准备这些文件时需要注意检查的一些事项：

（1）检查文字和语法错误。语言文字的错误可能导致内容的误解，同时也影响理财规划师在客户心中的职业形象。

（2）目录。目录可以帮助客户了解方案的结构，同时方便客户查询。

（3）确保页面已经编号。页面编号可以防止内容遗漏。

（4）前后封面。

（5）文档整理装订。

（6）将全部文件按内容分为不同的部分，如保险、遗产等。

（7）在封面上注明客户的姓名。

二、准备与客户的会面

在准备与客户会面的过程中，理财规划师应注意以下一些事项，以确保顺利将综合理财规划方案呈递给客户。

（1）确保与客户会面的地点恰当，适合交流。

（2）出于保密考虑，在与客户会面的过程中，理财规划师必须保证第三方看不到客户的姓名或者其他资料，即使在不经意间泄露了客户的信息也已经违反了保密条款。

> **动动脑**
>
> 你知道接待礼仪中应注意什么事项吗？

> **学思育政 9-1**
>
> 严守保守原则及相关具体规范：理财规划师不得泄露在执业过程中知悉的客户信息，除非取得客户明确同意，或在适当的司法程序中，理财规划师被司法机关要求必须

提供所知悉的相关信息。这里的信息主要是指客户的个人隐私和商业秘密。

　　具体规范包括客户为取得理财规划专业服务，愿意与理财规划师建立个人信任关系，这种个人信任关系的建立，是基于客户相信提供给理财规划师的秘密信息不会被理财规划师随意披露。所以，理财规划师必须恪守严守秘密的职业道德准则，确保客户信息的保密性和安全性。

　　（3）将综合理财规划方案中的一些重要问题列出一个清单，并且在与客户会面中对这些问题进行简要描述。

　　（4）在进入接待室问候客户之前，要保证自己穿戴整齐清洁。

　　（5）在会面时理财规划师需要：确保客户手中有准备讨论的理财规划方案；获得列有客户问题的文件；持有在准备理财规划建议过程中要用到的各种记录、工作底稿等。

知识补充 9-1　与客户会面的准备工作

　　服务的开始阶段，也就是接洽的准备阶段，可以说"千里之行，始于足下"。充分的准备工作会给你的客户带来良好的印象，形成优秀的首轮效应，达到或者提升预计的沟通效果。

　　1. 资料的准备

　　资料的准备主要是理财案例规划方案的准备和客户资料的熟悉，在对客户进行营销或者回访客户的时候，对对方的了解是至关重要的，对客户的了解也等于对客户的尊重，我们不可能在回访客户的时候去询问客户的姓名，这样的询问会给客户带来无限的疑虑。同时，对回访对象的不了解，就很难找到接洽的入点，很难将话题展开，当然也就不能够找到时机推销你的产品和服务或者达到对客户意见、问题收集的目的。

　　2. 环境的准备

　　沟通的环境可以烘托通话的气氛，这个就不用举例了，约会爱去咖啡屋，朋友爱去酒吧等，干什么事情，要有干什么事情的环境。与客户沟通也不例外，选择沟通的环境，在给客户留下良好印象的同时，也会给你添加无限的自信。

　　不同的环境就会有不同的状态，而不同的状态就会衍生不同的沟通效果。在与客户沟通之前，我们需要选择合适的接洽场所，如果见面，就要布置见面的场所，整理自己的装束。如果通过电话实现沟通，就需要选择安静的环境，不容易被别人打扰，不会因为客观因素影响沟通的过程。

　　其实这样的选择也完全是为了自己。这样能够提升自己的信心和临场发挥与应变的能力。曾经有一名优秀的业务员在凌晨3点的时候起床，整理了半天，就是为了与一个跨国客户洽谈合作事宜。这样认真的态度可能会被人耻笑，但是不得不承认这是一种正确的沟通理念，你肯定不会接受朋友在睡梦中与你谈心，在谈的过程中舍你而见周公的情况出现，当然我们的客户也是一样。

3. 态度和目标的准备

良好的心态是一天阳光生活的开始。怎样保持积极、热情是每一个长期从事服务工作人员的共同课题。虽然面对百无聊赖的重复性工作，积极性在不断被抹杀，但是无论你的心情怎样，在你与客户沟通的时候，都需要保持良好的精神面貌。

生活中，不同的态度决定着不同的结果。显而易见的，一个天天抱怨的人是永远不可能得到机会晋升的。要随时保持着"我能做"的心态，面对任何问题都不要给自己找任何理由逃避，一个习惯躲避的人，发展下去就只会懂得退缩了。与客户的交往过程，就是始终保持微笑的过程，无论客户与你是近在咫尺还是远在天涯，微笑可以给你带来美丽、带来成功。任何人都喜欢看到别人的微笑。可是又非常吝啬自己的微笑，让我们把微笑献给别人，这样你会看到周围人很多微笑，何乐而不为呢？客户可能就在你的面前，你首先需要赋予客户的就是美丽的笑容，然后才是你优秀的沟通能力。就算你的客户在电话的另一端，他也能感受到你的微笑。其实沟通的过程就是感情传递的过程，通过电话中的语气、声调和重音的位置，可以使电话另一端的人明白你的意思。时间不同、心情不同、态度不同，语气、声调和重音也是不同的。就算你为了表达同一个意愿，不同的语言要素也会使对方产生不同的联想和印象，而决定这些语言要素的就是你的心态和你是否始终保持微笑。

成功因素在于准备的情况，但是在准备就绪了以后，并不是一定能顺利得到成功，还需要我们不断地努力和坚决地执行，在进入沟通之前，要用巧妙的方法与对方进行慎重的接触。

三、向客户呈递理财规划方案

1. 在会面时向客户呈递综合理财规划方案

进入接待室，问候客户并与客户适当寒暄后，将方案呈递给客户。

2. 协助客户理解财务规划方案

在将理财方案交付客户后，理财规划师应简明扼要地对方案进行总括性介绍。在帮助客户建立起对方案的整体印象后，理财规划师方可开始对理财方案进行具体的分项说明。在方案说明过程中，理财规划师应根据情况主动引导客户提出问题并做出回答。对于方案重点问题则应当详细阐述，并提请客户一一确认。

练一练

就之前的理财方案，相互进行阐述。

同时，理财规划师在主动邀请客户对方案提出问题时，可以通过项目列表的方式，将需要与客户交流的重要事项先记录下来，以保证工作的有序进行。在与客户讨论方案的过程中，理财规划师应当尽量确认客户对于重要事项的理解。

3. 客户自行理解

虽然在与客户的交流过程中，理财规划师已经尽量对理财方案进行了较详细的阐释，但对于客户来说，仅仅通过几个小时的介绍是不能完全弄懂整套方案的。因此，理财规划师在向客户交付方案后，应该让客户自行对方案进行深入理解。当然，理财规划师应当与客户约定一个自行阅读时间，以便有计划地开展下一步工作。

　　客户在完成对理财方案的理解后，有可能完全认可方案，也有可能对方案部分内容提出不同意见。客户对方案提出异议的原因是多方面的，可能是由于其他专业人士提出了不同意见，也可能是由于客户通过进一步分析、研究理财方案后，对方案的内容表示不满意，也可能是由于客户对目标作了修正，还可能是由于双方了解不充分造成的理解差异。在这种情况下，理财规划师应根据具体情况对理财方案进行相应修改。

四、应对客户的修改要求

　　客户对理财规划师最初制定的理财方案提出修改的要求，可能是由于理财规划师对客户的当前状况和理财目标有误解的原因，也可能仅仅是客户对方案中的部分内容不满意。理财规划师要针对客户产生修改要求的不同原因，采取不同的措施对理财方案进行修订。

1. 根据其他专业人士的建议改进理财方案

　　理财方案涉及税收规划、遗嘱、保险规划等专业内容，尽管理财规划师已经对客户做出解释，客户可能仍难以理解，而就该部分专业内容求助于律师、会计师或者承包人等。这些专业人士可能会从各自专业的角度出发，对理财方案提出一些建议。理财规划师要在确保客户知情并同意的情况下，根据这些人士的意见改进理财方案。

2. 根据客户意见修改理财方案

　　当客户进一步研究理财方案后，可能对理财方案的某一或某些方面不太满意，因而会要求理财规划师对原理财规划方案进行修改。这时，理财规划师首先要向客户表明态度，这并非理财规划师的专业意见，需要客户以书面形式证明修改是按照客户要求进行的；其次，理财规划师要保留双方就修改内容所进行讨论的详细记录；再次，理财规划师在收到客户签署书面证明后，对方案进行修改。

　　之所以要求理财规划师按照上述复杂程序完成修改工作，目的在于划清双方的责任，有助于理财规划师维护自身的利益。不难想象，某些客户对自身情况认识不清，并且对理财知识缺乏了解，却固执地坚持自己的投资策略。出现损失后可能会将投资失误归咎于理财规划师，从而引起纠纷。因此，理财规划师对于这种情况下的修改方案应特别注意。

3. 因理解差异修改理财方案

　　当理财规划师对客户的当前状况或者理财目标出现了理解偏差，也会导致客户对理财方案的不满，从而引起客户的修改要求。在这种情况下，理财规划师首先应该加强与客户的沟通，消除误解，并根据客户的要求和实际情况提出修改建议。修改完成后，理财规划师还应就修改建议请客户再次进行书面确认。

五、客户声明

　　当理财方案经过必要地修改最终交付客户，客户相信自己已经完全理解了整套方案，并且对方案内容表示满意后，理财规划师可以要求客户签署客户声明。这是理财规划师提供理财服务的必要程序，有助于明确责任。

动动脑

客户声明有什么必要性？

　　一般来说，客户声明应包括如下内容：

　　（1）已经完整阅读该方案；

　　（2）信息真实准确，没有重大遗漏；

（3）理财规划师已就重要问题进行了必要解释；

（4）接受该方案。

当然，由于客户的差异性，客户声明并不局限于这些内容，可以根据不同客户的具体情况，适当进行必要的增补。

步骤二　取得客户授权

理财规划师按照客户提出的要求制定并修改理财方案，在取得客户认可后，接下来要做的便是实施理财方案。理财方案的实施是整个理财规划中最具实质性的一个环节，执行的好坏决定着整个理财方案的效果。理财规划方案实施和执行还需要理财规划师的帮助，并且在客户的理财方案付诸实施后，理财师还需要不断监控客户的财务状况，同时评估理财效果，有可能的话还要对理财方案进行调整。

一、取得客户授权

理财方案的具体执行人可以是理财规划师，可以是客户指定的其他专业人士，也可以是客户本人。究竟选择何人作为理财方案的执行者，关键是要看理财服务合同中的相关规定，或者依据客户在理财方案制定完毕后是否就执行人选择问题进行了新的约定。通常情况下，客户会选择理财规划师作为理财方案的执行人，其原因在于：

（1）理财规划师是整个方案的制定者，对客户的综合财务情况和理财方案最为了解；

（2）方案在实施过程中可能会由于出现新情况而进行修改，所以直接选择理财规划师作为执行者对客户来说无疑更为便捷。基于此，我们假定客户选择理财规划师为其理财方案的执行人，如无特别注明，以下所提到的理财规划师即指方案执行人。

取得客户授权是理财规划师开始实施理财方案的第一步。为明确理财规划师与客户之间的权利与义务，防止不必要的法律争端，理财规划师应取得客户关于执行理财方案的书面授权。客户授权应包括两方面的内容：代理授权与信息披露授权。

（一）代理授权

在理财方案的实施过程中可能会发生如下行为：股票债券投资、信托基金投资、不动产交易过户和保险买入与理赔等。在已经确定理财规划师的情况下，这些具体事务的完成就应交给理财规划师，客户没有必要事必躬亲。为此，理财规划师必须取得客户关于相关事务的书面代理授权，对于某些非常重要的行为，还应取得特别代理授权。

> **动动手**
>
> 查一查《民法通则》中客户代理授权相关条款。

取得客户代理授权的标志是获得代理证书。依据《中华人民共和国民法通则》（以下简称《民法通则》）相关条款的规定，代理证书应载明理财规划师的姓名、代理事项、代理的权限范围、代理权的有效期限并应由客户签名。在具体工作中，理财规划师在代理客户处理事务时，应出具代理证书以证明其代理行为的有效性。

在行使代理权时，应注意以下两点：

1. 亲自行使代理权

客户之所以委托理财规划师为自己服务，是基于对理财规划师所具有的专业知识和信用的信赖，因此，理财规划师必须亲自处理

民法通则规定代理包括哪些

相关事务才符合客户的意愿。

2. 忠实谨慎

理财规划师为客户代为处理相关事务，是为了实现客户的理财目标。因此，理财规划师在行使代理权时，必须从客户的利益出发，忠实谨慎地处理事务。如果由于理财规划师的疏忽导致客户的利益受损，根据《民法通则》相关规定应当赔偿客户的损失。

（二）信息披露授权

隐私权是重要的人身权利之一，任何一个文明社会都十分注重个人隐私与个人信息的保护，理财规划师对此应认真对待。在方案的实施过程中，理财规划师会与很多其他人士打交道，比如与税务专家探讨纳税事宜、与保险专家会谈险种选择等。在沟通过程中，又会涉及客户姓名、家庭、财产、工作背景等个人信息的披露。如果理财规划师未经客户许可擅自将客户的个人信息泄露，无疑会引起客户的不满，在某些情况下甚至会引起法律纠纷。为避免出现此类不愉快事情，理财规划师必须取得客户书面的信息披露授权书，授权书中应对理财规划师可以对外披露客户信息的条件、场合、披露程度等必要内容进行规定。只有在取得客户授权书后，理财规划师方可在具体工作过程中依照授权谨慎使用客户个人信息。

二、签署客户授权书

客户在签署授权书后，还应出具一份关于方案实施的声明。与客户出具的关于理财方案制定的声明不同，这一份声明是针对理财规划师而做出的，因此内容有所区别。

前一份声明重在强调客户理解并认可了理财方案，而此处的声明则重在强调客户同意由理财规划师去执行方案，并且理财规划师没有承诺实施效果。基于此，这份客户声明应主要包括以下几项内容：

（1）关于理财规划师资质的声明。客户应当声明，对理财规划师有必要的了解，对其必须具备的专业技能、经验和信誉充分认可。

（2）关于客户许可的声明。客户应当声明，基于对理财规划师的了解，完全同意由理财规划师对理财方案进行具体实施。

（3）关于实施效果的声明。客户应当声明，理财规划师并未对客户理财方案的实施效果做出任何收益保证。

（4）其他双方认为应当声明的事项。

步骤三　具体实施理财方案

在完成上述工作步骤后，理财规划师可以开始具体实施理财方案了。在实施理财方案之前，需要了解影响理财规划方案实施效果的因素。

一、影响理财规划方案实施效果的主要因素

（一）时间因素

理财规划方案中的理财目标是一个复杂的集合体，既包括客户不同方向的财务目标（投资规划、保险规划、现金规划等），又包括客户的时间目标（短期目标、中期目标、长期目标）。为实现这些目标，通常又会有很多具体工作步骤，这就需要理财规划师对具体工作按照轻重缓急进行排序，即编制出一个具体的时间计划，明确各项工作的前后次序。这

样，才能提高方案实施的效率，有利于节约客户的实施成本。

（二）人员因素

如前所述，理财规划方案是一个复杂的整体性方案，理财规划师虽然通常是理财专家，但也不可能做到面面俱到，因此单靠理财规划师难以完成全部方案的实施工作。因此，方案实施给付还必须确定人员安排，根据理财方案确定需要参加方案实施的人员。对于一个积极成长型方案，应当配备证券、信托、不动产等方面的投资专家；对于一个退休客户的方案，则可能需要配备保险专家或者税收专家；对于某些外部事务，可能还需要客户律师与会计师的参与配合。

（三）资金因素

为提高资金使用效率而增加方案实施效果，在考虑资金因素时应当注意以下几点：

1. 资金时效

按照理财方案要求进行的理财活动是考虑各种因素后综合制定的，因此，按照预定执行时间付诸实施是保证理财效果的必要条件。因此，资金运用一定要考虑时间因素，务必要及时到位。同时，资金是时间价值很明显的资产，在运用时还应注意避免对资金的不合理占压。比如按照计划将购买一处房产，就必须对资金来源进行周密安排，明确是用银行存款还是证券变现资金，如果使用银行存款就应该预先对存款的期限结构进行调整，避免无谓的利差损失。

> **动动脑**
>
> 理财实施效果还会受到哪些因素的影响呢？

2. 资金充足

要提高投资收益，不仅要抓住时机，还必须保证资金足够。量变是质变的必要条件，如果在资金使用时不能做到资金充足，就会导致预先的规划措施无法得到彻底实行，那么相关的规划意图就无法充分实现。因此，理财规划师必须在深入分析整套方案的基础上进行周密安排，明确每一个行动步骤所需要的资金规模，并确定资金首选来源和备选来源，将由资金带来的执行风险降至最低。

二、制定理财规划方案的具体实施计划

1. 确定实现理财目标的行动步骤

前面理财规划师已经确定了理财目标并把各个目标进行了分类和排序，在此就应该明确实现每一个理财目标所需要实施的行动步骤，即必须弄清楚每一个行动中所对应的客户预期实现的目标。

2. 确定匹配资金来源

在这个步骤中，理财规划师需要根据客户现在的财务状况，进一步明确各类资金的具体来源和使用方向，尤其是各个行动的资金来源保障，因为资金来源的及时与否和充足与否直接关系到行动步骤实施的有效性和及时性。

3. 确定实施时间表

确定实施时间也就是要确定各个行动计划安排以及先后次序。通常来说，对整个理财方案的实施具有关键作用和较容易受到时间影响的行动步骤应该排在实施计划的时间表的前面位置，而那些为了实现客户稳定性较高的目标或者为了实现客户长远目标而采取的行动步骤可以放在实施计划的时间表的后面位置。

三、理财规划方案实施过程中的控制

在理财规划预算的执行过程中，任何宏观或者微观的环境变化都会对理财规划方案的执行效果造成影响。因此，理财规划师必须定期对该理财规划方案的执行和实施情况进行监控和评估，并就实施结果及时与客户进行沟通，必要时还可以对规划进行适当的调整。

（一）预算控制

使用数字编制的未来某一时期的预算计划，也就是用数字来表明未来的预期结果。因此个人理财业务的预算控制就是通过理财规划方案中的预算来控制结果的一种控制方法。制定理财规划方案就是预算控制的第一步，通过拟定数量标准，使得预算具有可考核性；控制的第二步是在实际执行过程中找出偏差，然后采取措施，纠正或者消除偏差。个人理财业务中预算控制的主要内容就是控制开支，具体可从投资和消费的各方面入手，哪一部分的支出较多地偏离预算，就作为控制的重点。

（二）预算与实际的差异分析

将每月实际的收入、费用支出、资本支出与预算金额进行比较便可以找到差异。针对差异的金额或比率大小，通过分析差异产生的原因来进行改进和调整。进行差异分析时必须注意以下几点：

1. 总额差异的重要性大于细目差异

通常情况下如果总额的差异不大则表明预算执行的情况比较好。但如果有些科目预算高估，有些科目预算低估，而且持续时间较长的话，应根据实际支出修正个别科目的预算金额。

2. 要制定出差异金额或比率的临界值

大的差异才需要调整，可以根据年预算和月预算的不同制定出实际超出预算需要调整的临界值。

3. 注意初始阶段的特殊性

刚开始执行预算往往差异较大，这是因为理财习惯的养成需要一定的时间。刚开始执行理财规划方案的人常会发现，他们花的钱远比想象中高出很多，如预算支出 5 000 元，实际支出可能 8 000 元。此时可制定分期改善计划，分几个月来完成。可能每个科目都超支，但可以每个月选择若干重点科目来进行改善。

4. 如果实在无法降低支出，就要设法增加收入

支出预算如果得不到控制，理财规划方案就必然无法实现。如果尝试很久还是无法降低支出，此时需以加班、兼职等各种方式提高收入，通过提高收入来弥补超额的支出，达到理财目标实现的目的。否则，只能修改理财规划方案，降低理财目标。

四、文件存档管理

在理财方案实施过程中，必然会产生大量的文件资料，例如会议记录、财务分析报告、授权书、介绍信等。这些在实施过程中产生的客户记录和相关文件的存档管理是非常重要的。一方面，这些相关的资料记录了客户的要求和整个业务过程相关的重要信息，如果以后发生了任何相关的法律纠纷，这些资料就可以作为有力的证据，从而使理财规划师和所在机

构避免不必要的法律责任；另一方面，这些信息是真实的记录，很多内容可能将来就会反复使用，既可能用于方案实施之后给客户提供后续服务，又可以作为经验加以总结和归纳，供以后的工作中研究学习。因此，理财规划师应当对这些文件资料进行妥善的存档管理。一般来说，理财规划机构的内部操作规程也会做出这样的规定。

对于理财规划业务的记录保存主要有两种方法。

1. 电子文档保存

电子文档主要是保存客户的信息。一般说来，在当前的各类专业服务机构中，所有的书面联系都是通过文字软件进行的，所以这些记录都应该保存在电脑文件里。要注意的是，对于电子文档，为了避免由于电脑故障或遭遇病毒时损坏或者丢失，一定要进行备份。

2. 纸面文件保存

为了便于文件的保存和查阅，纸质文件都应该按照一定的顺序编号。对于那些重要文件的保存，要有一份备用复印件，采取双份文件保存的方式。特别重要的文件应该多保存一份，以防丢失。

步骤四　理财方案实施中的争端处理

在整个理财方案实施计划的执行过程中，理财规划师都需要与客户之间保持及时有效的沟通和协商。尽管理财规划师在提供理财规划服务的过程中尽心尽力，但由于各种原因客户仍然有可能对理财规划服务产生意见，或偶有抱怨，甚至产生争端。无论这种争端是由何种原因造成的，理财规划师应当主动与客户进行沟通，争取使问题公正、妥善而合理地得到解决。所以，掌握解决与客户之间争端的途径，无论对理财规划师正确处理与客户的关系，还是维护自己及其所在机构的利益，都具有重要的意义。

一、解决与客户之间争端的原则

无论客户对理财规划师的抱怨或者争端引起的原因何在，这种纠纷最终都应该得到妥善和合理的解决。但是争端的处理与解决不是没有条件的，争端的解决应该遵循一定的原则。这些原则包括：

（1）应本着尊重客户的原则，诚恳耐心地听取客户意见；

（2）应本着客观公正的原则，充分了解客户的观点和需求，当然这并不表示必须接受其观点；

（3）应遵循所在机构或者行业中已有的争端处理程序。

在遵循这些原则的基础上，理财规划师应该非常熟悉所在机构内部的投诉处理与争端解决机制，只有这样才能够灵活而有效地解决与客户之间存在的问题与矛盾，不至于使自己或者所在机构的信用和声誉受到损害，并在这个过程中积累经验与教训，作为以后开展理财规划业务的前车之鉴。

二、处理与解决的步骤

一般说来，在理财规划师与客户签订合同的时候，应该列出专门的免除条款。一旦与客户发生争端，理财规划师可以根据这些条款免除自己的责任，维护自己的权益。此外，合同中还应该明确双方发生争端之后，如何解决争端的条款。争端处理的方式如下：

1. 沟通协调

争端发生后，理财规划师首先要做的事情就是与客户进行联系与沟通，明确客户产生抱怨的原因和客户提出的要求，然后耐心地解释客户的疑问或误解。在双方的权益都能得到合理维护的前提下，理财规划师应该尽量在此阶段将争端妥善地处理与解决，使双方都能最大限度地减少由此而带来的成本和精力的耗费。

动动脑

情景模拟与客户发生争端如何解决？

2. 调解

调解是由第三方协调解决争议的方法，当然是在理财规划师或者所在机构通过与客户协商无法解决争议的前提下请第三方出面调解。但是这种方法未必有效，因为理财规划师和客户之间无法解决的问题，第三方未必有更好的解决方法。这只是沟通协商无效后不得已的方法。

3. 仲裁或者诉讼

如果客户和理财规划师经过反复协商或者第三者进行调解之后，客户仍然对处理方法与结果不满，就需要将这一争端提交给双方都认可的仲裁机构进行仲裁或者是交给法院判决。在诉讼或者仲裁程序中，能够胜诉的关键在于当事人是否能提供对自己有利的证据。因此，理财规划师在提供理财规划服务过程中所保存的所有记录是对自己有利的证据，能够为其免除不应承担的责任，并使自身权益得到法律保障。

一般来说，理财规划师要尽可能地采用第一种方式解决争端，尽量避免采用后两种方式解决争端。

任务二　开展理财后续服务

任务描述

在家庭理财规划的实施和执行过程中，任何宏观或微观环境的变化都会对家庭理财规划的执行效果产生影响，可能导致方案的最终效果与当初的预定目标产生较大的差异。因此在完成方案后的很长时期内，家庭理财规划师必须对该规划的执行和实施情况进行监控和评估，根据新情况来不断地调整方案，帮助客户达到预期理财目标。

步骤一　理财规划方案的效果评估

对理财效果评估的一个重要依据就是到评估之日设定的理财目标是否实现。我们可以按照方案实施前和实施后的资产负债表、现金流量表列出来进行比较，使客户能直观地看到理财规划给客户家庭的财务状况带来的变化。当然，理财规划师还应该给出方案实施之后的财务比率，如资产负债率、流动性比率、储蓄比率等，并同时列出调整前的比例以及这些比率合理的数值范围，使客户清楚地看到通过理财规划后，自身财务状况已经达到或者将要达到什么样的水平。理财规划师应定期或不定期地为客户理财方案实施的效果进行评估并提供其他的持续性理财服务。

一、定期对理财方案进行评估

（一）适用情况

有很多因素是缓慢变化的，稍微一点变化对理财方案的整体效果不会产生太大的影响，但经过长时间的积累，细微的变化逐渐变大，会使原来的方案与现实情况严重脱节。这就需要理财规划师定期对理财方案的执行和实施情况进行监控和评估，了解阶段性的理财方案实施结果，以便及时与客户沟通，并对方案进行及时调整。定期评估是理财服务协议的要求，是理财规划师应尽的责任。

（二）评估频率

定期评估的频率可以在签订理财规划服务协议时由双方约定。一般来说，理财规划师每年需要对客户的理财规划方案评估两次，也可以是每季度或每年一次，评估的频率主要取决于以下几个因素：

1. 客户的资本规模

客户的资本规模越大，就越需要经常对其理财规划方案进行检测和评估。因为资本规模较大，一旦决策检验错误，损失也较大。对资产规模较小的客户可以适当降低评估频率。

2. 客户个人财务状况变化幅度

如果客户正处于事业的黄金时期，收入增长很快；或者正面临退休，就需要理财规划师经常评估和修改理财方案。反之，财务状况比较稳定的客户可以相应减少评估次数。

3. 客户的投资风格

有些客户偏爱高风险高收益的投资产品，投资风格积极主动；而有些客户属于风险厌恶型的投资者，投资风格谨慎、稳健，注重长期投资。那么前者比后者更需要经常性的理财方案评估。

（三）评估步骤

对理财规划方案的评估实际上是对整个理财规划过程所有步骤的重新分析与再次评价，所以对理财规划方案的评估过程与之前方案的制作过程有很多相似的地方。以下步骤既可以用于测量评估，又可以用于投资组合评估。

1. 回顾客户的目标与需求

考察客户原来的理财目标，看看哪些目标有变化，各个目标的重要性和紧迫性有什么变化。如果是一个新客户，就要考虑客户以下方面的个人情况：资产流动性、稳定性、社会保障状况、健康状况、对现有投资的满意程度、保险需求、遗嘱需求等，并且要关注客户的目标与需求有无变化。

2. 评估当前方案的效果

根据原来的专项方案，分析到评估之日应该达到的预定目标，再评估当前实际达到的水平，看看与预定目标相比有多大差距，找出产生差距的原因。理财规划师应该实事求是，客观地评价理财方案的效果，切不可一味肯定自己的成绩，掩盖不足之处，否则容易引起客户的反感情绪。

二、不定期的信息服务

不定期的信息服务发生在出现某些特殊情况时，包括下列情况：

1. 宏观经济的重要参数发生变化

宏观经济的重要参数发生变化，比如政府公布预测的经济数据明显异于理财方案中的估计值，政府决定对某个金融领域进行大的改革或整顿，法律法规的修订，利率、汇率政策的突然调整等。

动动脑

举例说明宏观经济如何影响家庭理财。

2. 金融市场中的重大变化

金融市场中的重大变化，比如市场出现了适合客户的新的投资机会或者风险因素。

3. 客户自身情况的突然变动

客户自身情况的突然变动，比如客户可能因家中失窃导致原有资产大量减少、家庭主要收入来源失业、家庭成员发生意外事故导致大额的支出、客户改变买房买车的计划。

其中，前两种为外部因素的变化，第三种为客户自身因素的变化。对于外部因素，理财规划师由于职业的优势，往往更早发现这些变化，也更能意识到这些变化能给客户带来什么影响。因此理财规划师应该主动联系客户，尽快通知、提醒客户采取正确的应对措施。对于客户自身情况的变化，一般是客户主动与理财规划师联系，寻求建议。这时理财规划师应该明白，客户主动询问是基于对理财规划师的信任，理财规划师应该耐心地对待客户，如果客户家中发生了不幸的事情理财规划师还应该注意说话的语气，表现出对客户的关心和理解。这对于理财规划师的信誉和公司的形象有着十分重要的意义。

步骤二　理财方案的调整

在执行和实施理财规划方案的过程中，理财规划师还需要根据客户家庭或者环境的变化及时调整理财方案。如果客户家庭及其财务状况的变动，如果影响到理财规划方案的预期效果或者正确性，则需要按照一定的程序对方案进行调整；如果自从实施理财规划方案以来，宏微观因素发生了变化，理财规划师就需要研究这些变化对理财方案有什么影响，如何调整策略以应对这些变化和影响等。对理财方案进行调整应按照如下的程序进行。

一、关注并分析相关的变化因素

（一）外部因素

外部因素包括宏观经济和微观经济因素的变化。如较高的通货膨胀就有可能会使各行业经济运行成本提高，影响其收益率；又如利率的下调会使贷款的筹资成本下降，从而使证券市场行情趋好，潜在收益增加；又如本国货币汇率上升，可能会使客户的国际性投资收益率下降，此时，家庭理财规划师应该考虑调整其国际投资的币种；再如政府公布的经济数据明显异于理财方案中的估计值，政府决定对某个金融领域进行大的改革或整顿等。

外部因素的变化对理财规划方案的影响主要有两个方面：一是外部因素的变化只对具体资金运用产生时间性影响或较小的数额影响而对理财目标的实现并无实质性影响。这种情况下，理财规划师一般只需要对执行计划进行调整修改即可。二是外部因素的变化对理财目标的实现将产生重大影响，就有必要对整个方案进行修改。例如，央行决定提高利率，这就意味着证券投资成本增加，此时如果理财方案建议客户积极进行股票投资，则客户的潜在收益就可能大受影响，因此就有必要对投资

宏观经济政策对投资理财的影响

规划进行修改。

（二）内部因素

内部因素主要指的是客户自身情况的变动。比如客户主要收入来源者丧失工作能力或者失业、家庭成员发生意外事故导致支出幅度增加、客户改变买房买车计划、客户家庭婚姻破裂导致可能需要重新订立遗嘱，等等。

对于客户自身情况的变动，一方面理财规划师需要经常和客户保持联系便于尽早掌握客户自身及其家庭的变化情况，另一方面客户也要主动向理财师反馈家庭有关情况的变动。

在了解到这些相关的变化因素之后，理财规划师还需要考查在新的变化环境中，原有的规划方案是否可以实现最终的理财目标。如果达不到预定目标，则考虑如何修改方案，以适应新情况。

二、与客户沟通理财方案的修改建议

评估后，理财方案设计时的宏观或微观环境一旦发生了变化，就需要对理财方案进行进一步的调整，在取得客户的认同后，理财规划师在与客户共同进行方案的修订。

1. 与客户沟通，建议修改理财规划方案

经过前面的评估，理财规划师应该向客户出具书面意见，说明理财方案原先的设计依据发生了变化，新情况有可能导致客户预定财务目标无法顺利实现，因此完全有必要对理财策略和建议乃至理财目标进行修订。

2. 与客户共同研究环境的变化

分析自从上次评估以来，或者自从完成原来理财规划方案以来，哪些宏观、微观因素发生了变化，发生多大的变化，将来是否会继续变化、如何变化。研究这些变化对理财方案有什么影响，如何调整策略以应对这些变化和影响。

三、修订理财规划方案

根据新的情况，重新分析各项专项理财计划及投资策略，重新考查各种宏观、微观因素变化对于当前策略的影响，并且研究如何调整策略以应对这种变化及其影响，考虑如何修改方案，适应新情况，并制定新的理财规划方案。在新方案制定完成后，还需要进一步与客户沟通并需要客户出具书面声明或者取得客户签署的新理财方案的确认函，同意理财规划师根据新情况对理财方案进行的修改。方案修改完毕后，理财规划师应根据修改内容对执行计划进行相应的调整，并就新的方案的执行与客户达成一致。

四、理财方案的调整案例

三口小康之家理财方案的调整与实施

第一部分　客户家庭财务状况

今年34岁的周先生和同岁的太太工作、生活在广州，他们有一个6岁的儿子。他们工资收入较高，且已经有自住房，是一个典型的小康之家。

月结余一万元

周先生目前在一家民营电脑公司任职，每月收入1万元，太太在国有企业工作，月收入8 000元。两人每月日常花费需要3 500元，房贷还款1 500元，儿子的早教课每周两次，每

次学费 150 元，一个月就是 1 200 元，再加上娱乐、购衣等费用，总的花费在 8 000 元左右。这个三口之家每月的收入结余差不多有 1 万元。

周先生和周太太的年终奖共有 3 万元，他们用 1 万元孝敬双方父母，用 8 000 元支付保费，剩余部分留作下一年的周转资金。其中，8 000 元保费中的 6 000 元用来购买周先生的终身寿险附加重疾险。身故保险金额为 20 万元，重疾险保险金额也是 20 万元。另用 2 000 元买了一份太太的 30 万元意外险并附加意外医疗险，以及一份住院医疗保险。

经济基础已经打下

周先生和周太太目前的家庭资产总额已经突破 300 万元，包括现金及活期存款 2 万元、股票投资市值 20 万元、基金市值 30 万元、108 平方米的自住房价值 250 万元左右。而在负债方面，两人尚欠住房贷款 5 万元和信用卡贷款 5 000 元两项。减去负债后，两人的资产是 296.5 万元。

是否需要调整资产配置

今年 9 月，儿子就要念小学一年级了，这也为周先生的理财方式带来了新问题。周先生说，"儿子读书后，我们的开支应该会更多一些，比如平时的课外辅导班、每年的学杂费等。"另外，他觉得现在的投资方式比较激进，是否有办法变得更稳健一些，银行推出的理财产品是否值得考虑呢？在保险方面，周先生不知道目前这样的投入情况算多还是算少，由于对保险不甚了解，他们两人需要求助理财师。"我和太太目前没有考虑再买一套投资房，倒是想买辆车，儿子上学放学的时候能方便接送。"周先生购车的预算为 20 万元。有了自驾车后，生活的开支势必又多了一项，周先生想听听理财师的建议。

第二部分 专家理财建议

专家理财建议一：家庭资产配置与具体投资建议

（一）家庭现有资产状况分析

周先生的三口之家目前正处于家庭成长期，6 岁的儿子将于今年 9 月入学，像天下所有望子成龙的父母一样，对于孩子的预计教育支出将增加，周先生夫妇此时应重新调整家庭的财务运用以及理财活动。在家庭满巢期间内，在支出方面，子女养育与教育的负担将逐渐增加，保险的需求也随之达到高峰，加之未偿还的房贷，需要合理的家庭资产配置以达到预期理财目标，构架理财的家庭生活。分析周先生家庭的资产状况，可以发现以下特点：

一是家庭资产配置中负债比率较低，未能运用财务杠杆赚取较高的回报率；二是风险资产占比较高，周先生家庭资产当中基金、股票类投资约占整个家庭理财活动的 96%。

（二）资产配置相关建议

积极筹措教育金：目前周先生夫妇年度结余 12 万元，可适当运用其中部分资金投入到儿子的教育金储备计划中。现在的市场大致能够提供三类选择：其一，参加银行的教育金储蓄。例如，华侨银行的"小小金融家储蓄计划"是一个不错选择，涵盖孩子的储蓄计划、网上储蓄、教育金保障计划和海外留学金融服务。在开启子女财商的同时，也为孩子早日筹划到未来的教育金。值得一提的是，它通过边游戏边储蓄的零存致富模式，帮助家长一手准备孩子的教育金，一手打造孩子理财观念基础。其二，可选择综合型的适用于儿童类的两全保险。类似的险种一般集教育金储备、重疾赔付、分红以及保费豁免功能于一体，同时为孩子的健康与教育保驾护航。最后，基金定投也是一种不错的教育金储备方式。这种方式的特点之一便是它起点低、灵活性高。

完善家庭保障：周太太的收入在家庭月收入中占据了近45%的比重，因此周太太的保险规划当中应增加重疾险。另外周先生20万元保额的终身寿险也远远不够，通常我们建议至少应该拥有相当于未来家庭10年基本开支的保额，按照目前家庭每年开支10万元的话，周先生要再多投保80万元保额的人寿保险，当然我们建议投保20年期的定期寿险，既节约了费用，又因为这20年是家庭最需要人寿保险的时候。我们同时也建议周先生和周太太应该用每月缴费的方式分别为两人购买终身年金来进行养老规划。目前全年的家庭保费支出为8 000元，仅占家庭总收入的不到4%，而合理的保费支出应该占到家庭收入的7%～20%。以上几项安排应该可以完善周先生家庭的保障规划。

可考虑贷款购车：周先生计划于今年9月购车以方便接送儿子上下学，预算为20万元。因为周先生家庭目前的负债率较低，仅剩5万元的贷款尚未偿还，未能充分运用财务杠杆来赚取收益，所以建议周先生可考虑选择贷款购车，适当地负债有助于提高资金的利用率。

调整投资配置：考虑到周先生家庭的情况，家庭的投资方式应由激进增长的模式逐渐转化成为平衡型的投资方式。建议将核心资产配置合理分配为7∶3的形式，即将纯股票基金的投资由原来的96%降低为70%，另外30%的资产可逐步转为纯债券型基金或者银行保本类理财产品等风险相对较低的资产。

提升职业收入：周先生夫妇事业上已有多年的工作经验，即将踏入人生阶段的稳定期，应该在职进修充实自己，同时拟定职业生涯规划，确定往后的工作方向，实现家庭总收入的稳定持续增加，用以缓解由儿子入学、购车后等引发的一系列开支。

专家建议二：保险建议

通过周先生家庭基本财务状况分析，我们可以看到如下状况：

周先生家庭目前平均每月盈余1.1万元，可投资资本充足，总体财务状况良好。家庭资产负债率比较低，家庭没有财务压力。流动性资产中，投资性资金与储蓄性资金占比为50∶2，投资方式较为激进，可以适当调整投资结构，合理配置家庭资产，保证家庭收入来源稳定性。在302万元的家庭总资产中，250万为房产，即82.7%为固定资产，变现能力不强。

一方面，保费投入/年总收入 = 8 000/246 000 = 3.2%，与7%～20%的合理水平相比显得偏低。另一方面，周先生作为家庭经济支柱，且是家庭成员精神上的"主心骨"，其年收入约为12万元，而保额仅20万元，不及2倍年收入，保额过低，若是有意外发生将导致家庭收支失衡。

从以上的财务状况分析中我们看到，周先生一家的家庭资产中固定资产占比较大，流动资产投资主要为基金和股票，较为激进，应适当加强稳健性投资及保障型投资，以期更加合理地实现财富增值，进而顺利实现其理财规划目标。

周先生目前在民营企业任职，相关的保险保障可能不如国有企业齐全，所以应该加强周先生的保险投入。目前周先生只有身故及重疾险，且保额较低，建议提高保额并配置一份意外医疗险。比如，可以通过万能寿险附加一些医疗险来完善自身的保障。

对于年仅6岁的儿子，父母最为关心和重视的莫过于其健康和教育。小孩子磕磕碰碰在所难免，发生意外伤害事故的概率较高，建议购买具有教育金理财及少儿意外伤害医疗的险种。

周太太现有保险较为合理，且因其在国有企业工作，相关福利较好，保险保障方面也相对比较充分。在资金充裕的情况下，可适当考虑配置一份重疾险。

周先生家庭固定资产占比较高，且主要为房产，若因突发事故导致房产受损，家庭经济受影响比较大。建议购买一份家庭财产险，保障家庭资产。

第三部分　理财规划的调整

在该理财规划方案刚开始实施的时候，周太太所在的国有企业在金融危机中倒闭，周太太下岗了。周太太原来能取得月收入8 000元，加上先生每月1万元左右的收入，除去家庭日常开支8 000元后，家庭每月的结余接近1万元，但现在家庭的月余额已经降至2 000元左右。

周太太开始有些担心：由于自己下岗，家庭收入大大缩减，将来孩子上学又会增加家庭支出。若要继续实现原来的理财规划方案，目前的家庭经济收入能应付得了吗？周太太目前是在家做全职太太好，还是出去寻找新工作好？若再出去工作，以她的工作经验，再找一份薪水在4 000元左右的工作也不是太困难。但想请教专家顾问们的是，以她家这样的情况，她是否还需要做一份4 000元月薪的工作？另外，周先生家庭十分重视孩子的教育问题，他们认为孩子教育金的准备依然是家庭理财规划的重点，但家庭的保险规划是否需要调整，家庭的投资计划又该如何实施，买车的计划是否要推迟，这些周先生都希望能听听理财师的建议。

项目小结 ▶▶▶▶

（1）实施综合理财规划方案包括准备文档、准备与客户的会面、向客户呈递理财规划方案、应对客户的修改要求和客户声明等环节，将完整的综合理财规划方案呈现给客户，取得客户授权并签署客户授权书，制定理财规划方案的具体实施计划，合理处理理财方案实施中的争端。

（2）理财后续服务包括定期对理财方案进行评估、为客户进行不定期的信息服务，关注并分析相关的变化因素、与客户进行及时沟通、修订理财规划方案。

知识巩固 ▶▶▶▶

一、不定项选择题

1. 以下属于理财规划师在准备文档时需要注意检查的事项的是（　　）。

A. 检查文字和语法错误　　　　　　　B. 目录

C. 确保页面已经编号　　　　　　　　D. 将全部文件按内容分为不同的部分

2. 在行使代理权时，应注意（　　）。

A. 亲自行使代理权　　　　　　　　　B. 取得客户授权

C. 忠实谨慎　　　　　　　　　　　　D. 签署客户授权书

3. 一般来说，客户声明应包括（　　）。

A. 已经完整阅读该方案

B. 信息真实准确，没有重大遗漏

C. 理财规划师已就重要问题进行了必要解释

D. 接受该方案

4. 影响理财规划方案实施效果的主要因素有（　　）。

A. 时间因素 　　　　　　　　　B. 人员因素

C. 资金因素 　　　　　　　　　D. 信息因素

5. 制定理财规划方案的具体实施计划步骤是（　　　）。

A. 确定实现理财目标的行动步骤 　　　B. 确定理财目标

C. 确定匹配资金来源 　　　　　　　　D. 确定实施时间表

6. 进行差异分析时必须注意（　　　）。

A. 总额差异的重要性大于细目差异

B. 要制定出差异金额或比率的临界值

C. 注意初始阶段的特殊性

D. 如果实在无法降低支出，就要设法增加收入

7. 解决与客户之间争端的原则有（　　　）。

A. 应该本着尊重客户的原则，诚恳耐心地听取客户意见

B. 应该本着客观公正的原则，充分了解客户的观点和需求

C. 应该遵循所在机构或者行业中已有的争端处理程序

D. 以上都不对

8. 定期评估的频率主要取决于以下因素（　　　）。

A. 客户的风险属性 　　　　　　　　B. 客户的资本规模

C. 客户个人财务状况变化幅度 　　　　D. 客户的投资风格

二、思考题

1. 与客户会面的准备工作都包括哪些？

2. 客户声明主要包括哪些内容？

3. 影响理财规划方案实施效果的主要因素有哪些？

4. 解决与客户之间争端的原则有哪些？

5. 不定期的信息服务都包括哪些情况？

6. 试分析外部因素如何影响理财规划实施效果。

7. 如何进行理财方案的修订？

能力提升 ▶▶▶▶

依据本项目任务二中的"理财方案的调整案例"，完成下列任务：

1. 根据客户家庭财务状况的变化，分小组对原有财务规划方案进行调整，并帮助周先生制定新的理财方案。

2. 小组成员集体准备 PPT 向全班同学展示新的理财规划方案。

项目评价 ▶▶▶▶

知识巩固与技能提高（40 分）	得分：
计分标准： 得分 = 2 × 不定项选择题正确个数 + 2 × 思考题正确个数 + 能力提升题分数（能力提升题满分 10 分）	

学生自评（20 分）	得分：
计分标准：得分 = 2.5 × A 的个数 + 1 × B 的个数 + 0 × C 的个数	

专业能力	评价指标	自测结果	要求 （A 掌握；B 基本掌握；C 未掌握）
实施综合理财规划方案	1. 呈递理财规划方案 2. 取得客户授权 3. 具体实施理财方案 4. 争端处理	A□ B□ C□ A□ B□ C□ A□ B□ C□ A□ B□ C□	根据客户的具体情况制定适合客户的理财规划方案，并协助客户实施该理财规划方案。通过学习，要求学生掌握如何有效地与客户进行沟通，协助客户认可理财规划方案，帮助客户实现理财目标
开展理财后续服务	1. 理财方案效果评估 2. 理财方案的调整	A□ B□ C□ A□ B□ C□	家庭理财规划师对规划的执行和实施情况进行监控和评估，根据新情况来不断地调整方案，帮助客户达到预期理财目标
职业道德思想意识	1. 保守秘密 2. 恪尽职守	A□ B□ C□ A□ B□ C□	培养保守秘密、恪尽职守的职业素养

小组评价（20 分）			得分：	
计分标准：得分 = 10 × A 的个数 + 5 × B 的个数 + 3 × C 的个数				
团队合作	A□ B□ C□	沟通能力	A□ B□ C□	

教师评价（20 分）	得分：
教师评语	
总成绩	教师签字

参 考 文 献

[1] 黄祝华，韦耀莹. 个人理财（第三版）[M]. 大连：东北财经大学出版社，2013.

[2] 杨则文. 个人理财业务 [M]. 北京：经济科学出版社，2010.

[3] 中国银行业从业人员资格认证办公室. 个人理财 [M]. 北京：中国金融出版社，2013.

[4] 中国就业培训技术指导中心. 理财规划师基础知识 [M]. 北京：中国财政经济出版社，2013.

[5] 迟美华. 保险实务 [M]. 北京：经济科学出版社，2010.

[6] 韩海燕，张旭升. 个人理财（高职高专金融投资专业教材）[M]. 北京：清华大学出版社，2010.

[7] 杨立功. 证券投资理论与实务 [M]. 北京：中国人民大学出版社，2010.

[8] 迟美华. 保险实务 [M]. 北京：经济科学出版社，2010.

[9] 保险中介从业人员资格考试辅导用书编写组. 保险原理与实务 [M]. 北京：中国财政经济出版社，2013.

[10] 北京东方华尔金融咨询有限责任公司组. 证券市场基础知识 [M]. 北京：机械工业出版社，2012.

[11] 柴效武. 个人理财 [M]. 北京：清华大学出版社，2012.

[12] 王静. 个人理财 [M]. 北京：科学出版社，2008.

[13] 周建松，陶永诚，严卫华. 个人理财一本通基金投资 [M]. 北京：科学出版社，2008.

[14] 李耀平，祝磊，唐海彰. 个人理财 [M]. 北京：清华大学出版社，2010.

[15] (美)卡普尔，等. 个人理财 [M]. 徐永林，等译. 北京：清华大学出版社，2006.